Will Hofmann
Million Dollar Boy

AF672741

WIEBERS VERLAG

Willi Hofmann,

Jahrgang 1949, bringt eine einzigartige Kombination aus naturwissenschaftlichem Wissen und literarischer Fantasie in seine Werke ein. Mit einem Hintergrund in Medizin, Psychiatrie und Psychotherapie, sowie einer langjährigen Tätigkeit als Dozent, verbindet er Fachwissen mit der Fähigkeit, komplexe Themen anschaulich und fesselnd zu erzählen.

Als Roman- und Kinderbuchautor hat Hofmann zahlreiche Bücher veröffentlicht, die Themen wie Menschlichkeit, Natur und die Grenzen des wissenschaftlichen Fortschritts beleuchten. Sein Stil ist geprägt von skurrilen Wendungen, tiefgründigen Figuren und einer besonders durchdachten Mischung aus Wissenschaft und Fiktion.

Will Hofmann

Million Dollar Boy

Eine Weltreise auf den Spuren des Geldes

Wiebers Verlag Berlin

Million Dollar Boy
ISBN 978-3-942606-30-1

© 2017 Wiebers Verlag, Berlin
überarbeitete Auflage 2025
http://www.wiebers-verlag.de
12109 Berlin, Brussaer Weg 27

Lektorat: Lisa und Theo Eulering und Christoph Ruhland

Das Werk ist einschließlich aller seiner Teile urheberrechtlich geschützt. Jede Verwendung ohne schriftliche Zustimmung des Verlags ist unzulässig.
Der Verlag behält sich Text- und Data-Mining nach § 44b UrhG vor, was hiermit Dritten ohne Zustimmung des Verlags untersagt ist.

Umschlaggestaltung:
Kalle Max Hofmann, BoD Coverdesign-Services
Druck: Libri Plureos GmbH, Friedensallee 273, 22763 Hamburg

Bibliografische Information der Deutschen Nationalbibliothek: Die Deutsche Nationalbibliothek verzeichnet diese Publikation in der Deutschen Nationalbibliografie; detaillierte bibliografische Daten sind im Internet über dnb.dnb.de abrufbar.

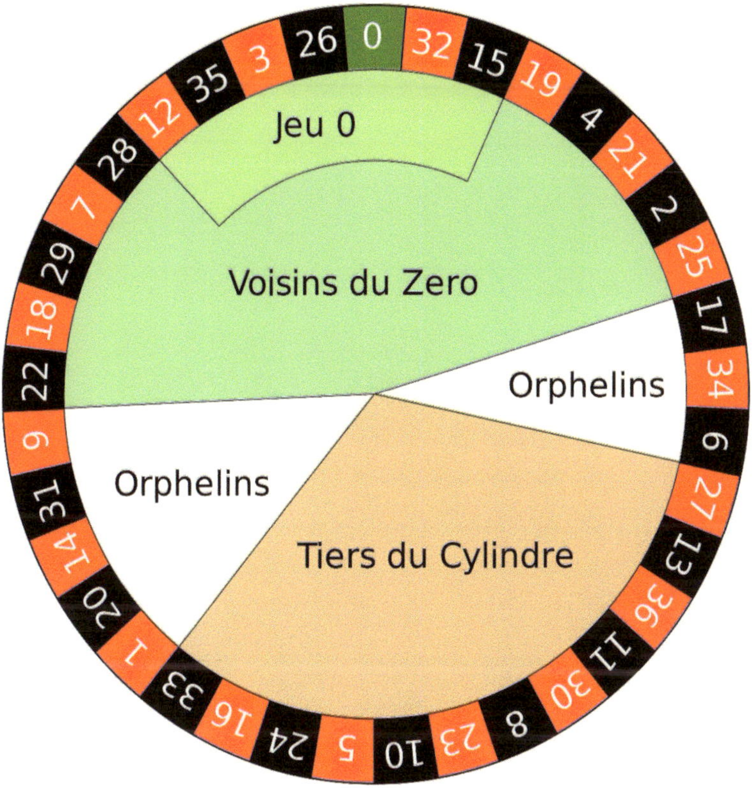

Meinen Hundertjährigen:
Frau Tollek, Frau Harder und Frau Gohr

Dank des Autors an
Trude Hofmann für Kritik und Anregungen,
Anna Pichotka für die Hilfe im Französischen sowie
Anne Theuer für die Ermutigung.

Inhalt

Prolog

Jetzt, wo wir das **M** bekommen werden für den Flug in die Türkei, habe ich mir vorgenommen, die Ereignisse aufzuschreiben. Es ist erstaunlich, wie schnell wir uns alle an das neue System gewöhnt haben. Wir alle, auf der ganzen Welt – an das System ohne Geld.

Es ist mir längst selbstverständlich geworden, dass ich die neuen Tintenpatronen und den Packen Druckerpapier im Laden einfach nur aus dem Regal nehmen muss. An dem Kassierer kann ich einfach vorbeigehen, aber wir wechseln dabei freundliche Worte. Das war früher die Ausnahme. Er weiß, dass beide Güter zur Kategorie **G** gehören. Bei denen muss ich keine Berechtigung nachweisen. Diese Artikel stehen mir zu, stehen jedem zu.

Ich könnte auch zehn oder hundert davon mitnehmen, niemanden würde das scheren. Aber die stünden nur bei mir zu Hause herum, würden Platz wegnehmen und einstauben. Ich kann ja jederzeit neue holen, wenn sie aufgebraucht sind, so wie jetzt.

Die Aufregung hat sich erstaunlich schnell gelegt. Nicht gelegt allerdings haben sich die Spekulationen um das Warum. Täglich werden in den Medien neue Theorien von Fachleuten verbreitet, was sich abgespielt haben könnte. Manche klingen plausibel, andere hanebüchen. Die Koryphäen aller Disziplinen streiten sich.

Es gibt nur eine Handvoll Leute, die wissen, was sich abgespielt hat. Und dazu gehöre ich. Viele Einzelheiten sind aber auch mir verborgen geblieben. Die Natur des Prinzips und die Gestalt des Interpres sind mir nach wie vor ein Rätsel. Doch die Ereignisse, die zum Umbruch geführt haben, die kenne ich. Und ich denke, jetzt – nach fast einem Jahr – ist es an der Zeit, das Geheimnis zu lüften.

Es ist unglaublich, wie schnell dieses Jahr vorbei war. Tascha und ich sind inzwischen verheiratet, und ich bemühe mich, endlich Russisch zu lernen. Hätte ich nur besser aufgepasst, damals in der Schule. Doch Russisch war verhasst, nicht nur in meiner Klasse, nicht nur auf unserer Schule, sondern bei fast allen Schülern in ganz Magdeburg. Ach, was sage ich, in der ganzen DDR. Und die paar Bruchstücke, die ich mit Mühe gelernt hatte, hatte ich erfolgreich verdrängt.

Ich bin wieder beim *Zoo am Bahnhof* angestellt. Munz, der Chef der Tierhandlung, und die Kollegen haben mich nach meiner Rückkehr freudestrahlend aufgenommen. Es war eine bewegende Begrüßung. Anfangs hatte ich versucht, die Tränen meiner Rührung zu unterdrücken. Dann besann ich mich: Hatte ich nichts gelernt auf meinen Reisen? Zulassen, geschehen lassen! Als ich Marlene von der Kasse an mich drückte, brachen die Dämme. Ich schluchzte los und versuchte, dabei zu lächeln. Marlene küsste mich auf die Wange, und ich hatte beinahe das Gefühl, ich müsste mir in die Hose machen. Da ist man Mitte Vierzig, und dann das…

Viel Zeit zum Reden gab es nicht, der Laden machte ja bald auf. Nur kurz umriss ich, was ich in meiner Abwesenheit gemacht hatte – selbstredend, ohne das Geheimnis zu lüften. Verwundert waren die Mitarbeiter hauptsächlich, dass meine Braut keine Portugiesin war.

Auch die Abendschule hat mich wieder, ich mache gute Fortschritte. Nächstes Jahr steht das Abi an. Die Kollegen trauern jetzt schon, dass ich sie für das Veterinärmedizin-Studium wieder verlassen werde. Wahrscheinlich werde ich der älteste Studierende sein, doch das will ich jetzt durchziehen.

Ähnlich aufregend war das Wiedersehen mit Fritze. Machte der große Augen, als ihn sein alter Zellengenosse Ede im Gefängnis besuchte! Hier versuchte ich es gar nicht, mich zu beherrschen.

Wange an Wange schmiegte ich meinen Kopf an seinen – und konnte plötzlich verstehen, wieso Tascha immer meckerte, wenn ich unrasiert war. Die Freudentränen blieben hier zwar aus, aber ich atmete heftig. Für Fritze hatte sich das Leben fast überhaupt nicht geändert – Knast blieb Knast. Nur dass ihm das Abo von der Rheinischen Post nicht mehr zugestellt wurde, das fuchste ihn.

Tascha und ich wohnen weiter bei Frau Harder. Sie hat uns die Wohnung nebenan abgetreten. Wir haben eine Wand durchbrochen und so ausreichend Platz geschaffen. Wir wohnen noch dort, aber wir zahlen keine Miete. Niemand zahlt mehr Miete.

Tascha betreibt nach wie vor ihren Kunst- und Ikonenhandel. Es ist schon merkwürdig, wie sie an ihre Ware kommt, ohne dass sie einkaufen muss oder sie veräußert, ohne dass jemand bezahlt. Sie gibt die Kunstwerke heraus, wenn ihr ein Interessent würdig erscheint. Gespräche entscheiden, nicht das dicke Konto.

Manchmal führt das zu merkwürdigen Ereignissen. Auf diese Art kam Fritze wieder frei. Tascha hatte einem Kunden gegenüber nur erwähnt, dass das neue System auch Nachteile habe. Sie führte meinen Freund im Gefängnis an, dem das Abonnement der Rheinischen Post einfach deshalb nicht zugestanden werde, weil es ja in Magdeburg genügend Zeitungen gebe. Und Fritze war nicht der Typ, der bettelte. Ein Sturkopf, aber ein sympathischer.

Der Kunde war Anwalt. Er versprach Tascha, sich um die Angelegenheit zu kümmern – unabhängig davon, ob sie ihm sein Wunschbild aushändigen würde oder nicht. Er bekam es. Und er setzte nicht nur das Abo durch, er erreichte ziemlich schnell, dass Fritzes ganzer Fall nochmals aufgerollt wurde. Er deckte nicht nur Verfahrensfehler auf, sondern konnte die Unschuld meines Freundes hieb- und stichfest belegen.

Ich werde noch zur richtigen Heulsuse. Als wir Fritze abholten, flossen die Tränen. Und das tat gut. Zum Glück kam er provisorisch erst einmal bei Frau Harder unter, in einer kleinen Kammer. So hatten wir den Freund nicht nur in Freiheit, sondern auch in unserer Nähe.

Nicht nur Tascha fühlte sich anfangs merkwürdig bei ihrer Arbeit. Ähnlich ging es auch der Belegschaft im Zoo am Bahnhof. Die Kunden kamen und erkundigten sich nach einem Tier. Man unterhielt sich, man erforschte die Wünsche der Kunden, man beriet, schätzte ab, welche Erfahrung sie mit Tieren hatten und ob die kleinen Wesen es gut bei ihren neuen Herrchen haben würden. Nicht immer gaben wir ein Tier heraus, und fast immer konnten wir unsere Gründe dafür darlegen. Dass ein Kunde im Streit das Geschäft verließ, das kam eigentlich nicht vor. Missgestimmt war der eine oder andere schon, doch oft waren auch die nach ein paar Tagen wieder da – mit geänderter Einstellung. Dann gaben wir den neuen Liebling gerne ab. Wir löschten ein **H**, **I** oder **J** von der Chipkarte, je nachdem, um welches Tier es sich handelte. Mir kommt es jetzt vollkommen absurd vor, dass man früher Geld haben musste. Geld, Geld und nochmals Geld.

Seit der Wende ist vieles viel besser geworden. Ja, wir hatten wieder eine Wende, die zweite in meinem Leben. Bei der nationalen Wende 1989 war ich gerade mal den Kinderschuhen entwachsen – und jetzt gab es die internationale. Die Zahl der Kriminellen hat sich laut Statistik sprunghaft verringert. Die bewaffneten Konflikte – sprich Kriege – sind deutlich weniger geworden.

Viele Regierungen sind konstruktiv zusammengerückt, um die postmonetäre Ära kreativ zu gestalten. Es finden sich bis jetzt keine Anzeichen, dass Geld jemals wieder eine Rolle spielen sollte. Es hatte sich auch schnell gezeigt, dass die Wirtschaft nicht zusammenbrach. Im Gegenteil – es gab einen ungeahnten Aufschwung. Den Ökonomen war schnell klar: Gesteigerte Nachfrage war der Grund, und humanere Arbeitsbedingungen steigerten die Produktivität.

Die Nachrichten strotzen nicht mehr nur von Gräueltaten. Neben Sport hat sich eine neue Rubrik etabliert: *Schönes im Leben*. Hier wird von ›kleinen‹ Ereignissen berichtet, einfach von Erlebnissen, die einen oder mehrere Menschen besonders glücklich machen.

Zum Beispiel hat jemand unerwartet Hilfe erfahren oder etwas wiedergefunden, was er verloren und was ihm viel bedeutet hat. Menschen, die einen Brand, einen Unfall oder eine schwere Krankheit überstanden haben, berichten von ihrem Glück.

Ja, das Jahr war wie im Fluge vergangen! Und der nächste Flug stand an.

Für die Reise in die Türkei mussten Tascha und ich bei der Bank und dann bei der Kommission vorsprechen. Die freundliche Bankangestellte bescheinigte uns, dass wir beide schon die

Luxusstufe **K** erreicht hatten. Für den Flug benötigten wir allerdings ein **M**. Die Kommission tagte zweimal in der Woche, den Antrag stellte man mindestens sechs Wochen vorher. Wir bekamen dann Tag und Uhrzeit der Bearbeitung mitgeteilt. Die Behörden hatten eine Internetseite eingerichtet, auf der jeder einsehen konnte, wer welchen Antrag gestellt hatte. Gleichzeitig wurde der Antrag im Lokalteil der Magdeburger Nachrichten veröffentlicht und im Rathaus ausgehängt.

Aufgeregt waren wir schon, als wir im Wartezimmer saßen. Dreißig oder vierzig weitere Leute waren dort, die machten uns noch nervöser. Es schien uns, als wären sogar Reporter darunter. Die Unruhe legte sich auch nicht, als wir aufgerufen wurden, zumal all die Leute mit uns in den Raum strömten. Unser Antrag hatte Aufmerksamkeit erregt, weil Edgar Nitschke durch die Gerichtsverhandlung zu den Steuerhinterziehungsvorwürfen noch eine kleine Berühmtheit war. Damals waren Millionen noch Sensationen, und ich hatte dem Gericht nicht plausibel machen können, woher meine stammten.

Beinahe sah es im KR des Rathauses aus wie in einem Gericht. Der Vorgang ähnelte auch einer Gerichtsverhandlung. Ach ja, KR bedeutet *Kommissions-Raum.*

Sechs Leuten saßen wir gegenüber. Der Vorsitzende fragte nach den Personalien und unserem Begehr. Wir trugen vor, dass wir in der Wendezeit im Tmolos gewesen seien, uns in dieser Zeit so richtig ineinander verliebt hätten und dort nun, nach einem Jahr, Freunde aus Russland und China treffen wollten. Was denn der Tmolos sei, wollte der Vorsitzende wissen. Wir erklärten, dass dieses Gebirge in der Türkei liege und heute Bozdağ heiße. Da wir aber beide ein Faible für Geschichte hätten, bevorzugten wir die alten Bezeichnungen.

Der Vorsitzende fragte die Zuschauer, ob jemand eine Frage habe. Tatsächlich wollte jemand wissen, was uns gerade in dieses Gebirge getrieben habe. Den Namen konnte er nicht richtig aussprechen. Das sei doch keines der üblichen Touristenziele in der Türkei.

»Ich habe damals Münzen gesammelt«, erklärte ich. »Und es wird vermutet, dass in dieser Gegend die allerersten Münzen der Menschheitsgeschichte geprägt wurden.«

»Hat das etwas mit Ihrem ungeklärten Reichtum zu tun?«, ollte der Frager weiter wissen. Ich musste aufpassen, was ich sagte.

Ich überlegte kurz, ob ich als Begründung unser komplettes Erlebnis im Bozdağ erzählen sollte. Ich fürchtete aber, dass ich dann eher im Irrenhaus als in der Türkei landen könnte.

Der Vorsitzende kam mir zu Hilfe. »Darüber haben wir hier nicht zu befinden«, erklärte er. »Das Verfahren ist abgeschlossen, Herr Nitschke wurde freigesprochen und sitzt hier wie jeder andere Antragsteller auch. Ihm geht es nicht anders als allen anderen Millionären, ihre damaligen Reichtümer nützen ihnen heute überhaupt nichts mehr.« Nach einer Pause fragte er weiter:

»Gibt es denn Einwände gegen das **M** für die Antragstellerin und den Antragsteller?«

Ein wenig Gemurmel, dann meldete sich noch eine junge Frau zu Wort: »Man soll es genehmigen. Das ist doch ein richtig romantisches Ereignis, das muss man unterstützen.«

Weitere Beiträge kamen nicht. Die Kommission zog sich zur Beratung zurück. Nach zehn Minuten betraten sie den Saal erneut.

»Dem Antrag wird stattgegeben. Und zwar einstimmig.« Das waren die erleichternden Worte des Vorsitzenden. Tascha und ich fielen uns in die Arme. Beim Verlassen des Rathauses bekamen wir einige Glückwünsche. Ein Reporter machte ein paar Fotos. Am nächsten Tag erschien in einem Lokalblatt ein kleiner Artikel in der Rubrik *Schönes*.

Die Verfahren in Russland und China unterschieden sich etwas von unseren, waren aber im Prinzip ähnlich. Alle bekamen wir die Reise bewilligt.

Deutschland hatte als erster Staat dieses Punktesystem eingeführt. Es wurde beinahe weltweit übernommen. Die USA hatten zunächst heftig dagegen protestiert. Sie wollten eine Klassifikation, die mit **A** beginnt: weil einerseits das Alphabet, andererseits *Amerika* mit diesem Buchstaben beginne. Die Diskussion ebbte schnell ab, als Tracy Chapman spöttisch bemerkte, da könne man doch auch das *Star-Spangled Banner* in A-Moll singen statt in C-Dur. Die Amerikaner setzten das **G** in der Folge für *General Needs* ein.

Wer hätte sich vor zwölf Monaten ausmalen können, was aus den Banken und ihren Angestellten werden würde? Jetzt ist auch das schon selbstverständlich: Sie verwalten die Bonusvergabe. Mit den Boni haben die Regierungen eine Art Vergütungssystem geschaffen. Leistungen und Berechtigungen werden auf einer Chipkarte gespeichert.

Für alle Einkäufe oder beanspruchte Dienstleistungen oberhalb **G** muss ich die Bonuskarte durch einen Scanner ziehen. Das bedeutet zum Beispiel: Nahverkehrsmittel sind frei, Fernreisen nur mit Bonus möglich.

Alle **G**-Leistungen bekomme ich ohne Boni. Das sind Grundnahrungsmittel, Wohnung und eine Grundausstattung an Kleidung.

An Kleidung steht jedem zu: Rock/Hose, Unterwäsche, Socken, Bluse/Hemd, Pullover – zu einer jeweils festgelegten Stückzahl pro Jahr. Der Bonusstand braucht nicht vorgelegt zu werden. Der Verkäufer verlässt sich auf die Ehrlichkeit der Kunden. Eine Kombination aus Anzug/Kostüm, Mantel und Schuhen steht einem alle drei Jahre zu. Die muss man sich auf der Bonuskarte mit Kaufdatum einspeichern lassen. Diese Artikel gehören in Kategorie **H**.

Für bestimmte Anträge muss die Bank die erreichte Stufe bestätigen, so wie bei unseren Flügen.

Als **G** steht einem weiter zu: ein Smartphone und ein einfach ausgestatteter Computer sowie ein Radio-, ein Fernseh- und ein Hi-Fi-Gerät samt Reparatur oder Austausch bei Irreparabilität. Weitere und aufwändiger ausgestattete elektronische Geräte fallen alle vier Jahre unter **H**.

Wasch- und Spülmaschinen gehören zu **G**. Verzichtet jemand auf diese Geräte, steht ihm ein Ausgleich in den Kategorien **I** bis **M** zu.

Die Kategorien **I** bis **U** sind die Luxus-Kategorien. Den Eintrag **I** bekommt jemand, der fünfunddreißig Stunden in der Woche arbeitet. Die Art der Arbeit zählt nicht. Eine weitere

Möglichkeit aufzusteigen ist das Ableisten von Überstunden. Die werden allerdings nur anerkannt, wenn die Betriebsleitung nachweisen kann, dass sie erforderlich sind und keine geeigneten Mitarbeiter zu bekommen sind.

Engagement in der Freizeit bringt Punkte. Die Trainer beim MSV 90 bekommen alle ihr **J**. Ich bekomme das für meine Abendschule. Soziales Engagement bringt ebenfalls Steigerungen.

Steuern werden nicht mehr gezahlt – womit auch? Der Staat hat keine ›Ausgaben‹. Die Beamten wie Polizei, Feuerwehr und Verwaltung bekommen ihre Einträge auf die Bonuskarte.

Auf Arbeitgeberseite müssen Chefs und Vorgesetzte nachweisen, dass sie ihren Betrieb ordentlich führen. Zufriedene Angestellte, ermittelt über Befragung der Bank, erbringen ihnen eine mehr oder weniger hohe Stufe der Luxus-Kategorien, ebenso die Anzahl der Angestellten und der Erfolg eines Unternehmens. Bei Sportlern, Schauspielern, Musikern und Sängern fließt der Bekanntheits- und Beliebtheitsgrad in die Vergabe mit ein.

Erzielt jemand ein **X**, dann steht ihm alle fünf Jahre ein Luxuswagen zu, ein Porsche, Lamborghini, Jaguar oder Ferrari. Bekommt er einen neuen, gibt er den alten als Gebrauchtwagen ab. Der gilt dann immer noch als Artikel der Klasse **U**. **X** ist sozusagen die Luxus-Luxusstufe, das Allerhöchste.

Das bedeutet nun aber nicht, dass jemand, der **M** oder **N** eingetragen hat, niemals an einen Porsche kommen kann. Er stellt einen Antrag und begründet sein Verlangen. Die Kommission prüft und entscheidet. Als Argument kann der Bewerber Leistungen anführen, die auf der Bonuskarte nicht erfasst sind. Oder er stellt seine besondere Motivation dar, belegt etwa, wie fasziniert er von diesem Fahrzeug ist. Kreativität in der Argumentation wird gewürdigt. Der Wunsch, einfach mal aufs Gaspedal zu treten, vermindert die Chancen; die Absicht, Freunde zu erfreuen, steigert sie – beispielsweise durch einen Überraschungsbesuch.

In der Kommission kann jeder mitarbeiten. Sie entscheidet ähnlich einem Schöffengericht. Die Mitarbeit verbessert selbstredend den eigenen Bonus.

All das ging mir auf dem Flug nach Izmir durch den Kopf. Der Landeanflug erfolgte bei etwas stürmischem Wetter. Immer noch wurde mir mulmig bei solch wackeligem Aufsetzen, auch nach Hunderten von Flügen. Wenig später trafen Tascha und ich uns mit den Freunden im Hotel Palas, wie ein Jahr zuvor. Am nächsten Tag reisten wir mit dem Zug nach Alaşehir, auch wie vor einem Jahr. Wir zogen ein ins Hotel Benan und mieteten einen Land Rover. Zufällig bekamen wir genau den wieder, den wir schon einmal gehabt hatten.

Was genau uns erwarten würde, wussten wir nicht. Doch wie alles begonnen hatte, das wusste ich umso besser.

* * *

Teil I – Fähigkeiten

Wieder einmal setzte ich je fünf Euro auf *Rot*, *Impair* und *Passe*. Die Kugel rollte. Sie fiel auf die 23, eine rote, ungerade Zahl, größer als 18. Der Croupier schob mir sechs Jetons zu – dreißig Euro. Die Spielbank würde ich mit rund zwanzigtausend verlassen.

Ich hatte es mir zur Aufgabe gemacht, immer mit fünfzehn Euro zu beginnen. Sollte das erste Spiel keinen Gewinn bringen, wäre mein Aufenthalt im Casino für diesen Abend beendet. Diese Vorsichtsmaßnahme hatte ich Harry abgeschaut, sie war aber eigentlich nicht mehr nötig, seit ich die Signale deuten konnte und sie umsetzte. Sie funktionierten unmissverständlich.

Drei Körperstellen signalisierten mir, ob die linke oder die rechte Seite gewann.

Links auf dem Roulettetisch – mit Blick zum Kessel – sind ***Passe***, ***Pair*** und ***Noir***, ***Schwarz***, rechts ***Manque***, ***Impair*** und ***Rouge***, ***Rot***. Es geht dabei um die ›einfachen Chancen‹, um das Entweder-Oder. Ganz klar ist das bei Schwarz und Rot, auch für den, der sich im Roulette überhaupt nicht auskennt. Setze ich auf Schwarz, und die Kugel rollt auf ein schwarzes Feld, dann wird mein Einsatz verdoppelt; fällt sie auf Rot, ist er weg – er gehört der Bank.

Der Croupier zieht ungerührt alle Jetons, die nicht gewonnen haben, zu sich. Sie klackern in einen Schlitz wie bei einer großen Sparbüchse. Genauso verhält es sich bei dem Paar ***Passe*** und ***Manque***, größeren oder kleineren Zahlen also – links von 19 bis 36 und rechts von 1 bis 18. Und das Gleiche gilt auch für die Alternative ***Pair*** oder ***Impair***, gerade oder ungerade Zahlen.

Hier eine Anmerkung, zu der mir Frau Gohr, unsere gestrenge Deutschlehrerin, geraten hatte. Nachdem ich meine Geschichte fertig aufgeschrieben hatte, zeigte ich ihr das Manuskript. Neben einem Haufen Rechtschreibe-, Tipp-, Flüchtigkeits-, Kommata-,

Grammatik- und stilistischen Fehlern – sie gab mir die Gesamtnote drei minus – meinte sie, meine Ausführungen sowohl was das Roulettespiel als auch die Biologie betrifft, seien zu ausschweifend und für jemanden, der sich nicht für diese Thematiken interessiert, zu langweilig. Das könnte den Lesespaß regelrecht abwürgen.

Sie riet mir dazu, diese Passagen einzurücken. So wäre leicht erkennbar, dass es hier ›sachlich zur Sache‹ gehe. Dann könne jeder entscheiden, ob er diese Stellen nur überfliegen oder ganz auslassen will. Der Verlauf der Geschichte bliebe ja trotzdem nachvollziehbar. Und wer es genau wissen wolle, der könne sich überzeugen, dass alle Ausführungen Hand und Fuß haben.

Geldsorgen musste ich mir also nicht mehr machen, das dämmerte mir schnell. Was hatte ich mir für Sparpläne aufgestellt, vorher. Ich hatte genaue Listen meiner Ausgaben geführt und sie mit meinem Gehalt verrechnet, hatte Preise verglichen und das Billigste gekauft. Gefreut hatte ich mich über jeden gesparten Cent und ihn in Grün in meine Listen eingetragen, um Rücklagen zu schaffen für unvorhergesehene Ereignisse und größere Anschaffungen. Vermögenswirksame Leistungen nahm ich selbstverständlich in Anspruch und wunderte mich über Kollegen, die sich die Zulagen entgehen ließen. Riestern und Bausparen gehörten zu meiner finanziellen Absicherung, wenn auch Rente und Eigenheim in unendlicher Ferne zu liegen schienen. Für mich war es eine Frage der Vernunft und des Prinzips, auch wenn ich dann im Moment weniger im Portemonnaie hatte.

Zu Beginn meiner Glückssträhne frischte ich nur mein Gehalt auf mit den Gewinnen, leistete mir ein bisschen was. Jedoch wurden die Ansprüche schnell höher, mein Bedarf größer. Auffallen wollte ich nicht und machte mir Gedanken, wie mir das am besten gelänge.

In der Spielbank kennen sich die Stammspieler, und Gewinnserien fallen auf. Weil ich nicht unter Beobachtung stehen wollte, war eine meiner Strategien, bei einem Spielbankbesuch nicht nur Gewinne einzufahren. Ich setzte bewusst immer wieder auf Verlierer-Felder.

Ich machte keine Gewinne von einer Million, nicht mal einer halben. Maximum waren für mich fünfzigtausend, und die holte ich längst nicht immer.

Ich wechselte die Casinos, ging nie mehrmals hintereinander in das gleiche. So hatte ich zu Beginn die klassischen Spielerstädte Baden-Baden, Bad Homburg und Wiesbaden kennengelernt. Allein in Deutschland gibt es vierundsiebzig weitere Spielbanken. Ich musste mich also in keiner allzu oft sehen lassen. Mehr als einmal pro Woche ging ich selten hin, verband das gerne mit einer gemütlichen Zugfahrt – immer erster Klasse – und einem Kurzurlaub. Ich arbeitete von Montag bis Mittwoch; Donnerstag bis Sonntag hatte ich Zeit fürs Geldscheffeln.

Das Ausland besuchte ich nur ein paarmal, so etwa Lüttich, Amsterdam und Salzburg. Las Vegas hätte mich gereizt, die lange Fliegerei schreckte mich allerdings ab.

Sorgen bereitete mir die Pflicht, am Empfang jedes Mal den Pass vorzulegen. Ich war mir nicht sicher, ob die Besucher zentral registriert würden. Verbotenes tat ich nicht, man würde mich nicht belangen können. Ich fürchtete nur, dass man mir eines Tages den Zutritt verwehren könnte. Wie das ablaufen sollte, war mir nicht klar, denn die Ausgabe der Jetons und der Gewinne erfolgte ohne neue Ausweiskontrolle. Vielleicht war aber jemand aufmerksam genug und meldete weiter, dass da immer wieder einer kam, der nur einstrich – selbst wenn ein Jahr dazwischenlag.

Eigentlich dachte ich eher nicht, dass das passieren würde, hielt es aber auch nicht für ausgeschlossen in Zeiten, in denen alles, aber auch alles überwacht wurde. Ich konnte ja nicht ahnen, dass all diese Prinzipien, ja die bestehende Gesellschaftsordnung aus den Fugen geraten würden. Wer hätte damals gedacht, dass Geld mir eines Tages vollkommen gleichgültig sein würde? Eine Welt ohne Geld konnte ich mir zu diesem Zeitpunkt ganz und gar nicht vorstellen.

Ich hatte drei glückliche Jahre. Was man so glücklich nennt. Für echtes Glück stand ich mir wahrscheinlich selbst im Weg. Also sagen wir: ›Verhalten glückliche Jahre‹, das trifft es besser. Oder auch: ›zufriedene Jahre‹.

Was hatte sich für mich alles geändert mit meinen neuen Fähigkeiten? Das Erste und Wichtigste: Die Geldsorgen waren weg, das sagte ich schon. In meinem Job wechselte ich jetzt auf Teilzeit. Unbezahlten Urlaub nahm ich nur selten, schnell fehlte mir nämlich meine Arbeit. Die Tierchen waren es, die ich vermisste. Und die paar Kollegen auch. Ich war Verkäufer in einer Tierhandlung – mittelgroß, der *Zoo am Bahnhof.*

Wir hatten das Übliche: Meerschweinchen, Mäuse, Ratten, Hamster, Kaninchen und ein paar andere Nagersorten, dazu Fische, Vögel, ein paar Schlangen und andere Reptilien. Selten kam ein Wurf kleiner Katzen oder Welpen herein. Dazu verkauften wir jede Menge Futter und alles Mögliche an Zubehör – so wie das jeder kennt, der in einen solchen Laden geht.

Dreizehn Kollegen waren wir und der Chef. Der war nicht nur tierlieb, er hatte auch ein Herz für Menschen, speziell für seine Angestellten. Ich konnte nicht klagen, die meisten Kollegen waren in Ordnung. Ein richtiges freundschaftliches Verhältnis hatte ich aber zu keinem. Ich war eher ein Einzelgänger, und das eigentlich schon immer. Ich konnte mich gewaltig aufregen, wenn jemand zu spät kam oder etwas falsch einräumte. Meist erntete ich Spott dafür und hatte gelernt, meinen Mund zu halten. Das schien mir besser fürs Betriebsklima.

Im Großen und Ganzen machte die Arbeit uns Spaß. Alle waren wir Tierfreunde, und alle erfreuten wir uns an den Kindern: Wie sie mit ihren großen Augen in die Käfige und die Aquarien schauten. Wie widerwillig sie sich wegziehen ließen, wie enttäuscht sie waren, wenn sie ihren Wunsch nicht erfüllt bekamen. Wie überglücklich aber ihre Augen strahlten, wenn ich ihnen ihren neuen Liebling überreichen konnte.

Ärger gab es selten. Klar starb schon mal ein Tier in unserem Laden. Meist waren das Fische, denen sieht man nicht an, wie alt sie sind. Hin und wieder verendete auch ein Nagetier, je kleiner, desto öfter, Mäuse und Hamster also häufiger als Meerschweinchen und Kaninchen. Herr Munz, der Chef, machte nie groß Theater.

Unangenehmer war es schon, wenn sich ein Kunde beschwerte, dass ein Tier kurz nach dem Verkauf eingegangen war. Das kam sehr selten vor, in den fünfzehn Jahren, die ich bei Zoo am Bahnhof war, vielleicht zehn Mal. Schlimm waren die Kinderaugen, die dann so traurig schauten. Das Gemecker der Eltern aber musste der Munz aushalten. Doch der verstand es elegant, die Aufregung zu schlichten. Er erkundigte sich nach den Umständen, fragte nach Haltebedingungen und wie mit dem Tier umgegangen worden war – und schaffte es diplomatisch, nicht dem Kunden die Schuld zuzuschieben. Trotzdem gab er eine Reihe Tipps. In der Regel gingen die Käufer mit einem Ersatztier aus dem Laden – und die Kinderaugen glänzten wieder.

Es war nicht nur der Umgang mit den Tieren und den Kunden, der mir gut gefiel. Biologie war mein absolutes Lieblingsfach. Mehr der Bereich Tiere als Pflanzen, das ist klar. Im Betrachten anatomischer Darstellungen konnte ich aufgehen. Mein Taschengeld hatte ich früher gespart und lieber für tiermedizinische Atlanten ausgegeben als für ›Fix und Foxi‹ – damals begehrt wie alles aus dem Westen; mir waren diese Heftchen viel zu teuer.

Die Entwicklung des Lebens konnte ich auswendig herunterbeten – Befruchtung, Zellteilung, Morula, Blastozyste und Gastrulation. Manche Eins hatte ich mit meinen Vorträgen ergat- tert.

Also, wenn ich erklären soll, wie das geht mit der Zellteilung, dann muss ich damit anfangen, dass die Samenzelle das Ei befruchtet. Das passiert auf dem Weg des Eis zur Gebärmutter im Eileiter. Wenn man das Ei suchen wollte, dann hätte man theoretisch tatsächlich eine Chance. Es ist einen sechstel Millimeter groß, man könnte es mit bloßem Auge gerade so erkennen.

Nach der Befruchtung heißt es nicht mehr Ei, sondern *Zygote*. Dieses kleine Wunderding kann alles, daraus wird ein neuer Mensch geschaffen. Auf der Wanderung beginnt die Zygote sich zu teilen. Aus einer Zelle werden zwei. Dann vier, dann acht. Das ist fast so wie beim Roulette mit Rot und Schwarz. Immer eine Verdopplung, wenn ich richtig setze. Anders als beim Roulette wird aber das Gebilde zunächst nicht größer. Nach wie vor ist es von der Außenhülle des Eis umschlossen. Die Teilung findet im Inneren statt. Die Oberfläche ist zerfurcht, es zeichnen sich bald sechzehn, dann zweiunddreißig Zellen ab.

Die können immer noch alles. Trennt sich in diesem Stadium eine Zelle ab, dann entwickelt sich auch daraus ein eigenständiger Mensch. Geboren werden neun Monate später eineiige Zwillinge. Das passiert nicht allzu oft. Meist bleibt es bei diesem einen Zellhäufchen. Es sieht jetzt aus wie eine Brombeere oder eine Maulbeere, und die Biologen nennen es nach Letzterer die *Morula*.

Die Morula ist in vier Tagen entstanden und hat ihren Weg in die Gebärmutter zurückgelegt. In deren Schleimhaut nistet sie sich ein. Jetzt weicht die äußere Hülle auf, und unser Häufchen beginnt zu wachsen. Aus dem Klümpchen wird ein Ball, innen mit Flüssigkeit gefüllt. Der bekommt schon wieder einen neuen Namen, das ist jetzt die *Blastozyste*. Nicht weil sie aussieht wie eine Blase, sondern weil das der Keim ist, auf Griechisch Blastos.

Diese Zellen, die können längst nicht mehr alles. Löst man eine heraus, wird kein neuer Mensch daraus, sie hat schon spezielle Aufgaben. Sie ist nicht mehr omnipotent, sondern nur noch pluripotent – nicht Alleskönnerin, sondern Vielkönnerin. Und das ist immer noch eine Menge. Aus manchen Zellen entwickelt sich der Mutterkuchen, aus anderen der kommende Embryo. Das sind die berühmten embryonalen Stammzellen.

Diese Vorgänge sind äußerst spannend. Sie laufen zielgerichtet und folgerichtig ab und scheinen doch so störanfällig. Ein Wunder, das sich nach jeder Befruchtung wiederholt. Das begeistert mich noch heute.

Natürlich kam von Munz und den Kollegen die Frage, warum ich plötzlich halbtags arbeiten wolle und ob ich im Lotto gewonnen habe. Ich deutete vage etwas von einer Erbschaft an. Es sei nur vorübergehend, beteuerte ich, ich wolle ein bisschen ausspannen, solange der Segen reichte. Den Chef bat ich ausdrücklich, mich jederzeit wieder um eine volle Stelle bemühen zu dürfen. Bald fragte keiner mehr nach, ich war jetzt der Halbtags-Ede.

Es freute mich, wie meine Strategie klappte, nicht aufzufallen. Man sah keine neuen Reichtümer an mir. Dass das maßgeschneiderte Schuhe für tausend Euro waren, die ich trug, das merkte niemand – auch nicht, dass ich mir eine Saxonia-Armbanduhr für gut achtzehntausend Euro geleistet hatte. Den Audi A7 bekam kaum jemand zu Gesicht, weil ich weiter mit dem Rad zum Dienst fuhr. Und was ich an Kleidung trug, das fiel nicht weiter auf – darüber hatte ich ja meinen Kittel an. Dass das darunter ausschließlich von Ladage & Oelke stammte, konnte niemand ahnen. Es brauchte auch niemand zu wissen, dass ich mich bei diesem traditionsreichen Herrenausstatter einkleidete, wenn ich in einem der vier Hamburger Casinos spielte.

In der Fußballabteilung des MSV 90 war es noch einfacher. Ich erschien nach wie vor zum Training, machte das eine oder andere Turnier mit, ging danach immer mit einen trinken. Dass ich unregelmäßiger kam durch meine eigenen ›Auswärtsspiele‹, das fiel nicht auf, obwohl ich als pünktlich bekannt war. Seit ich in der Altherrenmannschaft war, hatte meine Zuverlässigkeit sowieso nachgelassen. Ich kickte nur noch zum Spaß, sagte ich.

Vorher tobte ich mich hier aus, raste auf dem Platz herum wie ein Verrückter, powerte mich aus und kam auch oft zum Abschluss. Fußball war für mich reiner Stressabbau. Der beste Stürmer war ich nicht, lag aber an zweiter oder dritter Stelle. Unter der Dusche kühlte ich schnell ab, beim geselligen Zusammensein anschließend war ich schon wieder zurückhaltend, fast zugeknöpft.

Eine unangenehme Situation ist mir noch in Erinnerung: Ich komme frisch geduscht aus der Umkleide. Der Trainer nimmt mich in den Arm, weil ich drei Tore geschossen habe, und sagt: »Klasse gemacht!« Dabei wuschelt er mir durch die Haare.

Ich drücke ihn weg und sage gereizt: »Lass das!«

»Pff…«, stößt der Trainer aus, »was bist du denn für einer?«

»Konnte so was noch nie leiden!«

Das war halt so. Ich mochte auf dem Platz auch nie dieses Aufeinanderhüpfen nach einem Tor.

Im Verein war es ähnlich wie mit den Kollegen. Ich war gut gelitten, gehörte aber irgendwie doch nicht ganz dazu. Niemand wurde so richtig warm mit mir, und das war mir recht so. Zu viel Nähe war mir noch nie geheuer.

Auch meine Eltern und Marie, meine ältere Schwester, merkten nichts von meinem neuen Reichtum. Zu allen dreien hatte ich ein distanziertes Verhältnis. Vater war ein linientreuer Apparatschik gewesen – was hatte der mir zugesetzt mit seinen ewigen Vorträgen über den heiligen Kommunismus und den dekadenten Westen. China sei unser Bruderland.

In Geografie interessierte mich dieses Riesenreich erheblich. Die Gesellschaftsform allerdings war mir reichlich schnuppe. Viel erfuhren wir ja nicht von der Zeit vor dem Sozialismus. Mehr wie Gerüchte tauchten manchmal Berichte über die vorhergehende Philosophie auf. Mein Buchhändler, der mich mit den Anatomie-Atlanten versorgte, lieh mir einmal ein Werk über Laotse. Es war seine Biografie, die mich faszinierte. Leider fanden sich nur Andeutungen zu seinem geistigen Schaffen. Vertiefendes Material zu beschaffen, dazu sah sich nicht einmal der Mann an der Quelle in der Lage.

Wie ein geprügelter Hund litt mein Vater nach der Wende. Das Arbeitslosengeld und danach die Arbeitslosenhilfe waren eine Schmach für ihn. Wie es ihm wohl in der DDR ergangen wäre, falls er seinen Job verloren hätte, wollte ich einmal von ihm wissen. Doch er verbat sich allein die Frage.

Auch vorher hatte er kaum mal eine meiner Kinderfragen beantwortet. Nicht nur die schienen ihn zu nerven, sondern Gefühlsäußerungen meinerseits ganz allgemein. Ob ich nun aus Freude umhersprang und jauchzte oder mal heulte aus körperlichem oder seelischemSchmerz heraus.

Auch bei Mutter und Schwester waren Emotionennicht wohlgelitten. So lernte ich, sie in mir zu behaltenund nicht nach außen dringen zu lassen.

Meine Mutter hatte irgendwo eine Platte von Milva aufgegabelt. Da gab es das Lied ›So was hilft‹, das dudelte sie den ganzen Tag:

Wenn ich sehr glücklich bin,
dann sag ich mir immer,
das kann nicht lang dauern.
Es wird schon irgendwo
der nächste Kummer lauern.
So was hilft.
Sofort.
Ohh, das hilft.

Wenn ich sehr traurig bin,
dann sage ich mir immer,
das kann nicht lang dauern.
Es wird schon irgendwo
die nächste Freude lauern.
So was hilft.
Sofort.
Ohh, das hilft.

Und Milva summte weiter, sie summte die Melodie auch in mein Herz. Nicht überschäumen, in beide Richtungen nicht.

Diese Haltung gab mir Schutz. Danke, Mama, und danke, Milva. Ihr habt mich zum Herrn über meine Gefühle gemacht. Damit bin ich immer gut gefahren. Diese Einstellung ersparte mir nicht nur Kummer und manch realitätsfernes Hochgefühl, sondern vor allem auch die Angst. Nein, Angst musste ich nicht haben.

Ich ergänzte Milvas Lied um eine weitere Strophe:

Wenn ich sehr ängstlich bin,
dann sage ich mir immer,
das kann nicht lang dauern.
Es wird schon irgendwo
die Überwindung lauern.
So was hilft.
Sofort.
Ohh, das hilft.

Hmm, h-hm, h-hm, hmm.

Vielleicht hätte ich auch Ärger damit wegsummen können. Doch so weit war ich noch nicht. Am wenigsten aber konnte ich meinem Vater verzeihen, dass er mir damals meine Bee-Gees- Platte zerbrochen hatte, den Saturday-Night-Fever-Soundtrack. Wie hatte ich Stayin' Alive geliebt! Das war eine der ganz großen Kostbarkeiten gewesen, die ich mir damals neben den Biobüchern geleistet hatte.

Marie hatte mich einfach schon dadurch genervt, dass sie sieben Jahre älter war und immer auf mich aufpassen musste. Dazu hatte sie natürlich keine Lust und ließ ihren Frust an mir aus. Das Verhältnis hat sich nie gebessert.

Die engste Bindung hatte ich zu meiner Mutter, da war schon so etwas wie ein Nähegefühl. Ihr konnte ich allerdings nicht verzeihen, dass sie sich diesem Tyrannen von Ehemann dauerhaft unterordnete.

Es blieb also bei lockerem Kontakt. Bei Familienfesten war ich anwesend, hielt mich aber in Gesprächen zurück. Politische Themen waren sowieso tabu und interessierten mich nicht sonderlich. Es kamen nie besonders viele Leute zusammen, unsere Verwandtschaft war nicht groß. Mutter hatte einen Bruder, den Onkel Helmut, Vater einen Bruder und eine Schwester. Zu denen bestand aber kaum Kontakt. Sie kamen nur zu runden Geburtstagen und blieben nie lange. Am meisten interessierte mich noch Onkel Helmut. Ich wusste, er sammelte Münzen. Und Geld, das hatte mich schon interessiert, so lang ich mich erinnern kann. Mutter sagte einmal, wenn ich ›Mama‹ gesagt hätte, habe das fast wie ›Mark‹ geklungen.

Onkel Helmut hatte mir ein paarmal stolz seine Sammlung gezeigt. Mich hatten diese runden Scheibchen mit den geheimnisvollen Bildern und Zeichen darauf und einem Wert, den ich nicht abschätzen konnte, enorm beeindruckt. Doch ich durfte keine dieser Münzen anfassen, sie nur in ihren Plastiktaschen betrachten. Nicht einmal der Onkel selbst nahm sie heraus. Sie könnten leiden, meinte er. Wie soll denn ein Metallstück leiden, hatte ich mich gefragt. Aber dadurch verlor ich recht schnell das Interesse an der Münzsammlung und damit auch an Onkel Helmut. Denn mit einem kleinen Jungen konnte auch er nichts anfangen.

Zumindest war er schuld an meinem zweiten Vornamen. Meine Eltern hatte er überredet, wenn sie mich schon Edgar nennen würden, noch Allan zuzufügen. Ich glaube nicht, dass sie wussten, dass er Poe-Fanatiker war. Meinen Vater habe ich sowieso nie etwas anderes als Soldaten-Schundromane lesen gesehen.

Ein bisschen von der Leidenschaft flammte erst wieder auf, als der Euro eingeführt wurde. Da legte ich mir ein Album an und war bemüht, alle Münzen von jedem beteiligten Land zusammenzubekommen. Selbstverständlich rührte ich mein Starterpaket nicht an, sondern bewahrte es auf wie eine Kostbarkeit.

Von meinem neuen Reichtum bekam die Familie also nichts mit. Nur Mutter fiel aus allen Wolken, als ich ihr zum Sechzigsten eine echte Perlenkette schenkte. Ungläubig starrte sie darauf. Zur Erklärung sagte ich: »Ja, Mams, da habe ich lange drauf gespart.« Sie fiel mir um den Hals. Ich stand steif da, freute mich über ihre Freude, blieb aber verkrampft. Vater, der alte Sturkopf, starrte misstrauisch auf die Kette. Er hatte wahrscheinlich niemals solchen Erfolg mit seinen Geschenken. Hoffentlich erkundigte er sich nicht nach dem Preis.

Also, ich hatte schon meinen Spaß an dem neuen Leben, auch wenn es weitgehend das alte blieb. Aber diese Unbeschwertheit, das war schon etwas ganz, ganz Tolles. Ich musste mir ein neues Konto anlegen. Sie hatten mich schon komisch angeguckt in diesem Uhrenladen, als ich siebenunddreißig Fünfhunderter hinblätterte. Als wäre das die Beute aus einem Banküberfall. Nun, so etwas in der Art war es ja auch.

Bei Audi blieb dem Händler fast der Mund offen stehen, als ch von Barzahlung sprach. Das sei doch ein Scherz, entschärfte ich sein Misstrauen. Ich würde eine Anzahlung überweisen und nach der Überführung den Rest. Was hätten sie wohl gesagt, wenn ich den A8 L W12 genommen hätte? Da ist man mit Zubehör schnell bei zweihunderttausend. Aber das verbot mir schon meine Strategie: nicht von allem das Maximum! Eine Uhr von A. Lange & Söhne – und keine Rolex. Audi, nicht Mercedes, und da nicht den teuersten.

Mit dem Konto gab es ein unvermutetes Problem. Ich konnte schlecht hingehen und alle paar Tage einige Zehntausender einzahlen. Dem Bankangestellten wollte ich nicht erzählen, dass ich einfach Glück beim Spiel hätte. Ich überlegte, womit ich in wenigen Tagen plausibel so viel Bares verdienen konnte. Weihnachten wäre das gegangen, ich hätte mich als Christbaumverkäufer ausgeben können. Die machen im November und Dezember immer einen riesigen Umsatz. Nun war nicht immer Weihnachten. Aber irgendetwas mit Verkauf war wirklich das Beste.

Beim Ordnungsamt beantragte ich einen Reisegewerbeschein und eröffnete damit ein Geschäftskonto. Ich handelte vorgeblich auf Flohmärkten mit orientalischem Billigschmuck, der mir weggehe wie warme Semmeln.

Ferner stockte ich meinen Bausparvertrag ordentlich auf und kaufte ein paar Chemie-Aktien – die hatten die letzten Krisen immer am besten überstanden. Ich speiste in den Carmignac-Patrimoine-Aktienfonds ein und schloss eine private Rentenversicherung ab. Alles geordnet, alles gelistet und verwaltet. Ich erfreute mich an den Zahlenkolonnen und ihrem Zuwachs.

Was sollte mir noch passieren?

Das fragte ich mich damals. Wie naiv war ich eigentlich?

Probleme hatte ich mit Frauen. Kontakte hatten nie gut geklappt, schüchtern und verklemmt, wie ich anfangs war. In der Schule und beim MSV lockten mich die Mädels. Gerne schaute ich den Turnerinnen-Riegen zu, wenn wir uns in der Halle aufwärmten.

Noch spannender wurde es, als die Cheerleader-Abteilung gegründet wurde. Ich bändelte immer wieder mal an. Zu einer richtigen Beziehung kam es trotzdem nie. Bald hatte ich zu mäkeln, war unzufrieden mit Körper, Charakter oder beidem. Meist war es die zu große Lässigkeit bei Verabredungen oder beim Ordnunghalten, die mich störte. Die wenigsten konnten mit Geld umgehen, und wenn sie meine Tipps ablehnten, bekam ich schlechte Laune, sagte aber nichts.

Was hätte ich meiner jeweiligen Freundin auch sagen sollen?

Dass mir ihre Haare nicht mehr gefielen?

Dass es mir im Bett zu langsam mit ihr ging oder zu schnell?

Dass sie zu unordentlich war oder zu unpünktlich?

Ich hätte sie mir damit zur Feindin gemacht, wie im Laden die Kollegen. Meine Launen konnte ich trotzdem nicht verbergen, wurde gereizt und mürrisch. Das hielt keine Frau länger als ein halbes Jahr aus. Ich hatte hochgesteckte Erwartungen, Wunschträume – die Ideale lagen so hoch, dass die passende Frau für mich kaum zu finden war.

Ich suchte eine Prinzessin, war aber selbst kein Prinz. Wenn ich nach dem Duschen in den Spiegel schaute, blickte mich ein eher finsterer Bursche an. Dunkle, wellige Haare, die die Ohren verdeckten, und der schwarze Schnäuzer gaben dem Gesicht etwas Kastenförmiges. Tiefliegende Augen wurden durch riesige Brauen verschattet, sie funkelten mir heimtückisch aus dem Dunkel entgegen. Fehlende Symmetrie verstärkte das Unheimliche – die linke Stirnseite war wuchtiger und drückte das Auge etwas herunter. Der kleine Mund strahlte wenig Freude aus, die ganze Erscheinung wirkte viel zu ernst.

›Werde locker!‹, mochte ich mir zurufen. Doch wie sollte ich das bewerkstelligen?

Aber keine Angst: Entstellt wie ein Monster sah ich trotzdem nicht aus. Doch die Ungleichförmigkeit in meinem Gesicht war nicht zu übersehen. Sie wurde noch verstärkt durch meine Nase, die leicht nach links abwich.

Der Mann dort gegenüber, der hatte aber zumindest eine passable Figur. Kein Herkules, doch auch kein Schwächling. Ein Mittdreißiger mit allenfalls einer Spur Bauchansatz. Die Gestalt, die gab mir Selbstbewusstsein, auf die war ich durchaus ein bisschen stolz. Doch sie allein hielt keine Frau bei mir.

Wenn ich meine Einsamkeit nicht mehr aushielt, verschaffte ich mir Erleichterung im Rotlichtmilieu, wie man so sagt. Aber das war nicht richtig befriedigend. Alles viel zu kurz, viel zu mechanisch. Noch dazu war ich immer so aufgeregt, dass es oft nicht klappte.

Das war jetzt anders. Ich sah mir im Internet Anzeigen der Rubrik ›Herzklopfen‹ an, nahm Kontakt auf, probierte aus und fand schließlich die Frau, die mir erotisch zusagte, die mir keinen Stress machte, bei der ich mir die Zeit lassen konnte, die ich brauchte. Denn gerade hier ist die Zeit ja Geld. Geld war da und damit die Zeit.

Rita war für mich da, wann immer ich sie brauchte, und nie hat sie gefragt, wie ich zu meinem Geld käme.

Mein neues Leben hatte sich eingependelt, die Aufregung hatte sich gelegt. Casinobesuche, Einkäufe, Geldanlagen – all das war Routine. Die Bank schaffte sich einen Automaten an, mit dem man Bargeld einzahlen konnte. Das kam mir sehr entgegen, brauchte ich doch nicht mehr persönlich zum Schalter zu gehen. So konnte es ewig weitergehen – aber wollte ich das denn? Routine wird irgendwann langweilig. Was wollte, was sollte ich aus mir und meinem Leben machen?

Ruckzuck musste ich keine Entscheidung treffen, konnte mir aber auch nicht ewig Zeit lassen. Der Jüngste war ich nicht mehr, es musste etwas geschehen.

Tiere habe ich immer geliebt. Mit dem Hund fing es an. Bello war vor mir da, in unserer Familie. Mit dem wuchs ich auf, verbrachte mit ihm die frühe Kindheit. Wie litt ich, als er beim Gehen wimmerte, immer steifer und immer dünner wurde. Was war das für ein Graus, als wir ihn einschläfern lassen mussten.

Mein erstes eigenes Tier war der Hamster Fipsi. Den fraß bald der Bello – meine Eltern sagten mir, er sei weggelaufen. Dann kam Arthur, ein Zwergkaninchen, das konnte ich richtig knuddeln. Und es war so zutraulich, dass man es kaum glauben konnte. Arthur war der Trost, wenn es Ärger gab – mit Eltern, Marie, den Lehrern oder Freunden.

Freunde hatte ich nicht viele. Nur einen komischen Kauz, den Ixo. Wahrscheinlich weil ich genauso komisch war. Wir beiden Käuze, wir kamen miteinander klar – aber uns trotzdem nicht zu nah.

Häufig machten wir Hausaufgaben miteinander, mal bei mir, mal bei ihm. Wir redeten kaum dabei, stellten nur gegenseitig Fragen, wenn wir nicht weiterkamen. Sportlich war Ixo nicht, aber ein treuer Kumpel. Wenn wir ein Spiel mit dem MSV 90 hatten, war er immer als Zuschauer dabei. Manchmal stellte er sich sogar beim Training an den Rand. Oft genug hatte ich ihn gefragt, ob er nicht einfach mal mitmachen wollte. Das sei ihm zu anstrengend, hatte er gemeint.

Vielleicht war Ixo deshalb so komisch, weil seine Eltern evangelisch waren. Die paar Christen, die es in der DDR noch gab, die wurden alle etwas schief angesehen. Und wenn man abgelehnt wird, dann benimmt man sich schnell etwas schrullig. Nicht dass viele Leute die Parteiideologie verinnerlicht gehabt hätten. Aber dass man an keinen Gott glauben müsse, das war allgemeiner Konsens, das war den meisten recht.

Ich war mir da nicht so sicher und fragte Ixo, ob er auch so was mache wie Beten.

»Klar, jeden Abend.«

»Und was betest du da so?«

»Es fängt immer an: Lieber Gott.«

»Wieso ist der lieb?« Dass ein Gott automatisch lieb sein sollte, das leuchtete mir nicht ein.

»Wir sind doch seine Geschöpfe, und das, was man erschaffen hat, das liebt man.«

»Und wenn man Mist gebaut hat?« Ixo schwieg erst mal. Ich legte nach. »Wenn ich eine Sandburg baue, und die wird nix, dann trete ich die doch wieder zusammen!«

»Gott baut aber keinen Mist, der ist ja schließlich allmächtig.«

Das ließ ich erst einmal gelten. Dann erklärte Ixo, dass er sich beim Beten bedanke, für sein Leben, für seine Gesundheit, für den schönen Tag.

»Und wenn der Tag nicht schön war?«

»Dann bitte ich darum, dass der nächste wieder schön wird.«

»Man kann also auch um etwas bitten?«

»Klar kann man das!« Das gefiel mir, darüber erkundigte ich mich etwas genauer. Ixo regte an, ich könne es doch einfach mal probieren. Wieso eigentlich nicht?

»Und am Schluss kommt ein ›Amen‹.« Das verstand ich nicht ganz, aber Ixo konnte mir die Bedeutung auch nicht erklären.

Am Abend probierte ich es aus. Tat innerlich so, als glaubte ich ganz fest an den evangelischen Gott.

»Lieber Gott«, begann ich. »Schenke mir doch bitte ein Taschenmesser. Amen.« Das war kurz und bündig und eindeutig.

Nach der Schule übergab mir meine Mutter tags drauf ein Taschenmesser, einfach so. Nicht zum Geburtstag, nicht zu Weihnachten. Komisch, Weihnachten feierten wir schließlich immer noch. Verblüfft hielt ich das Messer in der Hand, probierte die Klingen aus und konnte es kaum fassen.

»Ich höre ja gar nichts«, sagte Mutter. Ich wusste erst nicht, was sie meinte. Wie aus der Versenkung heraus dämmerte mir, dass ich mich ja bedanken musste. Doch eigentlich hätte ich mich ja beim *lieben Gott* bedanken müssen.

»Danke, Mama«, sagte ich, strahlte und ging auf mein Zimmer. An einem alten Holzstück musste ich sofort ausprobieren, was das Messer taugte.

»Lieber Gott, vielen Dank für das Taschenmesser.« Bei ihm bedankte ich mich auch. »Und bitte, lass mich in der nächsten Russischarbeit eine Drei schreiben. Amen.«

Daraus wurde nichts. Ich bekam eine Fünf minus. Ich beschwerte mich bei Ixo. Vor allem, wo ich doch sehr bescheiden um eine Drei gebeten hatte und nicht um eine Eins.

»So leicht kannst du dir das nicht machen. Man muss schon selbst was tun!«

Also war der ganze Gottglaube doch recht kompliziert. Viel klarer wurde der durch meine Besuche in der Kirche allerdings nicht. Ixo hatte mich ein paarmal mitgenommen. Meine Sünden sollten weg sein, weil Christus an ein Kreuz genagelt worden war. Ich sollte mit ihm in Verbindung stehen, indem ich symbolisch seinen Leib aß und sein Blut trank. Das alles kam mir sehr merkwürdig vor. Aber das Mystische daran gefiel mir schon, es hatte etwas Anziehendes.

Ein paar Jahre später fragte ich Ixo, ich glaube, nach seiner Konfirmation war das, ob er denn wirklich an diesen Gott und das ganze Drumherum glaube. Biologie war damals schon mein Lieblingsfach. Darwins Evolutionstheorie hatte mir eingeleuchtet. Und trotzdem hegte ich meine Zweifel, ob die ganze Entwicklung sämtlicher Lebewesen nur eine Abfolge millionenfacher Zufälle war, ob es dahinter nicht doch ein ordnendes Prinzip gab, eines, das so etwas wie ein Gott sein konnte.

»So, wie wir das aus der Bibel gelehrt bekommen, so glaube ich das nicht«, erklärte mir mein Freund. »Doch dass es ein göttliches Prinzip gibt, davon bin ich überzeugt.« Komisch, dass auch er den Begriff *Prinzip* gebrauchte. »Doch viel mehr halte ich von den Chinesen.«

Jetzt lachte ich ihn aus. Die seien doch genauso bescheuert wie das, was wir vom Kommunismus eingebläut bekämen. »Ich meine doch nicht die Mao-Bibel und so was«, entgegnete er. »Ich meine die alten Philosophen. Ganz besonders Laotse. Eigentlich kenne ich wirklich nur von ihm ein bisschen was.«

Ich blieb skeptisch. »Woher willst du denn etwas über Laotse wissen und so? Darüber werden wir nie etwas in der Schule erfahren, und darüber gibt's auch keine Bücher. Wenigstens nicht bei uns.«

Jetzt zeigte Ixo mir einfach eine Reihe chinesischer Briefmarken. »Was meinst du, woher ich die habe?«

»Briefmarken sammelst du also? Na, die wirst du getauscht haben oder gekauft.«

»Nein, die habe ich von meinen Briefen aus Peking abgemacht!«

Nun war ich reichlich verblüfft. »Du bekommst Briefe aus Peking?« Ich wollte es kaum glauben.

Ixo hatte ein Faible für China. Dieses Riesenreich interessierte ihn brennend. Deshalb hatte er schon ein paar Jahre vorher angefangen, Radio Peking zu hören. Der Sender strahlte auf Langwelle regelmäßig Beiträge in Deutsch aus. Und die hörte er begeistert. Irgendwann schrieb er einen Hörerbrief, denn dazu wurde immer wieder aufgefordert. Ein Brief nach China, etwas vollkommen Exotisches! Und tatsächlich, drei Wochen später hatte er eine Antwort von dem chinesischen Reporter. Die erste chinesische Briefmarke. Stolz zeigte mir Ixo, welche es war.

Von da ab entwickelte sich eine regelmäßige Korrespondenz zwischen den beiden. Vorsichtig fragte Ixo nach den alten chinesischen Philosophen und erhielt reichlich Informationen.

Ich blieb skeptisch. »Du fragst, und dein Chinese antwortet. Einfach so. So ein Brief kommt doch nie durch die Zensur. Bei uns nicht und bei denen nicht.«

»Chinesen sind ein kluges Volk«, kam die Entgegnung. »Natürlich habe ich den chinesischen Weg in den Sozialismus in den höchsten Tönen gelobt. Dann habe ich mich darüber ausgelassen, hier würde man ab und zu etwas von den alten chinesischen Philosophien hören. Es käme mir komisch vor, wie man an so was glauben könnte.« Der Reporter musste Ixos Interesse herausgelesen haben. Denn in jedem neuen Brief lobte er die kluge Parteiführung und ihren Weg des Sozialismus. Dann schimpfte er auf die primitiven Vorläufer, die verblendeten Taoisten und den geisteskranken Laotse. In der Verpackung der Schmähung passierten sie alle die Zensur. Aber der Brieffreund verriet dabei eine Menge über das alte Gedankengut. Den Trick durchschaute der jugendliche Ixo natürlich, und immer wieder erzählte er mir schwärmerisch von den fünf Elementen, vom Fließen der Ereignisse und vom I Ging.

Auch ich war durchaus neugierig, worum es bei Laotse ging. Doch stieg ich nicht so tief ein wie Ixo. In Erinnerung blieb mir nur, dass alle Dinge und alles, was geschah, ständig im Fluss waren und dass sich Gegensätze ineinander verwandeln konnten. Das zeigte sich in der Wechselwirkung von Yin und Yang, dem männlichen und dem weiblichen Prinzip. Durch Beobachten und Meditieren konnte man seinen Weg finden und im Einklang mit der Kraft leben. Dafür gab es bestimmte Begriffe, an die ich mich aber schon lange nicht mehr erinnern konnte. Durch die Umsetzung der Lehren Laotses könne sich der Mensch von Gewalt und Armut befreien, und es komme letztlich zum Weltfrieden.

Eine schöne Vorstellung, an die ich aber nicht glauben mochte. Das hatte ja noch keine Religion geschafft, auch die friedliebenden Christen nicht. Im Gegenteil, die hatten gnadenlos ganze Völker ausgerottet, die sich nicht bekehren lassen wollten.

Eine Sache aber faszinierte mich eine Zeit lang richtig. Das war die Lehre vom I Ging. Damit kannte sich Ixo ziemlich gut aus, und er erklärte es mir. I Ging ist eine Lehre, aber auch ein Orakel. Dabei werden vierundsechzig verschiedene Zeichen erstellt, die alle eine eindeutige Bedeutung haben. Die Zeichen bestehen aus jeweils sechs übereinanderliegenden Strichen, die entweder durchgezogen oder unterbrochen sind. Hier folgen ein paar Beispiele:

Ixo schilderte mir auch das Verfahren, wie man diese Linien erhält: mit dem Schafgarbenorakel. Auf eine komplizierte Art werden fünfzig Schafgarbenstängel wiederholt in ungleichmäßige Häufchen geteilt, bis man am Schluss auf die Zahlen Sechs bis Neun kommt. Dabei stehen die geraden Zahlen Sechs und Acht für eine Yin-Linie. Die gilt als weiblich und ist unterbrochen. Sieben und Neun hingegen stehen für eine nicht unterbrochene, eine Yang-Linie, und die gilt dementsprechend als männlich.

Da das jedoch recht umständlich ist, haben sich die Chinesen ein verkürztes Verfahren ausgedacht. Man wirft einfach drei beliebige Münzen. Die Vorderseite bekommt den Wert drei, die Rückseite zwei. Sie werden zusammengezählt, und man erhält eine Summe zwischen sechs und neun. Die Bedeutung für die Linien ist dann die gleiche.

»Und was kann man damit anfangen?«, wollte ich wissen.

»Gibt's denn irgendeine Frage, die dich im Moment beschäftigt?«, wollte Ixo wissen.

»Ja, ich bin mir nicht sicher, ob ich mir eine Platte von den Bee Gees kaufen soll. Die hätte ich ja schon gerne, aber der Frank will 'ne Menge Kohle dafür. Zweihundert Mark! Da muss ich ja ein Jahr Taschengeld für opfern und noch arbeiten gehen.«

»Gut, dann machen wir jetzt das I Ging.«

Ich musste sechsmal die Münzen werfen, und wir erhielten folgende Figur:

Ixo schaute in seiner Liste nach. »Nummer Vierzehn. Der Besitz von Großem«, verkündete er. »Jetzt musst du selbst erspüren, was dir das sagen will.«

Für mich war die Sache klar. Ich würde etwas Großes besitzen, und das wollte ich auch. Ich kaufte die Platte. Tja, und was aus der wurde, das habe ich ja schon beschrieben.

* * *

Den Abschluss der POS, der Polytechnischen Oberschule, hatte ich geschafft, ganz kurz vor der Wende. Das war mir mittelschwer gefallen. Mein letzter Klassenlehrer versuchte, meine Eltern zu überreden, mich danach auf die EOS, die Erweiterte Oberschule, zu schicken. Er glaubte, Potenzial in mir entdeckt zu haben. Dann hätte ich das Abitur gehabt und studieren können. So wurde mir in der BRD ›nur‹ die Mittlere Reife anerkannt.

Doch ich wehrte mich dagegen, wollte diese doofe Schule endlich hinter mir haben. Und ich hatte das Glück, sehr schnell die Ausbildung als Tierverkäufer zu bekommen. Eigentlich hatte ich mir überlegt, Tierarzthelfer zu werden, und mich für ein Praktikum angemeldet. Der erste Patient, das war ein alter Hund, den das Frauchen schweren Herzens einschläfern lassen wollte. Noch bevor die Tierärztin die Spritze aufgezogen hatte, war ich aus ihrer Praxis gerannt und ging nie wieder dorthin.

Das war lange her. Meine Idee war jetzt: Abitur auf dem Abendgymnasium nachholen und dann Veterinärmedizin studieren. Ich wäre dafür in eine andere Stadt gegangen, war aber froh, noch nicht umgezogen zu sein. An den freien Tagen hatte ich mich sowohl in Hannover als auch in Leipzig einfach ein paarmal in eine Vorlesung gesetzt, bevor ich abends ins Casino ging. Leipzig hatte mir etwas besser gefallen – ich kann nicht sagen, warum. Vielleicht weil der Professor mir sympathischer war. Handfester, kein intellektueller Schwafler.

Letztlich hatte ich meinen Geldsegen den Tieren zu verdanken. Sie hatten mich auf den entscheidenden Gedanken gebracht, als ich mich einmal mehr mit den Entwicklungsstadien beschäftigte.

Die Morula hat sich eingenistet, aus dem Zellklümpchen ist die Blastozyste mit dem Hohlraum in der Mitte entstanden. Die Blase wächst, und schließlich stülpt sich das eine Ende in das andere hinein. Das Gebilde ähnelt jetzt einem Ball, aus dem man die Luft herausgelassen und in den man eine Delle gedrückt hat, sodass die beiden Hälften sich innen berühren. Von da ab hat man eine Art doppelwandigen Becher mit zwei Keimblättern, dem inneren und dem äußeren. Bald sprießen in den Spalt zwischen diesen Blättern weitere Zellen ein – das mittlere Keimblatt.

Der Raum im Innern zwischen den Wänden des Bechers wandelt sich in Magen und Darm des künftigen Tieres, die Öffnung ist der Urmund. Deshalb die Bezeichnung Gastrulation, Gaster heißt Magen auf Lateinisch. Der Biologe Wolpert bezeichnete diesen Vorgang als den wichtigsten Zeitpunkt des Lebens, wichtiger als Zeugung, Geburt, Hochzeit oder Tod.

Aus dem inneren Keimblatt werden außer Magen und Darm noch Leber, Lunge und Harnblase gebildet. Der ganze Embryo streckt sich in die Länge. Der Urmund allerdings wird bei Säugetieren später zum After, der künftige Mund bricht sich am entgegengesetzten Ende durch.

Aus dem äußern Keimblatt entstehen Haut, Gehirn, die Sinnesorgane und Nerven. Nur zur Vervollständigung: Das mittlere Keimblatt liefert Herz, Blutgefäße, Nieren, Keimdrüsen und weitere Organe.

Dieses Stadium, dieser wesentliche Abschnitt in der Entstehung werdenden Lebens, brachte mich auf eine Idee. Auf die Idee.

Mit einem Male wurde mir bewusst, dass Mund und After aus diesem eingedellten Ball hervorgehen. Inneres und äußeres Keimblatt, Entoderm und Ektoderm sind an diesen Stellen miteinander verbunden. Sie bilden die Enden unseres Rumpfes. Zum Mundbereich hin entwickelt sich aus dem Ektoderm das Gehirn. Das Gehirn ist die absolute Schaltzentrale, das Steuerorgan, der überdimensionierte Computer aller höheren Lebewesen.

Es regelt einerseits die Vorgänge im eigenen Körper und andererseits sämtliche Beziehungen zur Umwelt, zu Natur und Mitmenschen. Alles, was mit Verstand zu tun hat, ist an diesem vorderen Ende des Rumpfes lokalisiert.

Von dort aus erfolgt auch die Aufnahme von Nahrungsmitteln und von Sauerstoff. Über Mund und Nase gelangen Stoffe aus der Umwelt in unseren Körper, Stoffe, die wir zum Weiterleben benötigen.

Die *vorderen*, bei uns aufrecht gehenden Menschen *oberen* Extremitäten sind die Arme mit den Händen. Das sind unsere Werkzeuge. Mit denen können wir arbeiten, basteln, tüfteln, schreiben, malen, ein Musikinstrument spielen. Wir können mit unseren Händen das umsetzen, was das Gehirn sich zusammendenkt oder vorstellt. Hände sind die ausführenden Organe des Hirns.

Am anderen Ende passiert das Gegenteil. Was der Köper nicht mehr benötigt, das wird abgegeben, wieder in die Umwelt hinaus abgesondert. Kein Reflektieren, sondern Funktionieren. Beeindruckend, wie Blasen- und Darmtätigkeiten ablaufen, keinen Gedanken muss ich daran verschwenden, ich fühle, was passiert. Ich spüre genau, ob Darm oder Blase voll sind, ob etwas Festes im Enddarm sitzt oder ob es Luft ist. Ich kann sogar unterscheiden, ob der Inhalt fest, flüssig oder eher breiig ist.

Noch intensiver fühle ich beim Vorgang der Vermehrung – beim Geschlechtsverkehr, meine ich. Hier wirbeln die Gefühle nur so. Jeder kennt das, was muss ich da viel sagen?

Die *hinteren* oder *unteren* Extremitäten sind die Beine, die zum Hinterteil gehören. Sie haben bei uns Menschen eine ganz andere Aufgabe als die Arme. Sie bewegen mich, meinen Körper. Sie transportieren mich dorthin, wohin es mich zieht, zum Essen, zur Toilette, zur Frau. Dorthin, wohin ich will oder muss – zum Casino, zum MSV; zur Arbeit oder früher zur Schule. Während die Hände schaffende Werkzeuge sind, sind die Beine pures, stupides Transportmittel.

Oben also: Kopf, Hirn, Ratio, Umwelt, Materie, Vereinnahmung; unten: Darmausgang, Irrationales. Zwar auch hier Umwelt und Materie, aber in die andere Richtung – Ausschleusung,

Verbreitung. Und der damit verbundene notwendige Ortswechsel des Körpers. Hier die rationale Verarbeitung der Welt, dort die Diffusion; hier Denken, da Intuition. Und diese Intuition – sozusagen aus dem Bauch heraus – sollte mich bald reich machen.

* * *

Zwanzig Jahre quält mich dieses Jucken in der linken Kniekehle – zwanzig Jahre! Was habe ich nicht alles versucht. Erst allein – bloß nicht zu einem Arzt damit! Alle Salben habe ich probiert: Wund- und Heilsalben, antiallergische Salben, betäubende Salben, Zinkpasten – einfach alles. Von Ixo gabelte ich Kortison auf, das er nicht mehr brauchte. Auch Pilzsalben brachten so wenig wie all die anderen.

Immer wieder Kratzen, immer wieder Versuche, mich zu beherrschen. Das gelang nur selten. Ich bin nicht so locker wie ein Kollege, der sich ungeniert hinstellt, kratzt und kratzt, an allen möglichen Stellen. Ich hätte Angst, die Leute dächten, ich hätte etwas Ansteckendes. Obwohl es das nicht ist. Der Typ aber bringt es sogar fertig, sich die Finger hinten in den Schritt zu legen und zu verkünden: »Mein Gott, wie mir der Hintern wieder juckt!« Dann kratzt er sich lang und ausgiebig und verzieht dabei das Gesicht in einer Mischung aus Wonne und Schmerz.

So kann man es machen – aber nicht ich.

Die Reste in den Tuben machten mich zusätzlich verrückt. Ich ärgerte mich schwarz, dass ich nicht alles herausbekam. Anfangs behalf ich mich damit, dass ich das letzte bisschen mit einer Flachzange herauspresste. Später ging ich dazu über, mit einer kräftigen Schere das Tubenende abzuschneiden und das Unerreichbare herauszufingern.

Das gleiche Problem habe ich mit Milchkartons. Man bekommt nie alles heraus. Deshalb schneide ich immer eine Ecke ab, wenn sie leer sind. Aus dieser Ecke kann ich dann noch einen Teelöffel Milch herausgießen.

Letztlich ging ich doch zum Facharzt, einem Dermatologen. Ein lustiger Kerl. Dr. El Mashri, irgendwo aus dem Orient. Ich sollte die Kniekehle freilegen, nachdem er sich nach meinem Begehr erkundigt hatte. Ich begann, das Hosenbein hochzukrempeln, doch er erhob Einspruch.

»Einfach runterlassen, junger Mann, bloß nicht so schüchtern. Sonst hole ich meine Kleiderschere. Hosenbeine schneide ich am liebsten ab. Doch habe ich heute meinen guten Tag. Ich gebe Ihnen eine halbe Sekunde.«

Ich glaube, so schnell hatte ich meine Hose noch nie unten. El Mashri lachte und besah sich die Bescherung.

Er sagte dreimal »Oh« und meinte dann, da müsse viel Kortison drauf. Ich erwiderte, dass ich das schon versucht hätte. Er sagte, die Leute würden meist zu schwache Salben nehmen und zu schnell aufgeben. Außerdem gebe es eine homotoxikologische Unterstützung.

»Homöopathie?«, zweifelte ich. »Hilft die nicht nur, wenn man dran glaubt?«

El Mashri schien mir meinen kleinen Einwand nicht übel zu nehmen, lachte nur und verbesserte mich.

»Homotoxikologie, nicht Homöopathie. Das ist nicht das Gleiche. Beide haben gewisse ähnliche Grundsätze.« Die Homotoxikologie sei so etwas wie die Fortentwicklung der Homöopathie, er habe damit extrem gute Erfahrungen gesammelt.

El Mashri setzte mir zirka zehn Injektionen. Jedes Mal gab es einen kleinen Pikser auszuhalten. Er bestellte mich für nächste Woche wieder ein: Das werde dauern, denn es sei nicht nur Neurodermitis, sondern auch noch ein superinfiziertes Ekzem, und zwar ein ausgeprägtes.

»Ein … was?«, hakte ich nach.

»Nicht so wichtig. Wenn Sie wollen, schreib ich's Ihnen auf.« Ich bat darum, aber irgendwie vergaß er es dann doch.

Beim nächsten Mal erzählte mir der stets gute Laune verbreitende Dermatologe eine Anekdote. Er führe auch Verödungen durch, bei Krampfadern wie auch bei Hämorrhoiden. Dabei habe er einer unverheirateten Muslimin nach der Behandlung gesagt, so, jetzt sei sie auch entjungfert. Sie habe einen Schreikrampf bekommen und sei kaum zu beruhigen gewesen. Auf so eine Idee kann wohl nur einer kommen, der selbst Moslem ist.

Ich war bald wöchentlich bei El Mashri. Er machte mich manchmal wuschig mit seinem Gequassel. Erzählte Horrorgeschichten, was mir alles drohen könne. Winzige Adern bürgen die Gefahr einer Embolie. Am liebsten hätte er mir die verödet, die er bei mir entdeckt hatte. Ich lehnte dankend ab. Fürsorglich war er, um meine Gesundheit bemüht – mit allem, was sein Fachgebiet zu bieten hatte. So überredete er mich sogar, mich auf Hämorrhoiden untersuchen zu lassen. ›Er wird doch wohl nicht auch mich entjungfern wollen?‹, fragte ich mich.

Trotzdem willigte ich ein. Ich sollte mich schon mal auf den gynäkologischen Stuhl legen. Die Unterhose könne ich ruhig anlassen. Da werde er sowieso ein Loch durchbohren. Er zog mir den Slip im nächsten Moment doch runter – oder vielmehr hoch, denn meine Beine waren ja in die Luft gestreckt. Keine Entjungferung und kein Loch in der Hose – und auch kein positiver Befund. El Mashri schien ein wenig enttäuscht.

Aber er hatte eine neue Idee. Ich solle einfach mal Ei, Fisch, Milch, Nüsse, Soja und Weizen meiden. Außerdem nichts Scharfes und nichts Saures essen. Solche Nahrungsmittel könnten die Neurodermitis verschlimmern. Fisch, Nüsse, Soja – das ging ja noch. Bei den anderen Sachen hatte ich Schwierigkeiten. Ein Frühstücksei zum Brötchen, ordentlich Milch in den Kaffee, das gehörte für mich zum Start in den Tag. Nun ja, ich probierte es; verzichtete auch auf Pfeffer und Salz. Einen Monat lang. Vergebens.

Auch Allergietests blieben mir nicht erspart. Einer hieß Pricktest. Da tropfte man mir zwanzig verschiedene Lösungen auf den Unterarm und stach mir durch den Tropfen leicht in die Haut. Die Lösung enthielt Extrakte diverser Tierhaare, Pollen, von ein paar Lebensmitteln und Hausstaub. Nach zwanzig Minuten zeigte sich eine einzige kräftig rote Stelle. Das aber sei vom Histamin, meinte der Arzt. Das werde zur Kontrolle mitverwendet und müsse immer eine Reaktion ergeben. Ansonsten stimme unter Umständen mit den ganzen Lösungen etwas nicht.

Also keine Allergie, zumindest keine vom Soforttyp, folgerte El Mashri. Ich hatte ihm zwar schon gesagt, dass ich eigentlich auf nichts allergisch reagiere, aber er hatte auf Nummer sicher gehen wollen.

Es schloss sich sogar noch ein zweiter Test an. Bei dem wurden mir mehr als dreißig Pflaster auf den Rücken geklebt. Damit wollte der Hautarzt herausfinden, ob eine Allergie vom Spättyp vorlag. Drei Tage hintereinander musste ich erscheinen, damit er nachschauen konnte, ob eine oder mehrere Hautstellen reagierten. Hier schlugen tatsächlich ein paar Extrakte an, wie Sandelholzöl, Kolophonium und Propolis. Alles Sachen, mit denen ich eigentlich nie in Berührung kam. Wieder war El Mashri enttäuscht, meinte aber, er könne ja leider nicht alle viertausend Substanzen austesten. Das war mir allerdings auch lieber.

Ein Vierteljahr lang ging es weiter mit der Homodingsbums. Jedes Mal eine neue Anekdote. Immer wieder sein dreifaches »Oh«: »Oh, oh, oh.« Aber besser wurde es nicht. Nach einer Weile hatte ich den Eindruck, mein Leiden sei unheilbar und El Mashri wisse das ganz genau, wollte aber bei der Kasse ein paar Abrechnungspunkte einsammeln. Schließlich sagte ich, ich hätte Urlaub und würde mich danach wieder melden; ich ging aber nie mehr hin. Außerdem hatte er angedeutet, die Krankenkassen würden Naturheilverfahren nicht mehr lange bezahlen. Ich wollte gar nicht wissen, wie viel mich der Spaß kosten würde – darauf verzichtete ich gerne, zumal sich bisher ja keinerlei Fortschritt gezeigt hatte.

Oft klebte meine Kniekehle vor Feuchtigkeit, besonders wenn ich längere Zeit saß. Manchmal hatte ich abends an der Stelle einen ordentlichen Flecken auf der Hose. Eine Mischung aus Schweiß und Talg, oft auch mit Blut oder Eiter durchsetzt.

Am besten half mir Toilettenpapier. Zwei Blätter zu einem Streifen zusammengefaltet und in die Kniekehle eingelegt, das linderte. Natürlich musste ich es fixieren. Anfangs nahm ich eine elastische Binde, später eine Kniebandage. Beim Wechsel war das Papier oft durchtränkt mit gelblich-rötlicher Flüssigkeit. Immer wieder mal roch sie nach Eiter. Kein Wunder, dass sich in dieser Nährlösung Bakterien und Pilze vermehrten wie wild.

Linderung brachte diese Tamponade, aber keine endgültige Besserung. Was auch daran lag, dass ich meine Behandlung nie lange durchhielt. Wurde es besser, vergaß ich die Prozedur und wurde nach wenigen Tagen durch neue Juckanfälle wieder daran erinnert. El Mashri hatte gemeint, Toilettenpapier sei Quatsch. Es zerfasere und mache alles nur noch schlimmer. Ich solle Kompressen aus Baumwolle nehmen. Er schrieb mir ein Päckchen auf. Es war aber genau umgekehrt, dieser raue Stoff in der Falte verschlechterte alles.

Nun ja, auf El Mashri hatte ich sowieso nicht bauen können. Irgendwie schien ihn auch zu verwundern, dass sich so gar nichts Positives tat. Er meinte, es müsse mehr dahinterstecken als Neurodermitis und ein Ekzem. Es sei schon seltsam, dass die Krankheit bei mir so spät begonnen habe. Und es komme fast nie vor, dass sie nur auf einer Körperseite auftrete, erst recht nicht an nur einer Stelle. Doch was genau es sein könnte, das konnte er nicht sagen.

So kratzte und verband ich mich, Tag um Tag, Woche für Woche, Monat für Monat, Jahr um Jahr. Dann las ich mal wieder die Entwicklungsgeschichte von Tier und Mensch, die Ontogenese. Und meine Gedanken gingen über das hinaus, was dort stand. Vorne, hinten. Mund und Po. Gehirn und Darm. Denken und Intuition. Schaffen und Bewegen. Arme und Beine. Das waren die Gegenpole.

Wollte meine Kniekehle mir die ganze Zeit etwas mitteilen?

Hatte ich doch einmal in einem Buch über Traumdeutung gelesen, Stuhl stehe für Geld. Das war ein Satz, der in meinem Vorbewussten schlummerte. Hinterteil gleich Intuition gleich Geld. So einfach ist das. Wo kann man leicht viel Geld bekommen, wenn man die richtige Intuition hat? Richtig: in der Spielbank. Und meine Beine sind es, die mich dorthin bringen müssten. Meine Knie müssten sich bewegen. Mein linkes wollte mich die ganze Zeit dorthin führen – vielleicht. Damit wäre auch klar, wieso nur diese eine Stelle juckte.

Ausprobieren würde nicht viel kosten. Wenn es nicht klappte, hätte ich wenigstens einen schönen Abend gehabt. Ich war ja schon einmal in einem Casino gewesen, ein paarmal sogar. Gleich nach der Wende. Harry vom MSV 90 hatte Möbel nach Berlin gebracht, zum Flohmarkt an der Straße des 17. Juni. Erst seinen eigenen alten Kram. Die Eltern hatten ein Bauernhaus in Klein Wanzleben und eine Menge Krempel in ihrer Scheune. Die räumte er nach und nach aus, lud alles auf einen Hänger und fuhr mit seinem Wartburg nach Berlin.

Das Zeug wurde ihm aus den Händen gerissen. Die Preise gingen schnell in die Höhe. Harry lieh sich einen Transporter und brauchte jemanden als Unterstützung. Ich bot mich an und staunte nicht schlecht, wie man sich fast prügelte um seine Stühle, Tische und Schränke. Jede Minute nutzte Harry jetzt, klapperte Bauernhöfe ab und bot Leuten kleines Geld für ihre überflüssigen Sachen an.

Harry konnte mit diesen Aktionen seinen Lohn gut ergänzen und entwickelte dabei eine kleine Macke. Er wollte seinen Verdienst vermehren. Um mir zu zeigen, wie er das anstellte, schleppte er mich mit in die Spielbank. Die war damals noch am Europa-Center, zog erst 1998 um zum Potsdamer Platz. Ich hatte mich schon gewundert, was wohl in dem einen Koffer war, den Harry nicht mit zum Flohmarktstand nahm. Anzug, weißes Hemd und Krawatte waren drin. In doppelter Ausführung. Wir hatten fast die gleiche Statur. Ganz genau passten die Klamotten mir nicht, aber das störte den Mann an der Anmeldung nicht.

Harry begann zu setzen, und neugierig schaute ich ihm zu. Irgendwann kaufte ich ein paar Jetons – und ging tatsächlich mit fünfzig Mark Gewinn nach Hause.

Harry hatte ein bestimmtes System. Das teuerste Stück, das er verkauft hatte, etwa einen Schrank für zweihundert Mark, nahm er als Grundlage. Das war sein Tageslimit, Ziel war, es zu verdoppeln. Bei vierhundert Mark würde er aufhören. Waren die zweihundert allerdings verloren, ging er auch. Darin blieb er sehr konsequent.

Manchmal klappte das, manchmal nicht. Harry meinte, es laufe letztlich auf plus/minus null hinaus. Aber er liebte die Spannung. Und verlieren werde er eigentlich nichts, da ihn sein Einsatz ja so gut wie nichts gekostet habe – nur die paar Mark für die Bauersleute. Das war ihm der Spaß wert.

So lernte ich das Casino kennen. Es war schon befremdlich, am Anfang. Immer nur fein gekleidete Herrschaften! Am nächsten Wochenende hatte ich zumindest meinen eigenen Anzug an. Darin fühlte ich mich etwas wohler – wenn auch Anzüge nicht gerade zu meiner Lieblingskleidung gehörten.

Manche Besucher wirkten locker und warfen mit den Jetons nur so um sich. Setzten hier, setzen da, zuckten nicht mit der Wimper, wenn alles abgeräumt wurde. Nahmen es aber auch äußerst gelassen hin, wenn der Croupier ihnen einen ganzen Berg zuschob. Bei den letzten zwei, drei Jetons gab es immer eine kleine Verzögerung beim Rüberschieben. Meist machten die Gewinner eine stoppende Handbewegung und sagten so was wie:

»Für die Angestellten«. Diese Jetons wanderten in einen Extraschlitz, den *Tronc*, und der Croupier sagte dann: »Vielen Dank für die Angestellten.«

An den Tischen sah der eine oder andere aber auch sehr ernst aus. Diese Leute betrieben das Spiel offenbar wissenschaftlich und versuchten, sich ein System zurechtzubasteln, das ihre Chancen auserhöhen sollte. Sie machten sich Notizen auf kleinen Blocks, die von der Spielbank ausgegeben wurden. Die Roulettefelder waren schon aufgedruckt, ebenso Tabellen, in die man den Verlauf eintragen kann. Diese Reihen nennt man die *Permanenzen*. Die letzten zwölf Zahlen davon werden sogar über den Tischen angezeigt.

Einige unter diesen Ernsten kalkulierten, wo die Kugel landen könnte. Das waren Stammkunden, die ihre Croupiers kannten. Die wussten, wie sie warfen, mit welchem Schwung und wie schnell sie den Kessel drehten. Sie hatten beobachtet, wie viele Runden der Kessel in etwa machte, bis die Kugel an den ersten Hindernissen, den *Obstacles*, ankam, wie sie weiterpurzelte und schließlich in einem bestimmten Zahlenbereich zu liegen kam. Dort platzierten sie schnell noch ihre Jetons, erhofften sich dadurch Chancen, die höher lagen, als der Zufall ihnen zugebilligt hätte. Bis der Croupier dann sagte: »Rien ne va plus«. Nein, er sagte es auf Deutsch: »Nichts geht mehr!«

Diese Leute spielten die sogenannten Kesselspiele, das erfuhr ich später. Sie setzen auf die große oder kleine Serie. Die große besteht aus siebzehn Zahlen, die links und rechts an die Null angrenzen, die kleine Serie aus zwölf Zahlen etwa gegenüber. Dazwischen liegen die Waisenkinder, die restlichen acht Ziffern.

Natürlich gibt es für diese Zahlengruppen französische Namen. Es handelt sich ja um französisches Roulette, angeblich erfunden von dem Mathematiker und Physiker Blaise Pascal. Das war der, der 1642 die erste mechanische Rechenmaschine erfunden und über den Luftdruck geforscht hatte. Nach ihm wurden Einheiten für den Druck benannt, zum Beispiel Hektopascal für den Luftdruck.

Die Begriffe rund ums Roulette waren über Jahrhunderte international nur in Französisch gebräuchlich. *Faites vos jeux*, machen Sie Ihr Spiel, forderte der Croupier auf. Dann begann der *Coup* – der Wurf, das Spiel. *Tronc* ist der Opferstock, in den das Trinkgeld *pour les employés*, für die Angestellten, hineinpurzelt. So heißen die große Serie *Voisin du Zero*, Nachbarn der Null, die kleine *Tiers du Cylindre*, Drittel des Zylinders, und die Waisen *Orphelins*.

Keine Ahnung, ob die Kesselspieler zu den Absahnern gehörten. Zumal die Croupiers, wenn sie den Verdacht hatten, jemand wolle sich auf diese Art bereichern, den Coup mit ihrem Rienne-va-plus unmittelbar nach dem Wurf beendeten.

Ich schaute mich bei meinen ersten Besuchen um und beobachtete, was es noch alles gab. Etwas abseits standen Tische für Kartenspiele, bei denen ich nicht durchblickte. Ich versuchte mich auch später nie darin, als ich das Glück schon gepachtet hatte.

An einer Seite des Saales stand eine lange, edle Theke. Dahinter tummelten sich vornehme Barkeeper. Sie gaben erstklassige Getränke zu erstklassigen Preisen aus. Zahlen konnte man mit Jetons oder in verschiedenen Währungen. Hier entdeckte ich nur entspannte Gesichter.

Mittwoch war es, als ich in Anatomie und Ontogenese des Menschen von Erich Blechschmidt gelesen hatte. Samstag war ich in der Spielbank. Magdeburg hatte ja wieder ein Casino, im Ulrichshaus – in der DDR als dekadent verpönt, 1998 neu eröffnet.

Ich war aufgeregter, viel unruhiger als beim ersten Mal in Berlin. Ich stellte mich ans Ende des Tableaus, dem Kessel gegenüber, wartete ab und achtete auf meine Kniekehle. Erst tat sich nichts.

›Geduld, lieber Ede, nichts drängt dich zur Eile.‹

Dann geschah es. Der Croupier drehte den Kessel und warf kurz darauf die Kugel. Eine Stelle juckte deutlich. Es fiel Schwarz. Beim nächsten Wurf passierte nichts, kein Jucken. Es fiel Rot. Wieder Schwarz, und nochmals Schwarz – beide Male: Jucken. Rot als Nächstes und kein Jucken.

Das war das System. Damit sprach die Kniekehle mit mir. Jucken ist Schwarz, Nicht-Jucken ist Rot.

Immer, immer und ausschließlich hatte bei mir all die Jahre über das linke Bein gejuckt, niemals das rechte. Und Schwarz ist auf der linken Seite.

Ich wagte es, setzte den ersten Jeton. Jucken, also Schwarz.

Gewonnen.

Nochmals Jucken – Schwarz – wieder gewonnen.

Dann kein Jucken, mit geringem Bangen setzte ich auf Rot. Es klappte. Ich fühlte mich sicherer. Meine Einsätze wurden größer, die Gewinne auch. Ich spendete *für die Angestellten* und bekam den *Dank für die Angestellten*.

Ich überlegte, ob ich jeweils alle Jetons auf die Farbe setzen sollte, die das Knie mir riet. Vielleicht beim nächsten Wurf, diesmal nur die Hälfte – auf Rot, es hatte nicht gejuckt. Es folgte die grüne Null. Uff, Glück gehabt; ich konnte noch Weiterspielen.

> Aber der Croupier zog meine Jetons gar nicht ein. Sie landeten im Gefängnis, im *Prison*. Beim nächsten Wurf: Jucken. Ich erwartete Schwarz, und das kam auch. Jetzt war mein Einsatz wirklich weg. Wäre Rot gekommen, hätte ich ihn zurückerhalten, aus dem Prison heraus wird nicht verdoppelt. Damals wusste ich noch nicht, dass man auch einen gesperrten Einsatz verlegen kann. Außerdem hätte ich mir den halben Einsatz zurückgeben lassen dürfen.

Ein kleines Manko hatte also mein System. Ausbleibendes Jucken konnte Rot bedeuten, aber auch die Null. Ich durfte also nie alles auf Rot setzen, aber immer alles auf Schwarz.

Aber es kam noch besser. Es war ja nicht so, dass an meinem Knie immer nur die eine Stelle juckte. Beim Kratzen hatte ich oft gemerkt, dass dort kleine Erhebungen waren, kleine Pickelchen. Besonders deutlich konnte ich sie unter der Dusche ertasten, nur einen Millimeter groß, aber extrem empfindlich. Wenn ich mit dem Fingernagel darüberkratzte, entstand ein Reiz, der mir bis zur Schädeldecke hochzog. Fürchterlich zwar, aber auch unwiderstehlich. Ich konnte es nicht lassen, dort minutenlang herumzukratzen, bis dieses Jucken dann doch irgendwann nachließ und die Kniekehle blutete. Fast wunderte ich mich, dass ich keinen Orgasmus dabei bekam. Die Intensität war beinahe gleich.

Und mein Gestöhne dabei ebenso.

Oft hatte ich zwei oder drei solcher Pickelchen. Nach mehreren Spielbankbesuchen wurden die Signale der Kniekehle immer deutlicher und klarer. Fünf bis zehn Minuten musste ich mich konzentrieren, dann kam die erste Reaktion. So als würde mein Knie die Kugel erst einmal beobachten. Ich hatte konstant drei juckende Punkte in unterschiedlicher Lage – außen, Mitte und innen. Die Stelle außen entsprach der Sehne des Bizeps. Ja, auch das Bein hat einen Bizeps, *musculus biceps femoris*. Innen gibt es zwei Sehnen, die eng beieinanderliegen, die des *Semitendinosus* und des *Semimembranosus* – halbsehniger und halbhäutiger Muskel. Die Begriffe stammen, ganz klar, aus meinen Tieranatomiebüchern. Der Mensch muss sich nicht einbilden, dass bei ihm alles grundsätzlich anders ist.

Bald begriff ich, dass die Außenstelle ***Passe*** und ***Manque*** galt, die mittlere ***Pair*** und ***Impair***, und die innere galt ***Schwarz*** und ***Rot***.

Bei Jucken aller dreier Punkte machte ich meine Einsätze auf der linken Seite des Tisches, der Gewinn war mir sicher. Bei ausbleibendem Jucken bestand die Möglichkeit, dass statt ***Manque***, ***Impair*** und ***Rot*** die Null fallen könnte. Juckte aber nur ein einziger Punkt, konnte die Null nicht kommen, dann hatte ich meinen Dreifachsieg sicher. Kam kein Jucken, setzte ich manchmal trotzdem auf ***Manque***, ***Impair*** oder ***Rot***. Gelegentlich drohte mir dadurch ein Verlust, statistisch gesehen bei jedem 37. Mal. Beim folgenden Wurf konnte ich meinen Einsatz zumeist wieder aus dem Prison retten. Zweimal hintereinander kommt die Null extrem selten. Wen es nicht in Ruhe lässt: Jedes siebenunddreißig hoch zweite Mal, sprich bei jedem 1369. Wurf.

Ich machte mir aber auch den Spaß und setzte ab und zu inen kleinen Betrag auf die Null. Das klappte manchmal – durchschnittlich ebenfalls bei jedem siebenunddreißigsten Mal. Dann erhielt ich das Sechsunddreißigfache meines Einsatzes.

Doch damit nicht genug. Ein wenig kann ich ja rechnen. Die Kombination ***Manque***, ***Impair*** und ***Rot***. trifft für die ungeraden roten Zahlen von 1 bis 18 zu: Das sind nur fünf: **1**, **3**, **5**, **7** und **9** nämlich. Juckt bei mir nichts, wird eine dieser Zahlen fallen oder eben die Null. Die roten Ziffern zwischen 10 und 18 sind alle gerade.

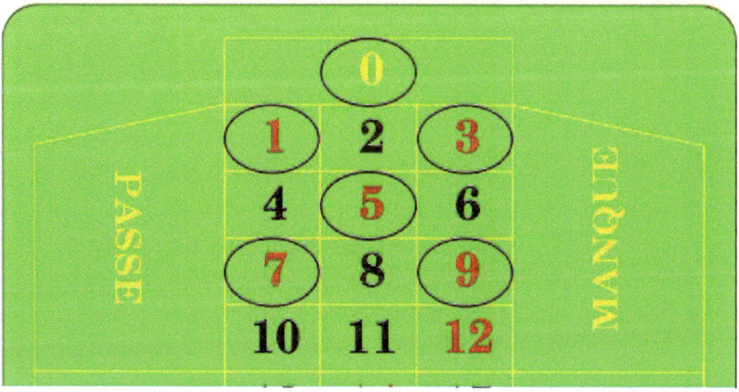

Kombination Manque, Impair und Rot

Setze ich auf jede dieser Zahlen, bekomme ich das Sechsfache zurück.

Beispiel: Ich setze je zehn Euro auf **0**, **1**, **3**, **5**, **7** und **9**, gebe somit sechzig Euro aus und erhalte dreihundertsechzig ausgezahlt – denn eine dieser Zahlen bringt mir das Sechsunddreißigfache.

Die Unsicherheit über fehlendes Jucken hat sich also in eineverbesserte, sichere Gewinnchance verwandelt: Versechsfachungstatt Verdoppeln, bei diesen Nicht-Juck-Zahlen. Nur: Ich setze nicht mehr zehn Euro, eher schon hundert und manchmal tausend. Gelegentlich warte ich einfach ab, bis nichts juckt, setze sechsmal tausend Euro auf die NJZ – so kürze ich mir diese *Nich-Juck-Zahlen* ab – und habe einen Gewinn von dreißigtausend.

Drei Tausender-Jetons bekommen die Angestellten, und ich kann das Casino verlassen. Viel mehr ist sowieso nicht zu holen, denn das Maximum begrenzt die Ausschüttung der Spielbank. Es ist von Casino zu Casino verschieden, in Bad Homburg zum Beispiel sind es sechsunddreißigtausend Euro. Natürlich könnte ich zehnmal hintereinander das Maximum absahnen. Aber das ist gegen meine Prinzipien.

Die Experimentalphase dauerte nicht lange. Sie ging bald in eine Phase der Sicherheit über. Ich bemerkte, dass ich immer mehr Aufmerksamkeit genoss – bei den Mitspielern und den Croupiers. Und begann die Casinos zu wechseln. Zunächst fuhr ich nach Berlin, weil ich das schon kannte und es nicht zu weit weg war. Dann kamen Hannover, Hamburg, Bremen, Bremerhaven, Cottbus, Chemnitz, Erfurt, Leipzig und Dresden dran.

Mit Beginn der Halbtagsarbeit weitete ich meine Reisen, wie schon gesagt, auf ganz Deutschland aus.

So fühlte ich mich sicher.

* * *

Abitur oder Fachabitur? Abitur natürlich. Es gibt kein Fachabitur, mit dem man Veterinärmedizin studieren kann. Also Anmeldung bei der Volkshochschule. Alles belegt, die Anmeldefrist war abgelaufen. Das hätte bedeutet: Ein Semester warten. Ich ließ mir einen Termin beim Direktor geben und legte ihm meine drängenden Beweggründe dar, schwärmte von meinem Berufsziel Tierarzt. Er gab sich zugeknöpft – bis ich andeutete, ich könne mir eine etwas höhere Summe als Spende für die VHS vorstellen, sagen wir mal, um die zwanzigtausend Euro. Da wollte er sehen, was sich vielleicht noch tun lasse. Und rief am nächsten Tag an, eine Ausnahme sei möglich. Selbstverständlich überwies ich den Betrag, bin ja ein Ehrenmann.

Gar nicht einfach, so eine Abendschule. Sie wurde mir erleichtert durch die Halbtagsarbeit, aber erschwert durch meine Reisen und mein Alter. Ich war zwar beileibe nicht der Älteste, gehörte aber zu den Älteren. Uns fiel die Paukerei nicht leicht. Kein Problem hatte ich in Biologie. Was aber sollte ich mit Englisch, Deutsch und Philosophie?

Immerhin, die Philosophie erweckte bald mein Interesse. Es musste mehr dahinterstecken hinter meinen Knie-Botschaften. Irgendetwas musste passieren zwischen der Kugel und den Sensoren in meiner Kniekehle. Schwingungen im Raum-Zeit-Kontinuum. Kleine Wellen, die dem Kugeleinschlag vorausgingen.

Wie aber lief das ab? War das noch Physik – oder Metaphysik? Half hier Rechnen oder Kontemplation? War ich der einzige Mensch, der diese Fähigkeit hatte? Fragen über Fragen. Könnte die Philosophie sie mir beantworten?

Ich erinnerte mich an Laotse, an das bisschen, was ich noch von ihm wusste. Fließen lassen, geschehen lassen, das war eine Art Wahlspruch, der mir noch im Gedächtnis geblieben war. Chinesische Philosophie stand allerdings erst in zwei Jahren auf dem Plan, und es waren auch nur einige wenige Stunden. Klar hätte ich mir alle Bücher beschaffen können, nach denen mir der Sinn stand. Nach der Wende war ich ja nicht mehr auf die Gunst und das Vertrauen meines Buchhändlers angewiesen. Doch musste ich zusehen, dass meine Zeit ausreichte, mit dem laufenden Lehrplan Schritt zu halten.

In den Spielhallen hielt ich Ausschau nach *Glückspilzen*, wie ich einer war, achtete auf die Gewinner. Folgte jemand ähnlichen Strategien wie ich? Ich beobachtete die Gesichter. War da etwas, das auf ein Jucken hindeutete? Ein leichtes Hochziehen der Oberlippe zur Nase hin? Klar, dass niemand hier grimassierte, das machte ich ja auch nicht. Das tat ich aber immer ausgiebig unter der Dusche – und beobachtete mich manchmal dabei im Spiegel.

Die Oberlippe war dann an den Seiten so weit wie möglich nach oben gezogen, es entstanden richtige Ecken. Die obere Zahnreihe bleckte heraus. Die Unterlippe stand nach vorne ab. Durch die Zähne saugte ich Luft ein. Die Augen waren zu einem Schlitz zusammengepresst und hatten eine Art Mongolenfalten. Die Brauen standen dreieckig nach oben, scharfe Falten zeichneten sich auf der Stirn und an den Wangen ab – Nasolabialfalten heißen die zwischen Nase und Oberlippe. Selbst die Nasenwurzel bekam drei Querfalten.

Im Casino konnte ich natürlich nicht in einen Spiegel schauen und versuchte, mich zu beherrschen. Ich konnte mir aber nicht sicher sein, ob das klappte. Jedenfalls suchte ich bei Gewinnern nach verräterischem Zucken im Gesicht und auch in der linken Hand, die zum Knie wandern wollte. Oder vielleicht gar nicht mal zum Knie. Wer weiß, welche Stellen anderen Wissenden juckten?

Einen Doppelgänger fand ich nicht. Dafür fand Sandy mich. Bad Pyrmont. Wie immer nach einem erfolgreichen Abend gönnte ich mir am Schluss einen Absacker an der Bar. Plötzlich saß sie neben mir. Sie hatte Charme und liebte Champagner. Es blieb nicht bei einem. Später plünderten wir die Minibar in meinem Hotelzimmer.

Am nächsten Morgen waren Sandy und mein Geld weg. Keine Erinnerung. K.-o.-Tropfen im Sekt, das wurde mir schnell klar. Und das mir! Sonst waren es doch immer die Männer, die sich Frauen damit gefügig machten, wie man so hörte. Ich bin ein gerechter Mensch. Ungerechtigkeit verabscheue ich; ich glaube, ich könnte sterben für Gerechtigkeit. Somit sagte ich mir nach dem ersten Frust: »Geschieht dir recht, alter Mann.« Es konnte doch nur gerecht sein, dass auch einmal ein Mann zum Opfer dieser Methode geworden war.

Schwer schmerzte mich der Verlust ohnehin nicht. Es war ja eigentlich keiner. Sandy war immerhin so fair gewesen, mir Scheckkarten und Papiere dazulassen. Eigentlich sollte ich ihr dankbar sein.

Schnell hakte ich das unerfreuliche Ereignis ab und beschäftigte mich wieder mit der eigenen Karriere.

Vielleicht sollte ich wirklich lieber Philosophie studieren statt Tiermedizin. Oder doch Physik mit all den Atombestandteilen und unterschiedlichen Wellen. Oder Astronomie – eventuell ließe sich über die dunkle Materie und die dunkle Energie etwas herausbekommen. Oder sollte ich meine Fähigkeit einfach genießen? Nicht weiter darüber nachdenken, sondern tun, was mir Spaß machte? Wie es Bello machen gemacht hätte. Sie erinnern sich? Der Hund, mein Freund aus Kindertagen!

Da sind wir wieder bei den Tieren – also doch Veterinärmedizin. Aber ich würde Tiere leiden sehen, an der Uni – und einschläfern müssen. Das war etwas, wovor mir schon graute. Konnte ich nicht einfach selbst eine Tierhandlung aufmachen?

Oder den *Zoo am Bahnhof* übernehmen? Der Munz wurde schließlich auch immer älter.

Alles in allem war ich guter Dinge. Das Leben war schön. Mit Rita ging es mir gut, fast zu gut. Die Frau war nicht nur erotisch betörend, irgendwie war sie richtig lieb. Sie sah verdammt hübsch aus. Die Prostituierte war ihr nicht anzusehen. Ich war immer vorsichtig. AIDS, Syphilis, Tripper und all das. Immer benutzte ich Präservative, verspürte aber nach und nach ein Verlangen, es ohne zu tun. Ich wollte Rita küssen, sehnte mich richtig nach einem Kuss von ihr. Er wäre mir fast wichtiger gewesen, als mich mit ihr im Bett herumzuwälzen.

Das gab es doch nicht! Ich musste mir eingestehen, ich war verknallt in Rita. Es dauerte eine Weile, bis ich das vor mir zugeben konnte, und ich hätte es am liebsten verdrängt. Doch immer mehr dachte ich an sie, nur noch an sie. Darum brachte ich ihr rote Rosen mit. Sie lachte. Sie lachte viel, das gefiel mir – ihr Lachen über die Rosen aber schmerzte. Ich lud sie zu einem Kaffee ein. Sie lehnte ab. Was sollte ich machen? Ihr einfach sagen, wie es war? Ihr einen Heiratsantrag machen?

Dienstag war es. Ich nahm all meinen Mut zusammen. Heute wollte ich es ihr sagen. Sie könne aufhören mit ihrem blöden Job. Ich wollte sie immer bei mir haben.

Ich klingelte, sie öffnete. Rita lächelte diesmal nicht. Sie führte mich in die Küche, nicht ins Schlafzimmer. Und dann kam der Hammer: »Ede«, sagte sie, »du kannst gleich wieder gehen!« Dass das kein Scherz war, sah ich ihr an. Nichts konnte ich ihr entgegnen, war wie vor den Kopf gestoßen. Sie ließ mir Zeit, ließ mich diesen Satz verdauen.

»Aber wieso denn?«, rutschte es endlich aus mir heraus.

»Weil mir das mit uns zu privat wird«, war die Erklärung. Da hatte sie recht, genau das war es ja, was ich wollte.

»Aber …«

»Kein Aber!« Das klang entschieden.

»Aber …«, entfuhr es mir nochmals.

»Ich bin dir keinerlei Erklärung schuldig. Du bist auch nicht der Erste, den ich wegschicke. Das ist mein Prinzip. Du bist mir nicht unsympathisch. Sonst hätte ich mich auf den Job mit dir nicht eingelassen. Deshalb sage ich dir jetzt noch drei Sätze – und dann gehst du.«

Ich sackte in meinem Stuhl zusammen, wollte nicht begreifen, was sich da anbahnte. Oder was da gerade zu Ende ging. Ihre Worte drangen in mein Ohr, gelangten aber nicht bis zu meinem Verstand. Mein inneres Tonband zeichnete sie auf und gab sie mir später wieder.

Ritas erste Erklärung lautete, dass sie keine feste Beziehung wünsche.

Die zweite war die, dass ihr der Job Spaß mache, so wie er war.

Und die dritte, dass sie sich für noch so viel Geld nicht einschränken lasse.

Das wolle ich doch gar nicht, versuchte ich zu argumentieren. Rita packte mich am Oberarm, hievte mich vom Stuhl hoch und schob mich sanft, aber energisch zur Eingangstür.

»Nerv mich nicht mit Anrufen. Ich gehe nicht ran, wenn ich deine Nummer sehe. Und versuch auch sonst nicht, irgendwie wieder Kontakt zu mir aufzunehmen.« Wir waren an der Tür.

Mit einer Hand drückte sie die Klinke, mit der anderen schob mich Rita hinaus. Noch immer war ich so verdattert, dass ich nicht an Widerstand dachte. »Du findest doch leicht Ersatz.«

Das sollte wohl trösten, als sie die Tür hinter mir schloss. Und ich hörte noch, wie sie das Sicherheitsschloss vorschob.

Erst einmal stand ich da, richtig bedröppelt. Dann schlich ich die Treppe hinunter, marschierte an die Elbe und setzte mich auf eine Bank.

Ganz abfinden konnte ich mich mit der Abfuhr zunächst nicht. Rief an, trotz Ritas Verbot. Aber sie ging nicht ran. Ich versuchte es von einer Telefonzelle aus und kaufte ein neues Handy, dessen Nummer sie ja nicht kannte. Aber kaum sagte ich: »Rita, leg bitte nicht auf!«, tat sie genau das.

Es ging wohl nicht anders. Mit Rita war Schluss. Allmählich begriff ich das. Die ersten Wochen hatte ich keinerlei erotische Bedürfnisse, träumte aber oft von Rita. Das ließ dann nach. Und als die Lust wiederkam, behalf ich mich die nächsten Male selbst. Und ich raffte mich tatsächlich nach einer Weile wieder auf, Kontaktanzeigen im Internet durchzugehen.

Bald traf ich mich mit dem einen oder anderen Mädel. Diese Kontakte fielen mir allmählich leichter. Ich war ja geschult durch Rita. Die Treffen verloren das Exotische, und damit schwand die Aufregung.

Verdammt, Rita hatte recht. Ich fand eine, die gefiel mir gut. In bestimmten Dingen kam sie nicht an Rita ran. Aber hier will ich nicht in Einzelheiten gehen. Auf jeden Fall konnte sie lachen. Und sie hatte einen russischen Akzent, den ich sehr mochte.

Aber vorsichtig musste ich sein. So etwas wie mit Rita, das wollte ich so schnell nicht noch mal erleben.

Dann kam ein Hammer aus ganz anderer Richtung. Wiesbaden, erfolgreiche *Ernte*. Ich wollte vom Kurhausplatz zu meiner Unterkunft gehen, dem Hotel Fontana in der

Sonnenberger Straße. Das lag an einer Grünfläche, knapp einen Kilometer weit weg. Ein Spaziergang durch die Natur, das war mir gerade recht. Ich ging zum Kursee und hielt mich dann nach links.

Weit kam ich nicht. Ein Tritt von hinten in die linke Kniekehle, meine sensible, und gleichzeitig ein Stoß zwischen die Schultern. Ich taumelte und landete auf dem Weg.

»Geld her!«, forderte jemand, der hoch über mir stand und rohend herabblickte.

»Hab keins«, versuchte ich es.

»Halt's Maul und mach schon. Sonst geht's dir schlecht. Hab doch gesehen, wie du abgesahnt hast.«

So war das also. Der Typ hatte mich beobachtet und war mir gefolgt. Ich hatte ihn nicht bemerkt, im Casino. Vielleicht hatte er aber auch einen Kumpel. Der Kerl jedenfalls fackelte nicht lange, packte mich am Revers und hievte mich hoch. Er hob die Faust zum Schlag, und es sah nicht so aus, als ob er nur drohen wollte.

»Okay, okay«, sagte ich, zog die Brieftasche heraus und übergab sie ihm. Hastig griff der Kerl danach und rannte weg. Sollte ich ihn verfolgen? Ich war ja durch mein Fußballtraining einigermaßen fit.

Doch ich ließ es sein. Wenn er einen Komplizen hatte, dann machten die zusammen vielleicht Ernst mit mir. Ich konnte ja froh sein, dass ich bis jetzt nur ein paar Schrammen abbekommen hatte. Im spärlichen Licht der Nacht sah ich eine Parkbank, setzte mich erst mal und atmete ein paarmal tief durch.

Bald rappelte ich mich wieder auf und ging zurück zur Spielbank. Den ersten Taxifahrer, der davorstand, sprach ich an. »Können Sie mich bitte zur Polizei fahren? Ich bin gerade überfallen worden.«

»Haben Sie denn überhaupt noch Geld?«, wollte er wissen. Daran hatte ich nicht gedacht. Er hatte recht, alles war weg.

»Nein«, gab ich zu. »Mir ist alles geklaut worden.«

»Wissen Sie was?«, entgegnete der Mann. »Ich rufe Ihnen jetzt über Funk die Polizei. Mehr kann ich nicht tun, so leid es mir tut.« Tat es ihm wirklich leid? Unerheblich!

Die Polizei kam in wenigen Minuten vorbei. Die Beamten nahmen mich mit aufs Revier und fragten mich aus. Ich musste den Vorgang genau schildern. Ob ich sicher sei, dass der Räuber mich schon in der Spielbank beobachtet hatte.

»Na klar«, entgegnete ich. »Sonst hätte er doch nicht gesagt, er hätte mich beim Gewinnen beobachtet.« Ich gab auch meine vorherigen Überlegungen zu Protokoll, er könnte vielleicht auch mit einem Komplizen zusammengearbeitet haben.

Ich fragte mich, was gewesen wäre, wenn ich ein Taxi zum Hotel genommen hätte statt zu laufen. Hätten sie mich in einem Wagen verfolgt?

Nachdem das Protokoll getippt und unterschrieben war, fragten mich die beiden Beamten, ob ich einen Arzt brauche. Ich verneinte. Sie boten mir an, mich zum Hotel zu bringen. Das nahm ich dankbar an und bat sie, dem Portier zu erklären, dass ich nicht zahlen könne. Mein Versprechen, die Hotelkosten zu überweisen, sollte dadurch glaubhaft klingen.

Alles war in der Brieftasche, meine Papiere eingeschlossen. Zum Glück hatte ich wenigstens die Rückfahrkarte im Zimmer gelassen.

Ich schlief schlecht, Knie und Rücken schmerzten. Und dann hatte ich mir noch Handflächen und Ellenbogen aufgeschabt. Auch am linken Jochbein war eine Blessur. Verdammt, immer alles links bei mir. Den Anzug konnte ich vergessen.

Gedanken jagten durch meinen Kopf. Wie lange hatte der Typ mich schon im Visier? Erst seit Wiesbaden, oder war er schon länger hinter mir her? Wusste er, wo ich wohnte? Jetzt mit Sicherheit, denn er hatte ja meinen Ausweis. Ziemlicher Mist. Ich fühlte mich nicht mehr wohl in meiner Haut.

Irgendwann nickte ich trotz allem ein, hatte wilde Träume, konnte mich am Morgen aber an nichts mehr erinnern.

Die Rezeption machte keinen Stress. Der Portier stellte mir eine Rechnung aus, den Betrag sollte ich einfach überweisen. Er nötigte mich sogar noch zum Frühstück, obwohl ich keinen richtigen Hunger hatte. Er hatte recht, Kaffee und Brötchen taten mir gut.

In Magdeburg hatte ich einige Laufereien. Perso, Führer- und KFZ-Schein neu beantragen. Ebenso neue Kreditkarten. Sperren lassen hatte ich sie noch in der Nacht vom Hotel in Wiesbaden aus.

Von der Polizei ließ ich mich beraten wegen meiner Adresse, die dem Dieb ja nun bekannt war. Sie rieten mir, aufmerksam zu sein und verdächtige Vorkommnisse sofort zu melden. Personenschutz könnten sie mir nicht geben. Dazu sei die Gefahr zu wenig konkret. Nach ihrer Erfahrung folge aber auf so einen Überfall selten eine weitere Attacke. Die Papiere erbeuteten die Gangster ja oft genug. Sie würden aber meist in der Unterwelt verschachert und für Fälschungen benutzt.

So richtig beruhigt war ich nicht. Was sollte ich aber machen? Sollte ich mir meinen eigenen Bodyguard engagieren? Das kam mir übertrieben vor. Und es passierte ja auch nichts mehr – erst mal.

In ein Casino zu gehen hatte ich keine Lust – erst mal. Musste es ja auch nicht. Ich hatte genügend auf der hohen Kante. Und mein Gehalt gab es auch noch. Damit konnte ich meine üblichen Ausgaben decken. Ich war keiner von diesen Typen, die Austern und Hummer essen und Champagner trinken mussten, nur weil das Geld da war.

Stattdessen tröstete ich mich vermehrt bei Tascha. Woher meine Schrammen kämen, wollte sie wissen. Ich erzählte ihr alles. Ein richtiges Vertrauensverhältnis hatte ich inzwischen zu ihr. Ich berichtete von meinen Spielbankbesuchen – und dass ich eben ziemlich großes Glück hätte. Mein Verhältnis zu meiner Kniekehle, das verschwieg ich ihr.

Während ich erzählte, rieb Tascha meine Blutergüsse mit einer aromatischen, angenehm kühlenden Lösung ein, die sie aus einer braunen Flasche auf meine Haut träufelte. »Balsamo Tchakowski«, erläuterte sie, »serr gutt …«

Wie recht sie hatte! Ich fühlte mich geborgen und bemuttert dabei. »Bestimmt aus Russland«, vermutete ich.

»So russisch wie *Tascha*«, lachte sie. Ich verstand nicht.

»*Tascha* ist russisch für Deutsche.«

Ich wusste nicht, was sie meinte, und hakte nach.

»*Tascha* habe ich für euch erfunden. Das gibt es nicht in Russland. Und dieses Mittel hier, das ist Tigerbalsam auf Russisch, nichts Echtes.«

Nun erfuhr ich, dass die Frau mit den heilenden Händen in Wirklichkeit Natalja heißt, Natascha ist die Koseform. *Tascha* ist also die Koseform der Koseform. Sich Natascha zu nennen war meiner russischen Trösterin zu abgeschmackt.

Tascha sprach mich seither immer wieder auf meine Casino-Erlebnisse an. Eines Tages fragte sie: »Wenn du mal wieder hingehst – nimmst du mich mit? Ich bin so was von neugierig.« Sie war noch nie in einer Spielbank gewesen. Es schmeichelte mir, dass sie diese Welt durch mich kennenlernen wollte.

Ein paar Tage später sagte ich zu ihr: »Am Wochenende tun wir's. Wir gehen in die Spielbank.« Sie war richtig begeistert und konnte es kaum abwarten. Ich war schon lange nicht mehr im Ulrichshaus gewesen, also konnten wir in Magdeburg bleiben und mussten nicht lange herumfahren.

Am Samstag holte ich Tascha mit dem Audi ab. Bezaubernd sah sie aus in ihrem dunkelroten, langen Kleid, das sich eng an ihren Körper schmiegte. Seide, soweit ich das beurteilen konnte.

Wäre mir nicht der Reinfall mit Rita passiert – vielleicht wäre ich bei ihr auf die gleichen Gedanken gekommen. So aber war ich es, der das Verhältnis aufs rein Körperliche beschränkte.

Es freute mich, wie Tascha die Casinowelt aufnahm. Erinnerte mich an meine ersten Erfahrungen in dieser Umgebung. Ich war diesmal nicht mehr so unbefangen wie vor Wiesbaden. Die Gesichter um mich herum beobachtete ich genau, entdeckte aber nichts Auffälliges. Meine Begleitung sollte von meinem Misstrauen nichts merken.

Bald schon begann mein Knie zu jucken, und ich fing an zu setzen. Taschas Augen wurden groß und größer, als sie sah, dass ich wirklich abräumte. Ich erklärte ihr die Spielregeln, gab ihr tausend Euro und forderte sie auf, ebenfalls zu setzen. Das wollte sie nicht annehmen. Sie könnte es nicht so leicht zurückgeben, falls sie verlöre, meinte sie.

»Das ist dein Spielgeld«, entgegnete ich. »Davon will ich nichts zurück. Hast ja gesehen, dass ich nicht schwer dafür schuften muss.« Das überzeugte die Dame an meiner Seite schließlich, und sie begann zu setzen. Sie hatte wechselndes Glück. Als sie vier-, fünfmal hintereinander verlor, fragte sie: »Wie machst du denn das bloß?«

Ich zuckte nur die Achseln und erwiderte: »Intuition.«

Als ich meine zweiunddreißigtausend zusammenhatte, sagte ich Tascha, dass ich jetzt aufhören würde. Das wollte sie zuerst nicht verstehen. Wir gingen rüber zur Theke und tranken Champagner. Bei diesem perlenden Getränk erklärte ich meiner Gespielin meine Prinzipien. Sie selbst hatte jetzt Jetons für achtzehnhundert Euro in ihrer Handtasche.

Die nachfolgende Zeit wurde mein Leben noch schöner. Tascha leistete mir oft Gesellschaft in den Spielbanken. Nicht immer hatte sie Zeit, denn sie wollte andere Stammkunden nicht verlieren. Ich hütete mich, ihr vorzuschlagen, dass sie nur noch mich als Kunden brauche. So sehr gewöhnte ich mich an Taschas Begleitung, dass ich schon gar keine Lust mehr hatte, allein ein Casino aufzusuchen. Es dauerte nicht lange, da fuhr ich ohne sie nicht mehr los.

Diese schöne Zeit zog sich vielleicht ein halbes Jahr hin. Dann hatte ich ein Déjà-vu-Erlebnis. Tascha eröffnete mir, dass das heute unser letztes Zusammensein sein werde. Was war denn jetzt los? Ich hatte ihr keine Rosen mitgebracht und sie nicht zum Kaffee eingeladen.

Der Grund war aber ein vollkommen anderer. Tascha wurde bedroht und ausgenommen. Von Landsleuten. Der russischen Mafia, könnte man sagen. Jede Woche kamen sie einmal zu ihr und holten sich zehntausend Euro ab. Ich wusste, was ich zahlte, und so konnte ich mir ausrechnen, dass sie gut zwei Drittel ihres Verdienstes abgeben musste. Der Rest, der reichte für ihr Leben hier im Westen. Aber so war das nicht gedacht. Tascha versorgte eine riesige Familie in Russland. Dort galt sie als gut bezahlte Managerin in einer mittelgroßen Firma. Und die Zahlungen an die Familie wurden kleiner, je mehr die Erpresser forderten. Es wurde immer etwas mehr, wenn sie sahen, dass Tascha zahlen konnte.

Polizei – das war nicht möglich. Taschas Papiere waren nicht ganz sauber. Eigentlich lebte sie illegal in Deutschland. Laut Pass war sie eine Kanadierin mit russischen Wurzeln. Damit gab es für sie keine Probleme mit Aufenthaltsrecht und Arbeitserlaubnis. Doch dieses gefälschte Dokument, das hatten die Ganoven ihr abgenommen. Weigerung kam nicht in Frage – die Typen hatten Tascha Bilder gezeigt von übel zugerichteten rauen, die nicht gespurt hatten. Ihre Blessuren hatten nicht nach Schminke ausgesehen.

Jetzt sah Tascha eine Möglichkeit unterzutauchen. Mit einer Freundin hatte sie alles eingefädelt. Sie wurde überwacht, aber nicht lückenlos. Ein kleines Ablenkungsmanöver, und dann nichts wie weg.

Das passte mir ganz und gar nicht. Sollte ich nochmals eine so großartige Frau verlieren? Eine Frau, mit der alles klappte. Musste ich mir schon wieder eine neue suchen? Oder sollte ich Tascha einfach mehr bezahlen, damit sie weiter ihre Familie versorgen konnte? Ob ich ihr nun zweitausend Euro gab oder fünfzehntausend, das war doch egal bei meiner sprudelnden Quelle.

Lange überlegte ich nicht und machte Tascha den Vorschlag – sie stutzte kurz und fiel mir um den Hals.

Wieder hatten wir ein paar friedliche Wochen. Mir ging es gut und immer besser mit Tascha. Ich bekam langsam den Eindruck, dass sie vielleicht nicht ganz so verbissen gegen etwas Privates wäre wie Rita. Sie war im Grunde ihres Herzens ein anständiges Mädchen. Wie sie sich um ihre Familie kümmerte! Was konnte sie dazu, dass die politischen und wirtschaftlichen Verhältnisse sie zu diesem Job zwangen? Vielleicht wäre ihr ja eine feste Beziehung das Liebste. Und ihrer Familie erst recht, da war ich mir sogar ziemlich sicher.

Trotzdem – ich traute mich einfach nicht, ihr ein Angebot zu machen.

Und irgendwann dämmerte mir auch, was ich doch für ein Egoist war. Ein egoistisches Arschloch, genau genommen. Unglaublich, mit welchem Kummer Tascha sich herumschlagen musste. Das arme Ding. Schuften für irgendwelche Verbrecher. Und mir auch noch die Fröhliche vorspielen ... und den anderen Kunden auch. Und mein erster und einziger Gedanke war der gewesen, sodass mir meine eigene Bequemlichkeit so wichtig war, dass mir gar nicht auffiel, in welcher Lage Tascha steckte.

Das war eine vollkommene Ungerechtigkeit. Auf der einen Seite die Mafia, die sie bedrängt, auf der andern selbstsüchtige Freier. Beides geht mir normalerweise gegen den Strich.

›Besser spät als nie‹, sagte ich mir und war innerlich froh, dass ich meine Selbstbezogenheit entlarvt hatte. Ich nahm mir vor, sensibler zu sein, besonders was Tascha betraf.

Pauken, pauken, pauken. Drei Tage hatte ich gebüffelt für eine Deutschklausur. Es ging um Christine Brückner und ihre literarischen Vorbilder.

Ich entwickelte enormen Ehrgeiz. Auch in meinen Hassfächern wollte ich glänzen, um einen guten Numerus clausus zu erzielen.

Aber jetzt brauchte ich dringend eine Pause. Brauchte weibliche Nähe und Wärme. Ich meldete mich bei Tascha an, und sie hatte Zeit.

Sie kam mit ihrem schnurlosen Telefon in der Hand an die Tür. Redete aufgeregt auf Russisch. Aus dem Hörer drangen quäkende Laute, sie klangen hektisch. Mit so etwas wie »Paka paka« kam Tascha zum Schluss, und sagte dann nochmals »Da, paka.«

Tascha legte den Apparat auf die Ladestation, setzte sich auf einen Stuhl daneben und sank in sich zusammen. Die Ellenbogen auf den Knien, stützte sie mit beiden Handballen ihr Kinn ab und schlug die Finger vor die Augen. Der Rücken war jetzt kugelrund. Schluchzen hörte ich sie nicht, aber ich konnte Tränen unter den Händen herunterlaufen sehen.

Ich wartete ab. Nach einer Weile seufzte sie ein paarmal und richtete sich langsam wieder auf. »Am besten, du gehst jetzt. Ich muss nachdenken. Ich kann heute nichts für dich tun.«

»Tascha, wart doch mal«, entgegnete ich. »Wir sind doch eigentlich schon Freunde. Willst du mir nicht mal erzählen, was los ist?«

»Das ist eine ewig lange Geschichte. Und damit möchte ich dich nicht belasten.«

»Vielleicht tut es dir aber einfach mal gut, darüber zu sprechen.«

Tascha willigte ein. Wir setzten uns auf die Sofas. Es war eine wirklich lange Geschichte. Ich muss gestehen, vollständig begriff ich sie nicht. Dazu kannte ich mich doch viel zu wenig aus mit Russland und den dortigen Verhältnissen.

Was ich heraushörte, war, dass Taschas Vater irgendwie in Ungnade gefallen war. Er betätigte sich nicht politisch – und trotzdem hatte man den Vorwurf konstruiert, er sei an irgendeiner Verschwörung beteiligt. Ein Beamter konnte handfeste Beweise vorlegen. Die hatte er dem Vater auch gezeigt. Es war nichts dran, beteuerte Tascha. Aber die Richter würden dem Beamten glauben. Das lief auf fünfzehn Jahre Gefängnis hinaus für den Vater – mindestens.

Und nun kam das, was in Russland ja anscheinend gang und gäbe ist. Ich hatte daran immer meine Zweifel. Wieso sollte alles Böse immer nur aus Russland kommen? Tascha war doch der lebende Gegenbeweis. Hier wurde ich aber eines Besseren belehrt. Tja – das Beweisstück würde verschwinden, wenn der Vater zweihunderttausend US-Dollar zahlte. Nicht in die Staatskasse, nein, dem Beamten höchstpersönlich.

Lange musste ich da gar nicht nachdenken. Im Moment konnte ich kaum etwas abheben, denn ich hatte meine Mittel zumindest mittelfristig angelegt. Aber ich konnte ja ausnahmsweise meinen Grundsatz lockern und uns im nächsten Casino mit zweihunderttausend Euro bereichern. So viel musste es nicht mal sein, ich schätzte, um die hundertfünfzigtausend dürften reichen.

»Njet«, sagte Tascha, als ich ihr diesen Vorschlag machte. »Das kann ich nicht annehmen.«

Sie meinte es ernst. Ich brachte all meine Überzeugungskraft auf, doch sie wollte einfach nicht noch mehr von mir annehmen. Sondern sich irgendetwas anderes einfallen lassen. Ich sei großzügig genug, und sie könne nicht noch mehr von meinem Geld verlangen.

Damit hatte ich sie. Erstens verlange sie ja gar nichts. Ich sei es, der ihr das aufoktroyiere. Und mein Geld sei es schon mal auch nicht. Das wisse sie ja mittlerweile ganz genau.

Ein paar Seufzer noch. »Njet, njet, njet, das kann ich nicht.«

Und dann kam sie zu mir, setzte sich mir auf den Schoß und schlang die Arme um mich. Lange blieb sie so sitzen. Mir wurde ganz wohlig. Sex hatten wir keinen in dieser Nacht, und trotzdem war es die schönste, die ich mit Tascha bis dahin hatte.

Zwei Tage später schrieb ich die Klausur.

›Analysieren Sie, wie die Autorin Christine Brückner das literarische Vorbild Effi Briest in ihrem Monolog dem modernen Leser vorstellt und vergleichen Sie Ihr Ergebnis mit der Effi-Briest-Figur in Fontanes Roman.‹

Da hatte sich Frau Gohr, die Deutschlehrerin, nun etwas wirklich Kniffeliges ausgedacht. Trotzdem: Meine Arbeit war die beste. Hatte ich doch einen richtigen Energiepush seit dieser denkwürdigen Nacht. Kam das, weil ich mir als Mensch so unglaublich gut vorkam?

Tags drauf flogen wir nach Helsinki. Erster Klasse. In Deutschland wollte ich einen solchen Coup nicht landen. Auch wenn es immer wieder Gewinner gab, die weit mehr nach Hause schleppten. Zürich war mein erster Vorschlag. Aber dort hätten wir Schweizer Franken bekommen und hätten die erst wieder umtauschen müssen. Der Vorschlag Finnland kam von Tascha, es liegt weit genug entfernt und ist ein Euro-Land.

Der Hinflug dauerte fast sechs Stunden, und wir mussten zuerst von Cochstedt nach Dresden fliegen. Wir waren den ganzen Tag unterwegs. Ich genoss diese Zeit mit Tascha.

Es lief alles planmäßig. Im Hotel in Helsinki kamen wir abends an, machten uns frisch und ließen uns per Taxe zum Casino bringen. Dort bot man nicht nur Glücksspiele, sondern auch Shows. An diesem Abend trat ein Elvis-Presley-Imitator auf. Das interessierte uns aber nur am Rande – oder vielmehr nicht die Bohne.

Ich machte hohe Einsätze und kaum Alibi-Fehler. Wollte so schnell wie möglich die hundertfünfzigtausend zusammenhaben.

In drei Stunden war es geschafft – hundertfünfundsechzigtausend, fünf Tausender für die Angestellten und etwas Reserve. Dann nichts wie weg. Wir hatten schon genügend Aufmerksamkeit erregt.

Die Nacht im Hotel war fantastisch. Tascha verwöhnte mich mit allem, was ihr zur Verfügung stand. Und sie küsste mich. Ja – sie küsste mich.

Der Rückflug nach Dresden und die Rückfahrt nach Leipzig verliefen wie im Taumel. Tascha schmiegte sich an mich, wo immer sich eine Gelegenheit ergab. Meinte sie wirklich mich oder nur den Retter ihres Vaters?

Vor ihrer Wohnung trennten wir uns. Ich gab ihr das Bündel mit den Scheinen und wollte nach Hause. Ich musste wieder pauken, diesmal für Geschichte. Vergleich der Verfassung des Kaiserreichs mit dem heutigen Grundgesetz. Tascha gab mir noch einen langen Kuss und drängte sich fest an mich. Sie wollte mich nicht gehen lassen. Beinahe wäre ich tatsächlich geblieben.

Wäre ich es nur.

* * *

Teil II – Reisen mit Russen

Tagelang saß ich in diesem Loch, ohne Licht, nur eine Funzel. Pritsche, Kissen, Decke – nichts zum Waschen, nichts zum Zähneputzen. Ein Eimer für die Notdurft, der stank vor sich hin und wurde nur einmal am Tag geleert. Ich selbst stank ebenfalls langsam vor mich hin, ekelte mich vor mir selbst. Essen bekam ich, dreimal am Tag, immer nur Brote mit Wurst und Käse. Nicht besonders viel, aber es reichte aus.

Am schlimmsten waren die Gedanken. Was wollten die von mir? Sie ließen mich hier schmoren, wollten mich weichkochen. Und sie kochten mich weich. Irgendwann würden sie ihre Forderungen stellen. Wahrscheinlich hatten sie irgendwie mitbekommen, dass ich Geld gehortet hatte. Darum konnte es nur gehen.

Ich wusste nicht, wo ich war. Ein Verschlag, ein Vorratsraum, vielleicht in einer alten Fabrik. In und um Magdeburg herum standen Dutzende davon leer. Eine dicke Holztür mit Eisenbeschlägen trennte mich von der Freiheit. Durch eine kleine Luke reichten sie die Stullen durch. Und einmal am Tag forderten sie den Eimer. Er kam kurz drauf geleert, aber nicht gesäubert wieder zurück.

Ich versuchte, etwas zu fragen, wenn sie an der Luke waren.

»Halt's Maul«, das war stets die einzige Antwort. Eine Männerstimme, jünger als ich. Mehr konnte ich nicht erkennen.

»Sagt mir doch wenigstens mal die Uhrzeit und den Tag«, flehte ich.

»Halt's Maul!«, dabei blieb es.

Man musste mich doch vermissen. Auf der Arbeit – nie hatte ich gefehlt, ohne mich abzumelden. In der Schule – ich war ein verlässlicher und pünktlicher Schüler. Im MSV – da konnte es aber etwas länger dauern, bis mein Fehlen auffiel, und bei meinen Eltern erst recht.

Aber Tascha, die musste mich doch vermissen. Die musste doch zur Polizei gehen. Aber wo sollten die schon suchen? Und dann – was sollte sie der Polizei denn sagen? Ein guter Kunde von ihr sei weg? Das hätte mehr Fragen aufgeworfen, als ihr lieb sein konnte. Ausweisen konnte sie sich nicht. Der Gang zur Polizei hätte das Ende ihres Aufenthalts hier in Deutschland bedeutet und das Ende der Unterstützung ihrer Familie.

Nein, auf Tascha konnte ich nicht rechnen. Auf niemanden konnte ich rechnen. Harry und Ixo, zu denen war der Kontakt viel zu locker, als dass sie sich sorgen würden.

Die Einzige, der etwas auffallen musste, war meine Vermieterin. Den Briefkasten, der sich immer weiter füllte, würde sie nicht übersehen können. Was würde die Polizei sie fragen? Meine Kontakte, ja, sie würden die Kontakte erfragen. Zumindest meine Arbeitsstelle kannte Frau Harder. Dort würden sie weiterforschen und kämen vielleicht auf meinen Verein. Aber Harry würde sich keinen Reim auf mein Verschwinden machen können.

Dann würden sie meine Konten einsehen, würden ungeklärte Einzahlungen entdecken. Ich käme gewaltig in Erklärungsnot.

Immer wieder wälzte ich diese Gedanken durch mein Hirn. Aß etwas, pinkelte und machte mein Geschäft. Und nickte ein. Dreimal, so kam es mir vor, hatte ich richtig lange geschlafen. Also konnte das mittlerweile der vierte Tag meiner Gefangenschaft sein. Das Wochenende lag dazwischen, also noch unwahrscheinlicher, dass schon jemand etwas unternommen hatte.

An diesem vierten Tag, da kamen sie. Die Tür ging auf und knarrte in ihren Angeln. Drei Männer waren es, kräftige Kerle. Kurzgeschorene Haare. Sonnenbrillen. Sie sahen unfreundlich aus, sehr unfreundlich. Zwei kamen auf mich zu.

»Steh auf!«, war der kurze Befehl. Das tat ich, selbstverständlich. Die beiden positionierten sich neben mich. Der Dritte blieb in der Tür stehen, hatte eine Knarre in der Hand.

»Komm mit!«, war der nächste kurze Befehl. Noch immer konnte ich weder einen Dialekt noch einen Akzent ausmachen. Eher keine Sachsen also. Das hätte ja mehr nach »gumm midd« geklungen. Ein echter Sachse verschleiert seine sprachliche Abstammung nicht so ohne Weiteres, und der Anhaltiner genauso wenig.

Die beiden Bewacher packten mich an den Oberarmen und schoben mich hinaus. Der mit der Knarre trat einen Schritt zurück, ließ uns drei durch, ging hinter uns her. Ich war mir sicher, dass er auf irgendein Körperteil von mir zielte. Wenn ich

Glück hatte, auf die Beine, wenn ich Pech hatte, auf Herz oder Hirn. Doch sie wollten etwas von mir. Wären ja blöd, mich umzubringen.

Weit gingen wir nicht. Durch einen Flur, einmal um die Ecke. Dann rissen die beiden eine Tür auf, und grelles Scheinwerferlicht blendete mich. Ich kniff die Augen zusammen. Sofort war mir klar, dass die Sonnenbrillen der drei nicht nur modisches Accessoire waren.

Ich hielt mir die Hand vor die Augen und konnte trotzdem nichts erkennen. Die Begleiter drückten mich auf einen Stuhl vor einem Schreibtisch. Von dem konnte ich gerade mal die Kante erahnen, nicht, was oder wer dahinter war. Von den Seiten strömte gleißendes Flutlicht auf mich ein.

»Wer vermisst dich?« Die Stimme gehörte dem Chef zwischen den Scheinwerfern. Dass das der Chef war, das war mir instinktiv klar, auch ohne Jucken im Knie. Und noch etwas brachten diese drei Wort zutage: Das war ein russischer Akzent. Und der war mir diesmal alles andere als sympathisch. Russen, schon wieder Russen. Da kannte ich eine Perle aus Russland, und hier, das war der Abschaum.

»Was ist denn für ein Tag?«, wollte ich wissen.

»Wir fragen, du antwortest. Gefälligst!«, hörte ich, alle ›R‹ schnarrend gesprochen.

»Kommt halt auf den Tag an, wer mich vermisst.«

»Gut. Dienstag.« Das klang eher wie *Gutt. Dinnstag*. Doch will ich mir hier nicht weiter die Mühe machen, den russischen Akzent schriftlich nachzuahmen. Die Antwort verriet mir zumindest, dass auch Chancen bestanden, das Konzept der Entführer zu unterlaufen.

»Am Dienstag, da vermissen sie mich nur auf der Arbeit und in der Schule. Vielleicht auch noch meine Vermieterin.«

»Gut. Die rufst du jetzt an. Entschuldigst dich. Sagst, es tut dir leid. Du bist in Lissabon. Kurztrip übers Wochenende. Hast eine tolle Frau kennengelernt. Liebe auf den ersten Blick. Weißt nicht, wann du kommst. Nimmst unbezahlten Urlaub. Und keine Mätzchen, sonst geht es dir nicht gut. Frag auch, ob jemand die Polizei informiert hat. Wer ist dein Chef?«

»Zoo am Bahnhof.« Einer kramte ein Tablet hervor, tippte darauf herum und gab eine Nummer in ein Handy ein. Als wenn ich denen die Nummer nicht hätte sagen können.

Marlene von der Kasse war dran. Ich versuchte, bei meiner Story locker zu wirken. »Viel Glück«, wünschte sie mir. »Du glaubst gar nicht, wie sehr ich dir das gönne.« Anscheinend hatte ich sie überzeugt.

»Halt, noch nicht auflegen«, bat ich. »Wie spät ist es denn in Deutschland?« Die Gesichter der Bewacher verfinsterten sich hinter ihren Sonnenbrillen.

»Dürfte eine Stunde später sein als in Portugal. Du hast ja anscheinend Raum und Zeit vergessen.«

»Ein bisschen ist das so«, war die absolut ehrliche Antwort.

»Na, hier ist es halb sechs. Du hast ja gerade noch rechtzeitig vor Feierabend angerufen. Also nochmals, toi, toi, toi für dich. Den Dienstplan kriegen wir schon hin, auch ohne dich.« Das sollten wohl ihre abschließenden Worte sein.

»Halt, einen Moment noch«, bettelte ich. »Ich soll dich fragen, ob jemand die Polizei verständigt hat.«

»Wieso sollst du fragen?«

»Die neue Freundin macht sich Sorgen«, erklärte ich nach unnötig langem Zögern.

»Ach so. Ja, kann sein, der Munz. Der hat so was angedeutet.«

»Auweia. Kannst du ihn bitte fragen? Ich will ja keine Unannehmlichkeiten bekommen, wenn ich zurück bin. Ich frag in fünf Minuten nochmals nach.« Damit war Marlene einverstanden.

Ich drückte auf die Stopptaste. Hinter dem Schreibtisch kam ein drahtiger Kerl hervor. Trat auf mich zu, nahm mir das Handy ab und schlug mir ins Gesicht, dass sich mir fast ein Halswirbel ausrenkte.

»Keine Mätzchen, habe ich gesagt.« Er meinte wohl damit, dass ich mich fast verraten hätte, als ich sagte, ich *solle* nach der Polizei fragen. »Keiner hat dir gesagt, dass du nach der Uhrzeit fragen sollst«, beschwerte er sich stattdessen. Vielleicht war sein Deutsch nicht so gut, dass er diese Feinheit rausgehört hatte. Ich hatte gehofft, Marlene würde Verdacht schöpfen, merken, dass mit mir etwas nicht in Ordnung war. Aber das hatte nicht geklappt.

»Und sag nicht noch mal, dass du was fragen sollst!«

»Hab's doch gemeistert«, verteidigte ich mich und hielt mir die Wange. »Und ich musste doch wissen, wie spät es ist, wegen der Schule. Die fängt doch erst um sieben an.« Schweigen. Wieder ein kleiner Sieg für mich?

Man ließ mich fünf Minuten wortlos schmoren. Heiß war es unter diesen Scheinwerfern. Irgendwo hörte ich einen Generator brummen. Ich traute mich nicht, nach Sinn und Zweck der Entführung zu fragen. Vielleicht wäre diesmal wirklich ein Halswirbel herausgesprungen. Querschnittslähmung, wissen Sie? Die gibt's bei Tieren übrigens auch. Ein bisschen was wusste ich schon von der Tiermedizin.

Der Chef gab mir das Handy und drückte dabei die Wahlwiederholung.

»Ja, der Munz hat heute Mittag bei der Polizei angerufen«, erklärte Marlene. »Dein Fernbleiben war ihm nicht geheuer. Aber er freut sich auch für dich. Wirklich noch ein Chef, der sich sogar Sorgen macht. Da können wir schon froh sein. Nur hättest du dich ja auch schon gestern melden können, hat er gemeint.«

»Das stimmt«, gab ich zu. »Aber mir hat wirklich erst heute gedämmert, dass die neue Woche schon angefangen hat. Richt' ihm das bitte aus, dem Munz. Und sag ihm noch danke von mir. Werde mich auch bei der Polizei melden und bestätigen, dass ich gesund und munter bin.«

Diesmal hatte ich den Chef, meinen neuen Chef, anscheinend nicht verärgert. Die Prozedur wiederholte sich. Die Typen fragten nach der Vermieterin. Ich nannte ihnen Frau Harder. Sie fanden auf dem Tablet die Nummer heraus. Auch die hätte ich ihnen sagen können. Sie wählten und übergaben mir das Telefon.

Ich sagte die gleichen Sprüchlein nochmals auf. Und bat am Schluss, Frau Harder möge mir doch bitte regelmäßig den Briefkasten leeren. Das wollte sie tun und wünschte mir alles erdenklich Gute.

Nun kam die Polizei dran. Dabei fiel mir auf, dass der Chef nicht erst auf dem Tablet-PC nachsehen musste. Er kannte die Nummer der richtigen Dienststelle offenbar auswendig. Der Beamte schien erleichtert und wünschte mir viel Glück. Er bat um die Erlaubnis, sich vom *Zoo am Bahnhof* bestätigen zu lassen, dass ich dort wirklich angerufen hatte und mich jemand an der Stimme erkannt hatte. Man konnte ja nie wissen.

Nein, er zumindest wusste wirklich nichts – und Verdacht schöpfte er auch nicht.

Hatte er auf seinem Display nicht sehen können, dass der Anruf gar nicht aus Portugal kam? Nein, die Gangster werden wohl die eigene Nummer unterdrückt haben. Vielleicht hätte ich irgendwie mit krächzender Stimme darauf hinweisen sollen, dass ich nicht freiwillig redete. Doch das konnte mir gut als Mätzchen ausgelegt werden. Und wer weiß, wie das meiner HWS bekommen wäre. So kürzen die Veterinäre die Halswirbelsäule ab.

Nun war es bereits halb sieben. Das Schulsekretariat musste besetzt sein. Wieder das Spielchen mit dem Tablet und der Nummer. Frau Tollek, die Sekretärin, war nicht ganz so erfreut. Meinte, ich solle nicht übertreiben, auch wenn ich zurzeit ganz gut dastünde. Mehr als dreißig Tage Fehlzeit im Jahr, die wären nicht erlaubt. Und am Schluss, da wünschte sie mir ebenfalls alles Gute und klang etwas freundlicher.

So viele gute Wünsche – wie sollte es mir da noch schlecht gehen?

»Noch jemand? Familie? Was ist mit den Eltern?« – »Die vermissen mich nicht.« Klang anscheinend überzeugend genug.

»Freunde?«

»Keine engen. Da vermisst mich auch niemand. Aber wie lange …«, versuchte ich es.

Der Chef nickte dem Kerl rechts von mir kurz zu. So schnell konnte ich gar nicht gucken, da hatte ich eine Faust in den Rippen. Ich merkte regelrecht, wie sie knackten. Es gab einen höllisch schmerzhaften Stich. Ich wimmerte kurz auf und beherrschte mich sofort wieder. Beim Fußball hatte ich einmal einen Tritt fast in die gleiche Stelle bekommen. Da war eine Rippe gebrochen, ich hatte aber die Halbzeit noch zu Ende gespielt. Ich konnte was aushalten. Und der Schiri hatte nicht mal das Foul geahndet.

»Und was ist mit Natalja?«

»Wer?«, fragte ich überrascht – und bekam als Antwort eine zweite Rippe gebrochen. Es schien besser, ich spurte.

»Meinst du, wir kennen deine süße, kleine Freundin nicht? Ihr sagst du jetzt, deine Mutter wäre schwer krank. Du musst dich um sie kümmern. Ist ein Pflegefall. Du kannst da jetzt nicht weg. Du meldest dich, wenn es ihr besser geht«, befahl der Chef.

»Oder wenn sie tot ist«, ergänzte er noch.

Ich tat wie geheißen. Und hätte fast geheult, als ich Taschas Stimme hörte. Die beiden Rippen stimmten in dem Moment ein fast unerträgliches Schmerzduett an. Ich konnte mich kaum beherrschen.

»Mach's gut«, wimmerte ich ins Handy und würgte Taschas Fragen ab. Ich hatte genau gemerkt, dass sie mich löchern wollte.

»Gut für heute!«, schloss der Chef die Vernehmung. Sein Akzent war mir beinahe schon vertraut, wohl trainiert durch Tascha.

Obwohl ihrer wesentlich schwächer war. Die Orang-Utans geleiteten mich in mein Gemach. Viel Widerstandskraft hatte ich nicht mehr. Erschöpft schleppte ich mich den kurzen Gang entlang. Noch eine Frage stellte ich aus Sorge um eine dritte Rippe lieber nicht. Zum ersten Mal war ich richtig froh, dass ich mich auf diese Pritsche legen konnte.

Was war das für eine Nacht, die dann kam! Zum Schlafen war es viel zu früh, zum Grübeln nicht. Ich grübelte bis zum Morgen. Die Kerle hatten es geschafft, dass mich wirklich niemand vermissen würde. Ganz schön raffiniert. Aber was wollten sie von mir? Das wusste ich immer noch nicht. Und was war das mit Tascha? Wieso hatten sie ihre Nummer nicht nachsehen müssen?

Die Antwort tauchte automatisch in mir auf. Klar, das mussten die Typen sein, die ihr jede Woche die zehntausend Euro abknöpften. Wahrscheinlich hatten sie herausbekommen, dass ich ihr Hauptsponsor war, und wollten jetzt noch mehr von mir.

Die Rippen schmerzten. Ich konnte mich nicht auf die Seite legen. Und dann verkrampfte sich der Magen. Ein heftiges Würgegefühl stieg hoch. Ich sprang auf und eilte zu dem Eimer. Der *Duft*, der daraus aufstieg, gab mir den Rest. Das bisschen Brot, das im Magen war, plätscherte aufgeweicht in das Gefäß. Mein eigener Urin spritzte mir ins Gesicht. Und nichts zum Abwischen hier. Nur der Ärmel. Das machte mir meine Kleidung auch nicht sympathischer.

Der Anfall kam zeitgleich mit einem Verdacht: Tascha steckte mit denen unter einer Decke. Ich dachte nach, ich grübelte, ich wälzte die Gedanken hin und her. Und je mehr ich mir das Hirn zermarterte, desto sicherer war ich – ja, Tascha hatte mich verraten.

Die Sache mit der Familie, das war wahrscheinlich der Test, wie willig ich wäre zu zahlen. Helsinki – von ihr eingefädelt. Nicht weit weg von Russland. Wahrscheinlich waren ihre Komplizen auch in dem Casino gewesen und hatten mich dort beobachtet.

Ich Einfaltspinsel. Wieso hatte ich bloß die Warnungen des Schicksals nicht ernst genommen? Die Frau, die mich in Bad Pyrmont ausgenommen hatte. Der Überfall in Wiesbaden. Das hätte doch reichen, das hätte mich zur Vorsicht gemahnen sollen.

Hatte ich nichts aus dem Reinfall mit Rita gelernt? Die Damen hätte ich doch wechseln können wie die Spielbanken. Da hatte ich ja auch meine Prinzipien – Prinzipien, die sich bewährt hatten. Wegen ein paar Küssen hatte ich an Taschas Liebe geglaubt. Verdammtes Luder. Wie die es verstand, mit meinen Gefühlen zu spielen! Lachte sich dabei mit Sicherheit ins Fäustchen. Nahm mich aus wie eine gemästete Gans.

In dieser Nacht begann ich, sie zu hassen.

* * *

Bereits zwei Wochen später hatte ich mich an meine Gefangenschaft gewöhnt, zumindest ein bisschen. Eigentlich ging es mir gar nicht schlecht. Die Verbrecher wurden freundlicher, als der Rubel rollte. Folter gab es keine mehr. Sergej, Boris und Dimitri waren meine Aufpasser, Wladimir hieß der Chef. Ausgerechnet ein Namensvetter Putins. Und drahtig wie der war er auch noch.

Einer der drei Orang-Utans war immer ganz nahe bei mir und begleitete mich sogar auf die Toilette. Die andern beiden schwirrten mit etwas mehr Abstand um mich herum. Der Chef war nicht immer mit uns zusammen. Er machte die *Organisation* – Flüge und Hotels buchen, Visa beantragen und die Einnahmen sichern. Er hatte immer ein Einzel-, wir anderen Doppelzimmer.

Es erstaunte mich schon, wie elegant Wladimir sich auf internationalem Parkett bewegte. Er sprach mindestens genauso gut Englisch und Französisch wie Deutsch und hatte mehr als Grundkenntnisse in Spanisch und Portugiesisch. Von den slawischen Sprachen wie Polnisch, Serbisch oder Tschechisch ganz zu schweigen. Für einen Small Talk reichte es noch immer, das bekam ich mehrfach mit. Ein Sprachgenie!

Mein Bettnachbar hatte stets eine Knarre bei sich – ich fragte mich, wie die die über die Grenzen brachten.

Mein Leben verlief beinahe so wie vorher: Ich reiste herum, nun nicht mehr in Deutschland, sondern in der Welt. Neun Länder hatten wir bereits heimgesucht. Ich durfte in feinen Hotels schlafen, elegante und teure Kleidung tragen. Der Unterschied war der, dass ich große Summen einspielen musste, was mir zu Anfang gegen den Strich ging. Als ich merkte, dass es klappte und man uns unbehelligt ließ, bekam ich Spaß daran, so oft wie möglich eine Bank zu sprengen.

Der Bann zwischen mir und den Russen war gebrochen, als Boris mir einen Kaugummi anbot. Das war noch die Phase, in der sie mich gefügig machen mussten und mit Quälereien nicht sparten. Diese kleine Geste, die brachte eine Veränderung. Ich merkte, dass Boris menschliche Züge hatte, und bei den andern fand ich sie bald auch. Besonders wenn sie am Abend die Wodkaflasche öffneten. Dieses Wässerchen, das mochten sie schon sehr.

Einige der traurigen Lieder, die sie dann anstimmten, konnte ich bald mitsingen, ohne sie zu verstehen. Dimitri spielte Bandoneon dazu. Lieber wäre ihm ein Bajan gewesen, wie er sagte. Doch fürs Reisen war das kleinere Instrument besser.

Sergej vertrug am meisten. Vielleicht weil er der Kräftigste war, ein richtiger Bär. Sein Vollbart unterstrich das. Was hatte der für eine schöne, tiefe Stimme. Die konnte mir die Tränen in die Augen treiben. Von seinen Kumpels fiel immer mal *Million Dollar Man* als Spitzname. Ich wusste nicht, was sie damit meinten, schließlich war ich es doch, der die Millionen einheimste.

Oder meinten sie, er horte die Millionen? Auch das passte nicht, denn die Anteile der anderen waren ja gleich hoch.

Erst später begriff ich, dass sie ihn nach einem ehemaligen Catcher so nannten, nach Ted DiBiase nämlich. Der galt unter Fans als arroganter Millionär und ließ sich gerne Million Dollar Man nennen. Er führte sogar einen eigenen Wrestling-Titel ein, die *Million Dollar Championship*.

›Klar‹, dachte ich mir, ›so jemanden nehmen die sich halt zum Vorbild.‹

Die Wächter tranken gerne, und sie tranken viel. Aber leider betranken sie sich nie so stark, dass ich ihren Rausch zur Flucht hätte nutzen können.

* * *

Ich saß im Orchid Hotel in Eilat, einer Fünfzigtausend-Einwohner-Stadt an der Südspitze Israels. Ich hatte geglaubt, in Israel gebe es kein Glücksspiel. Doch Eilat hat einen Küstenabschnitt von zwölf Kilometern am Roten Meer und damit einen Zugang zum Indischen Ozean. Vom Hafen aus starten mehrere Casinoschiffe. Die fahren mit den Besuchern in internationale Gewässer, dort machen sie ihr Spiel.

Das erste, das wir aufsuchten, das *Casino Victoria*, war einst ein griechisches Passagierschiff namens *Antigony* gewesen, das 1997 zum Casinoschiff umgebaut und 2002 nochmals überholt wurde. Es hat etwas von einem Mississippi-Dampfer. Das *Casino Palace* war einst Honeckers, das *Casino Flamingo* Ceauşescus Privatyacht gewesen. Das *Casino Imperial* war eines der ersten überhaupt in Eilat und hatte den Weg zu dieser Art des Vergnügens geebnet.

Auch ein russisches Passagierschiff war umgebaut worden, es hieß *Casino Lady D*. Es galt als die schnellste dieser schwimmenden Spielhöllen, fuhr aber nicht das ganze Jahr und nur am Wochenende. Es war das einzige, das wir ausließen, obwohl ich gedacht hätte, gerade an ihm sei Wladimir interessiert. Bei allen anderen aber grasten wir unerhört ab.

Das Hotel Orchid ist eine Wellness-Oase und besteht aus vielen kleinen Villen mit eigenem Whirlpool unter freiem Himmel. Sie sind an einem Berghang unter Palmen um einen großzügigen Pool herum gruppiert. Vom Gelände aus hat man direkten Zugang zum Korallenstrand. Ich saß auf der Terrasse und tippte in meinen Laptop, inzwischen hatte ich einen eigenen. Sergej langweilte sich unter einem Sonnenschirm und schmökerte in einem Groschenroman. Derweil schrieb ich an meinem Reisetagebuch.

Am nächsten Tag wollten wir weiter nach Holland reisen. Heute aber fasste ich für mich die bisherigen Stationen zusammen.

Losgegangen war es in Namibia, dem ersten Land, in das ich nach meiner kurzen Gefangenschaft geführt wurde. Was war mir anderes übrig geblieben, als den Forderungen der Gangster nachzugeben? Nicht nur weitere Rippen wären mir sonst in die Brüche gegangen, daran hatte ich keinen Zweifel.

Wir waren nach Windhoek geflogen und von dort weiter mit einer kleinen Maschine nach Swakopmund an der Westküste. Hier mündet der Fluss Swakop, nachdem er die Wüste Namib durchquert hat.

Dort saß ich im Mermaid, einem Hotel-Casino, eingepfercht zwischen Sergej und Dimitri; Boris stand an der gegenüberliegenden Tischseite. Sie schauten mir genau auf die Finger. Wladimir scharwenzelte im Saal herum, er schien die Augen überall zu haben. Wieso er diesen Ort gewählt hatte, wusste ich nicht. Besser, ich fragte nicht danach.

Ich spielte nicht wirklich gut. Setzte immer wieder auf falsche Zahlen. Wir machten Gewinn, doch nicht besonders viel.

Es war mir klar, dass der Chef mich zur Rede stellen würde.

»Was fällt dir ein – wir wissen genau, dass du besser spielen kannst«, war sein Vorwurf. Und er gab sich richtig Mühe, bedrohlich auszusehen. Aber damit machte er mir keine Angst. Und ich hatte die Absicht, mich so teuer wie möglich zu verkaufen.

»Meinst du, im Stress geht das so leicht?«

»Was für Stress?«

»Du bist gut. Ihr schleppt mich irgendwohin. Von mir aus wäre ich doch nie nach Afrika gefahren. Ihr rückt mir ständig auf die Pelle. Drei Mann glotzen mir auf die Finger. Du schleichst da wie ein Gefängniswärter durch den Saal. Wie soll ich denn da entspannt sein?«

»Empfindliche Seele!«, titulierte er mich. »Kannst doch froh sein, dass du lebst. Da gibt es andere, die sind nicht immer so sanft. Kannst wirklich froh sein, dass du an uns geraten bist. Wir garantieren dir deinen Schutz. Bessren Schutz kannst du nicht kriegen.«

»Nun soll ich wohl noch dankbar sein«, entgegnete ich leicht schnippisch. »Weißt du, ich habe mich im Casino gewundert, dass es überhaupt geklappt hat«, versuchte ich ihm zu erklären.

»Dein Glück«, drohte er. »Hätten dich sonst beseitigen müssen.« Das klang leider sehr aufrichtig. Richtig, was hätten sie denn mit mir anfangen sollen bei Totalverweigerung?

»Unmenschen sind wir aber nicht. Also, was willst du?«, lenkte Wladimir ein.

Nun stellte ich meine Forderungen. Die Bewachung unauffälliger und mehr persönliche Freiheiten. Ich brauchte Ruhe, Zeit zum Lesen, verlangte zwei Stunden ohne Bewacher im Hotelzimmer. Und zwei Stunden Ausgang – notgedrungen mit Bewachung. Vielleicht ab und zu einen Ausflug. Es gibt in der Nähe berühmte Sanddünen mit intensiven Farben, die ich mir gerne angesehen hätte, und etwas weiter weg in der Namib einige der höchsten Dünen der Welt, bis zu dreihundertachtzig Metern Höhe. Prospekte darüber lagen im Hotel.

»Von jedem anderthalb. Und Ausflug keinen.« Das war Wladimirs Beschluss, und damit gab ich mich erst mal zufrieden.

Meine ›Freiheit‹ durfte ich sogleich auskosten. Die Gorillas sperrten mich für neunzig Minuten im Zimmer ein, belästigten mich aber nicht mit ihrer Anwesenheit. In dieser Zeit machte ich mich ein wenig mit dem Land vertraut. In der Hotelbibliothek gab es einen Reiseführer auf Deutsch. Von allein wäre ich nie nach Namibia gereist. Doch wenn ich schon hier war, wollte ich auch etwas von Land und Leuten mitbekommen.

Im Gegenzug sahnte ich im Casino des Kalahari Sands Hotel in Windhoek zu Wladimirs Zufriedenheit ab. Am nächsten Tag besuchte ich die lutherische Christuskirche, die katholische Marienkathedrale, den Südwester Reiter und die Alte Brauerei. Das war gerade zu schaffen in den neunzig Minuten. Die Hinweisschilder waren teilweise noch deutsch, einst war Namibia deutsche Kolonie gewesen. Für den Vernichtungskrieg gegen Herero und Nama hat sich Deutschland nie offiziell entschuldigt. Sechzigtausend Menschen, auch Frauen und Kindern, kostete er das Leben. Das war ein Ereignis, das mich schon im Geschichtsunterricht auf die Palme gebracht hatte – ein Beispiel dieser historischen Ungerechtigkeiten, die ich verabscheute.

Nach meiner Besichtigungstour kam der Abschied aus Afrika, vorerst. Auf dem Flughafen in Windhoek kaufte ich mir Veldskoene. Das sind Schuhe aus Antilopenleder, die ähnlich wie Mokassins aussehen. Sie lachten mich regelrecht an, weil sie so bequem aussahen – und das waren sie auch.

Losgegangen also war es in Namibia, unserem ersten Land. Es folgten Italien, Portugal, Marokko, Südkorea, Russland, Aruba, Japan, Mauretanien und Israel. Hier begann ich mit meinen Aufzeichnungen.

Die Aufzählung der Länder ist wahrscheinlich genauso packend wie die Reiseziele, die ein Angeber auf einer Party bekannt gibt, um Eindruck zu schinden. Man hört kaum hin, lächelt leicht genervt und sucht sich möglichst schnell einen anderen Gesprächspartner.

Ich selbst konnte lange keinen Sinn in diesem Globus-Hopping erkennen. Am wahrscheinlichsten schien mir eine ähnliche Verschleierungstechnik, wie ich sie selbst innerhalb Deutschlands angewandt hatte. Wladimir ließ sich nicht darüber aus, wieso er welches Ziel auswählte. Mir blieb als Gefangener nichts anderes übrig, als gute Miene zum bösen Spiel zu machen.

Bis Holland dachte ich an Zufall. Dort kam mir der erste Verdacht, dass es etwas anderes war, das unsere Route bestimmte. Dieser Verdacht verdichtete sich bald zur Gewissheit. Und der Sinn meiner Souvenirs aus jedem Land, der leuchtete mir noch viel später ein. Wie eben diese Veldskoene, die ich nie trug. Ich hatte sie im Gepäck, dem Gedächtnis aber entschwanden sie schon nach kurzer Zeit.

Unsere zweite Station also war Rom. Wir nächtigten im Barocco, einem kleinen, aber feinen Hotel in der Nähe des Trevi-Brunnens. Das war aber nur der Ausgangspunkt für Touren nach Venedig und Sanremo, denn Italien hat nur vier offizielle Casinos und keines davon in Rom.

Trotzdem nutzte ich hier meine Freizeit und schlenderte vom Kolosseum aus über das Forum Romanum. Nur Sergej war bei mir. Er hatte immer ein Auge für schöne Frauen, war erstaunlicherweise aber auch an den Altertümern interessiert. Unglaublich viele Leute liefen hier herum. Frauen und Männer jeden Alters, jeder Nationalität und aus jeder sozialen Schicht. Sergej konnte sich sowohl an den Frauen als auch an den Ruinen sattsehen.

Wir liefen etwas abseits einen kleinen Trampelpfad entlang. Ich ging vor, während Sergej auf die Inschrift auf einer Säule starrte. Da huschte keine zwei Meter vor mir eine Maus über den Weg und verschwand blitzschnell in ihrem Loch. Die paar Schritte ging ich hin. Die Nachmittagssonne strahlte genau in diese Öffnung, kurz vor einer Biegung sah ich etwas glitzern.

Mit dem Finger kam ich gerade so heran, bugsierte eine Perle heraus und ließ sie in meiner Tasche verschwinden. Es ist strengstens verboten, antike Gegenstände von den Ausgrabungsstätten zu entwenden. Doch nicht einmal Sergej war mein Bücken aufgefallen. Mir wurde ganz warm ums Herz bei der Gewissheit, einen Schatz zu besitzen. In meinen Gedanken tauchte eine verflossene Schönheit auf, die in prächtiger Stola auf dem Weg zum Kolosseum war. *Christen gegen Löwen* wurde dort geboten. Ein Windstoß zerrte an ihrem Schal. Sie schnappte nach dem einen Ende und riss dabei einige Perlen aus ihrem geschmückten Haar. Der Gatte sammelte sie schnell wieder auf – eine aber hatte er übersehen. Und die gehörte jetzt mir.

Im Weitergehen baute sich vor meinem geistigen Auge nicht nur die antike Stadt wieder auf, auch der ganze Lebenslauf der Perlenträgerin entstand als Film in meiner Vorstellung. Wie leicht wurde meine Fantasie durch solche Auslöser zum Schäumen gebracht. ›Träumer‹ hatten mich abwertend Lehrer und Eltern genannt.

Am nächsten Tag flogen wir nach Venedig und bereicherten uns dort in den beiden *Casinos di Venezia*, die Sommer- und Wintercasino genannt werden, obwohl beide ganzjährig geöffnet haben.

Nach zwei Tagen in der Lagunenstadt stand Sanremo an: vom östlichsten zum westlichsten Ende Italiens, fast an der französischen Grenze. Wir flogen bis Genua und fuhren mit dem Zug in die geschützte Region, in der Blumen, Musik und eben das Glücksspiel gedeihen. 1905 wurde die Spielbank im Liberty-Stil erbaut, Mussolini hatte sie zu einem zweiten Monte Carlo hochziehen wollen und alle anderen Casinos schließen lassen. Wie so vieles gelang ihm das jedoch nicht. Wir aber nutzten den altehrwürdigen Glückstempel als Melkkuh.

Meine zwei *Schulstunden*, wie ich sie nannte, nutzte ich zu einem Rundgang durch die Kasbah in der Altstadt, der La Pinga.

Ich ließ mich treiben und nahm meinen Aufpasser kaum noch wahr. Was ich sah, das war ein Gewirr von Sträßchen und Durchgängen, eng und belebt wie im Orient. Meine Augen nahmen den Trubel auf, schickten ihn aber nur teilweise zum Bewusstsein. Ein Teil der Bilder wirkte wie ein Beruhigungsmittel, versetzte mich in einen angenehmen Schwebezustand. Ich nahm das Leben um mich herum wahr, doch auch mein Inneres bahnte sich einen Weg ins Bewusstsein.

Eine Ahnung keimte in mir auf, ein Gefühl, dass ich nicht wirklich ein Gefangener sei. Eher ein *Geführter*. Weiter kam ich zunächst nicht.

»Ede, die Zeit ist um«, schnarrte Dimitri mich an. »War auch lang genug. Und langweilig dazu!« Ich ließ mich ins Hotel bugsieren.

Eins wurde mir bald nach dem Kidnapping klar: Meinen Traum von der Karriere als Tierarzt konnte ich beerdigen. Ob ich überhaupt je nach Magdeburg würde zurückkehren dürfen, war unklar. Wir waren auch in Lissabon gewesen, ziemlich am Anfang unseres Beutezuges. Nach Namibia und Italien war Portugal unser drittes Land. Von dort musste ich mich schriftlich von der Schule abmelden mit der Begründung, wegen meiner Beziehung bliebe ich in Portugal. Aus dem gleichen Grund musste ich bei *Zoo am Bahnhof* kündigen. Und Frau Harder musste ich schreiben, ich bliebe längere Zeit im Ausland, die Wohnung wolle ich aber weiter mieten. Wenn sie nur meine Post sammeln möge.

Lissabon selbst hat kein Casino. Wir mussten dreißig Kilometer westlich nach Estoril fahren, wo 1931 die Spielbank eröffnet worden war. Ein imposanter Bau, den auch Ian Fleming besucht hatte und der in einem James Bond-Film als ›Spiel‹-Ort diente.

Für mich war in diesem Casino alles wie immer. Ich stand am Fuß des Roulettetisches, beobachtete den Croupier und wusste mich durch die Russen beobachtet. Ich beachtete die Signale meiner Kniekehle, setzte und strich ein. Was ich nicht bemerkte, war eine weitere Person, die mich beobachtete. Eine Frau war es, eine Chinesin mit eleganten, dünnen Handschuhen.

Wieso war ich so blind? Es fiel mir nicht auf, dass auch sie sehr hohe Gewinne einstrich, höhere gar als ich. Dass ich selbst ihr gleich aufgefallen war, das erfuhr ich erst viele Monate später.

Stattdessen sinnierte ich über mich selbst nach. So weit war ich schon, mitten im Spiel konnte ich meinen Gedanken nachhängen. Das war wie beim Schuheputzen. Mechanisch führt man die Bewegungen aus, und die Gedanken wandern ihre Wege. *Geführt*, fragte ich mich, war ich nach Estoril geführt – oder dorthin gezwungen worden?

Der Antwort näherte ich mich am nächsten Vormittag, bei meinen *Pausenstunden*. Ich unterschied inzwischen zwischen *Schul-* und *Pausenstunden*. *Schulstunden* waren die neunzig Minuten im Hotel, eingeschlossen in meinem Zimmer, aber ohne Bewachung. Die Ausflüge taufte ich auf den Namen *Pausenstunden*.

Während in mir nur ganz allmählich eine Ahnung aufkeimte, hatte jemand anderes die Ereignisse längst durchschaut.

Es war die Frau aus China.

Und noch einen Unterschied gab es zum Leben vor den Russen. Ich hatte keine Freundin mehr. In meinen Träumen tauchten Rita und Tascha auf – auch in den Tagträumen. Was war das nur mit Tascha? Immer wieder erhielt ich Hinweise, dass sie etwas mit der Bande zu tun hatte. Der deutlichste Beweis war mein Anteil.

Ja, die Russen gaben mir einen Anteil. Ein Sechstel, nach Abzug der Unkosten, erklärte Wladimir. Das mit den Abzügen leuchtete mir ein. Das mit dem Sechstel nicht.

»Wir haben noch einen Mann im Hintergrund«, erläuterte der Chef. Wer das war, das wollte er nicht sagen.

»Ist das vielleicht eine Frau, und heißt die vielleicht Tascha? Oder auch Natascha? Oder Natalja?«, drängte ich.

Wladimir grinste. »Das Mädel ist in Ordnung!«, behauptete er.

Was sollte ich damit anfangen? Seinem Gesicht sah ich an, dass weiteres Bohren zwecklos war.

Ich hasste Tascha. Oder etwa nicht?

Trotz alledem ließ ich es mir nicht nehmen, am nächsten Vormittag durch Lissabon zu spazieren, meiner Pausenstunde zu frönen.

Mit dem Aufzug von der Unterstadt in die Oberstadt. Gleich beim Aussteigen entdeckte ich eine alte, teilweise verfallene Kirche – mit einer Ausstellung von riesengroßen Bildern aus Kriegsgebieten. Städte, die in Schutt und Asche lagen und ein paar Leute, die darin zu überleben suchten. Bilder von Ruinen in einer Ruine. Bilder, die vom Unglück zeugten, das Menschen über Menschen brachten.

Ich merkte, wie meine Probleme beim Betrachten kleiner und immer kleiner wurden.

Dicht neben der Kirche gab es einen Andenkenladen. Purer Kitsch, aber er gefiel mir: der *Galo de Barcelos*. Das ist ein bunter Hahn, den es in allen Größen aus Plastik oder Keramik gibt. Er ist eine Art Nationalheiligtum, um das sich eine Legende rankt.

Vor Jahrhunderten soll ein Bauer zum Tode verurteilt worden sein. Sein letzter Wunsch wurde ihm erfüllt, er wollte nämlich den Richter noch einmal sprechen. Der hatte Mittagspause und verzehrte gerade einen Hahn. Der Bauer sprach, das Tier werde davonfliegen, wenn er unschuldig sei. Als er kurz darauf gehenkt wurde, flatterte es wirklich los. Der Richter rannte zum Galgen und stellte fest, dass das Seil gerissen war. Der Bauer errichtete später eine Gedenkstätte für den heiligen Santiago.

Es gab alles mit diesem Galo, nicht nur Figürchen: Tassen, Teller, Kerzen und Seife in Galoform. Und eine Taschenuhr mit dem Tier aus Email auf dem Deckel. Die sah ich mir genauer an und klappte den Deckel hoch. Ein Kompass, keine Uhr! Ein Kompass gibt Orientierung. Die konnte ich brauchen. Ich nahm ihn mit. Damals konnte ich nicht ahnen, wie wichtig er noch werden würde.

Was ich hier ahnte: Ich wurde tatsächlich geführt. Die Russen führten mich. Sie hatten mich zu den Veldskoenes, der Perle und dem Galo geführt. Das waren einfach schöne Gegenstände. Nichts davon hätte ich dringend gebraucht. Doch alle drei Dinge waren mir sehr nah. Hier konnte ich Nähe zulassen. Diese Dinge waren nicht bedrohlich.

* * *

Was das Sexuelle betrifft, hätte ich mich nicht beklagen müssen, wäre ich nur lockerer gewesen. Für die Russen war das kein Problem. In jeder Stadt suchten sie Bordelle auf. In Marokko, unserem vierten Land, schleppten sie mich mit. Ein wunderschönes orientalisches Etablissement in Tanger mit raffiniert verschleierten Mädchen, die lässig in einem Vorraum herumlungerten. Ihre üppigen Formen schimmerten durch die Seidentücher. Ich suchte mir eine aus und verschwand mit ihr im Separee. Bevor wir hineingingen, gewahrte ich, wie Dimitri sich einen Stuhl schnappte und vor der Tür postierte.

Auf mich musste selbstredend aufgepasst werden. Ich wusste also immer, dass Boris, Sergej oder Dimitri vor der Tür standen. Und dabei sollte es klappen … Es klappte oft nicht! Mochte das Mädel noch so süß sein. Und meine war sehr süß. Doch viel zu jung. Sie legte ihre Ringe ab, bevor sie mich befummelte. Nach kurzer Zeit wehrte ich ab, stützte mich an einem Tischchen hoch, bedankte mich bei ihr und ging. Sie versuchte, mich festzuhalten, ich musste mich regelrecht losreißen. Es konnte sein, dass sie Ärger bekam, wenn sie einen Kunden nicht richtig bediente. Doch von mir würde die Kupplerin ihr Geld bekommen.

Sergej grinste mich an. »Skopa, skopa«, lachte er. »Du mich auch«, entgegnete ich. Später fand ich einen Ring der Kleinen in meiner Jackentasche. Musste mir dort irgendwie hineingerutscht sein. Bestimmt nichts Wertvolles. Ich nahm ihn aber mit als Souvenir.

Meist wollte ich gar nicht mehr mit in diese Liebesnester. Lieber im Hotel in meinen Tieratlanten blättern, die ich immer mitführte. Auch das gab Ärger mit den Aufpassern, denn einer musste ja bei mir bleiben. Sie fanden meine Tierbücher albern, wie Bücher überhaupt. Alle bis auf Wladimir. Der fragte immer wieder mal nach, was ich da lese.

Unser nächstes Land war Südkorea. Südkorea! Ich wäre gar nicht auf die Idee gekommen, dass es hier Spielcasinos gab. Aber die Russen führte ihre Geldgier. Ich war ihr Helfer. Doch wozu würden sie mir hier verhelfen?

In Seoul selbst gibt es das *Paradise Walker Hill Casino* im Sheraton Walker Hill Hotel. Das Fremdenverkehrsbüro preist den Blick zum Hangangfluss an, eine Empfehlung, der aber kaum jemand nachkommt, der hier verkehrt. Am Tag nach der Ankunft fuhren wir nach Incheon, eine Stadt fast so groß wie Berlin, die an die Hauptstadt Seoul mit ihren zehn Millionen Einwohnern angeklebt ist. Dafür konnten wir uns hier gleich nochmals bedienen, im *Paradise Olympos Casino*. Wir blieben zwei weitere Tage im Hotel The Plaza.

In Seoul ermutigte der Chef mich, doch mit der Schule weiterzumachen: Abi im Internet. Fernunterricht. Lange überlegte ich nicht, sondern meldete mich bei der Studiengemeinschaft Darmstadt an. Jetzt war es vorbei mit Langeweile. Die Aufpasser mit ihrem Gemecker konnten mir den Buckel runterrutschen, wenn sie mit mir in der Bude hocken mussten. Und wenn ich alle paar Tage mit ins Bordell ging, dann war mein Testosteronspiegel so angestiegen, dass es auch klappte.

Immer wieder zog ich Vergleiche zu meinem alten Leben. Der Hauptunterschied war, dass ich beherrscht wurde, nicht mehr mein eigener Herr war. In einem goldenen Käfig lebte ich – aber es war ein Käfig. Mag es zu allen Zeiten, in denen Sklaven gehalten wurden, Herrschaften gegeben haben, die anständig waren zu ihren Sklaven – der Sklave fühlte sich als Sklave und strebte nach Freiheit. So war es bei mir. Oder schon nicht mehr?

Vielleicht machte ich mir etwas vor. Doch die Vorstellung, dass ich geführt wurde und nicht gezwungen, die nahm einiges von dem Druck der Gefangenschaft. Es keimte sogar eine gewisse Neugierde in mir auf, wohin denn mein Weg letztlich führen sollte.

Jemand fährt mit verbundenen Augen in einem Wagen. Er spürt den Zustand der Straße, spürt Kurven, Anstieg und Talfahrten, bemerkt den Fahrtwind, schnuppert Wiesen, Wald, Abgase, hört die Geräusche in der Umgebung. Auch ohne zu sehen, nimmt er vieles wahr. Und er weiß, erst wenn er das Ziel erreicht hat, wird ihm die Binde abgenommen.

Dieses Bild beschreibt den Zustand, in dem ich mich damals befand, so fühlte ich mich. Ich hatte eine Ahnung und hoffte auf das Ziel.

In finanzieller Hinsicht konnte ich mich nicht beklagen. Bei unseren Mammut-Abkassierereien war mein Sechstel immer noch mehr als bei meinen eigenen, vorsichtigen Gewinnen.

Geld, Geld, Geld. Alles drehte sich darum. Schon allein die vielen Koseworte machen deutlich, welche Bedeutung es für den Menschen hatte: Asche, Bares, Eier, Heu, Knöpfe, Moneten, Penunzen, Pinke oder Pinke-Pinke, Bims, Flocken, Flöhe, Kies, Knete, Kohle, Kröten, Mäuse, Moos, Piepen, Pulver, Schotter, Steine, Koks, Mammon und sicher noch einige mehr.

Nur die Geschlechtsteile kommen auf eine höhere Zahl an Synonymen. Für die männlichen ein paar Beispiele, die mehr oder weniger hoffähig sind: Penis, Glied, männliches Genitale oder Geschlechtsorgan, Phallus; aber auch Schniepel, Johannes, Jonny, Latte, Lümmel, Nudel, Rohr, Schwanz, Spatz, Zipfel, Gurke, Hammer, Knüppel, Kolben, Nille, Pfeife, Pinsel, Prügel, Riemen, Rüssel, Rute, Zauberstab, Wunderhorn, Schniedel oder Schniedelwutz, auch Pimmel, Piepel, Piephahn, der kleine Mann oder Freund, Dödel, Piller oder Pillermann und schließlich das Gemächt.

Die Namen fürs weibliche Genital will ich hier nicht auch noch ausführen.

Angeblich ist es ja nicht nur die Häufigkeit der Verballhornungen, was Geld und Geschlecht gemeinsam haben. Geld soll den Mann anziehend machen, ihn erotisieren. Meine Russen führten mir augenscheinlich vor, wie leicht sie ihre Gelüste mittels Geld befriedigen konnten. Doch das war ja nicht der einzige Grund, weshalb sie hinter dem Zaster her waren, das war für sie ein angenehmer Nebeneffekt. Eine kleine Entschädigung für ihren ›aufreibenden‹ Job. Nein, es drehte sich um Macht. Macht von Menschen über Menschen. Und je mehr Geld jemand hatte, desto besser konnte er diese Macht ausüben, desto weniger Grenzen wurden diesen Gelüsten gesetzt.

Geld bedeutet Macht. Alle Mächtigen verdanken ihre Macht ihrem Vermögen. Damit können sie sich mit materiellen Gütern eindecken, Paläste bauen, in den schnellsten Wagen herumfahren oder sich fahren lassen, sie haben ihren eigenen Düsenjet, ihre Yacht oder gleich mehrere davon. Sie haben ihre Fabriken, sie haben ihre Angestellten und Arbeiter, die ihren Reichtum mehren und selbst sehr knapp gehalten werden. Als Staatsmänner verfügen sie über Armeen und können über ihre Untertanen bestimmen. Nicht nur Diktatoren, auch unter gewählten Regierungschefs gibt es zahlreiche Verbrecher – seien es Steuerhinterzieher oder Wahlbetrüger. Die Gier ist unermesslich, der Gierige unersättlich. Was wir einheimsten in den Spielhöllen, war nichts gemessen am Bedarf dieser Machtmenschen. Doch wenig war es auch nicht.

Was wir da bekamen, in den Casinos, das waren erst einmal diese Plastikscheibchen, die Jetons, schön bunt, mit dem Logo der Spielbank in der Mitte. Die kaufte Wladimir, meist zahlte er mit Kreditkarte. Dann machten wir – also ich – unsere Gewinne, die Jetons türmten sich. Ausgezahlt bekamen wir Bares, immer in Form von Scheinen. Die schleppte der Chef regelmäßig zu einer Bank und stockte damit sein Konto auf.

Geld, materielles Geld, musste man nicht mehr zwingend haben. Ein Konto und eine Kreditkarte, damit konnte man leben. Weder Scheine noch Münze waren mehr notwendig. Der Geldwert war längst digitalisiert, analoge Zahlungsmittel beinahe schon ein Auslaufmodell. Angefangen aber hatte der Geldverkehr mit den Münzen.

Und so eine Münze fand ich in Seoul. Ich schlenderte am Cheonggyecheon entlang, einem Fluss, der 2005 aufwendig renaturiert worden war, damit man der immensen Luftverschmutzung Herr werde. Nach einer Weile kam ich zum Dongdaemun-Markt, einem bunten Basar am alten Osttor.

Händler boten alles an, Elektrik, Schuhe, Kleidung, Möbel. Ein alter Mann mit einem langen, weißen Bart fiel mir ins Auge, der verkaufte Münzen. Ein wallendes Gewand umhüllte ihn, wie er da saß. Er wirkte gelassen, weich und weise. Es war die Art, wie er seine Schätze feilbot, die mir gefiel. Seine Münzen waren sein Leben, das konnte ich spüren. Ich betrachtete das Angebot. Münzen über Münzen, schön in Samt gebettet. Große, kleine, Gold, Silber, Messing, Kupfer, rund, einige nicht mehr ganz rund, ein paar sogar eckig oder mit einem Loch in der Mitte.

Ich hatte bisher wenig Ahnung davon, aber ein Bild von Onkel Helmuts Münzsammlung kam mir in den Sinn. Lange stand ich da und schaute. Boris wurde schon unruhig, trat von einem Bein aufs andere. Aber er wusste genau: Meine zwei *Pausenstunden*, die hatte er mir zu gönnen. Er musste hinnehmen, was ich tat – ob ich die ganze Zeit auf einem Fleck stehen blieb oder einen Dauerlauf machte.

Schließlich suchte ich mir eine mittelgroße Goldmünze aus. Der Koreaner schaute mir tief in die Augen. Dann sagte er etwas Unverständliches und zupfte mich dabei kurz am Ärmel. Er bückte sich und holte unter seinem Tisch ein Kästchen hervor. Er ließ den Deckel aufspringen, und dann sah ich sie, meineMünze. Sie zog mich magisch an.

Der Preis haute mich allerdings von den Socken. Ich versuchte zu handeln. Der alte Mann blieb stur. Ich holte sogar Boris heran, damit er mich unterstützte. Obwohl der energisch auf den Alten einredete, war nichts zu machen. So viel hatte ich nicht dabei – und selbst als ich das sagte, fiel der Preis nicht.

Gut, gab ich zu verstehen, ich müsste erst ins Hotel zurück, um Geld zu holen. Der Händler riskierte eher, dass ich nicht wiederkäme, als dass er auch nur einen Dollar heruntergegangen wäre.

Wladimir war zunächst erstaunt, dass ich mehr benötigte als das übliche Taschengeld. Er händigte mir die Summe aber aus, ohne mit der Wimper zu zucken.

Der Händler strahlte mich freundlich an, als er mich kommen sah. Ein eigentümliches Lächeln. Nicht überheblich, weil er gewusst hätte, dass ich wiederkäme. Auch nicht nur unverbindlich geschäftstüchtig. Es war eher wohlwollend und gütig. Gesicht und Gestalt machten einen tiefen Eindruck auf mich. Immer wieder einmal tauchte er später in meinen Träumen auf.

Der Mann holte das Kästchen nochmals hervor und öffnete es. Die Münze schimmerte mir im Sonnenlicht entgegen, auch sie strahlte mich an. Ich übergab die fünfundzwanzigtausend US-Dollar. Der Händler packte sie routiniert in seine Schatulle und schüttelte mir die Hand. Sagte noch etwas auf Koreanisch und übergab mir eine Pinzette mit gepolsterten Enden. Er deutete mir durch Gesten an, dass ich die Münze nur mit dieser Pinzette berühren dürfe. Dann packte er seinen Stand zusammen. Ich wollte die Pinzette bezahlen, er wehrte freundlich ab. Sie war im Preis inbegriffen.

Die Marktzeit war noch gar nicht vorüber. Wieso ging der Alte? Erwartete er keinen Kunden mehr? Ich jedenfalls war ab sofort ein Münzensammler.

Fasziniert betrachtete ich *meine* Münze. Silber, nicht mehr ganz rund, der Rand leicht eingedellt und abgegriffen. Das Gesicht eines jungen Mannes auf der einen Seite, eine griechisch gerade Nase, eine Art Helm oder Kopfbedeckung, aus der nach vorne Locken herauslugten. Dahinter eine Doppelreihe federnartiger Verzierungen, erhabener Rand, innen mit einer Reihe Punkte verschönert.

Auf der Rückseite ein Mann mit freiem Oberkörper und straffen Bauchmuskeln, der aufrecht auf einem Hocker sitzt. In der linken Hand hält er einen Stab, auf seiner rechten sitzt ein Vogel. Vor ihm auf dem Boden steht so etwas wie ein umgedrehtes Horn. Am Rand einige griechische Buchstaben.

Später forschte ich nach und erfuhr, dass das eine makedonische Tetradrachme Alexanders des Großen war, siebzehn Gramm. Vorne war der jugendliche Herakles mit Löwenskalp abgebildet, keine Federn. Die Rückseite stellte den thronenden Zeus dar, vor einem Füllhorn. Alexander wurde zwanzigjährig, nach der Ermordung seines Vaters, König von Makedonien. In den folgenden dreizehn Jahren überrannte er Griechenland, den Vorderen Orient, Ägypten, Persien und Teile Indiens, wo er gegen die Bevölkerung äußerst grausam vorging. Noch nicht ganz dreiunddreißig, starb er nach einem Saufgelage. Wenig später zerfiel sein Reich. Alexanders Tollkühnheit aber begeisterte seine Anhänger, auf zahlreichen Abbildungen wurde er dargestellt.

Fotografieren konnte ich nie leiden. Ich wollte die Bilder, die mir wichtig waren, in meinem Gedächtnis speichern. Was ich vergaß, das war eben nicht wichtig, das war es auch nicht wert, auf Papier gesammelt zu werden oder auf einer Festplatte zu dümpeln. Kaum jemand von den Fotofreaks schaute sich je wieder seine Sammlung an.

Aber von meinem Münzhändler hätte ich doch gerne ein Foto gehabt. Zu beeindruckend war diese Erscheinung. Boris murrte, als er mich in meiner Pausenzeit nochmals zum Dongdaemun-Markt begleiten sollte. Und nicht nur das, ich bat ihn um ein Handyfoto des Alten. Widerwillig stimmte er zu, und wir machten uns auf den Weg. Als wir zum Markt kamen, war der alte Koreaner nicht mehr da. Nicht einmal sein Stand war noch zu sehen. Die Händler hatten hier doch alle ihre Stammplätze. Aber dort, wo ich gestern meine Drachme erstanden hatte, da war nicht einmal eine Lücke zwischen den Marktbuden.

Was machten die russischen Kerle mit dem Vermögen, das ich für sie anhäufte? Anfangs hatte ich noch gedacht, es seien gewöhnliche Kriminelle, die sich bereichern wollten. Unser nächstes Land war Russland. *Casino Golden Garden* in St. Petersburg, Vladimirskiy Prospekt. Das einzige Mal, dass wir in einem Hotel-Casino auch nächtigten. Überwiegend Russen scharwenzelten um uns herum, aber längst nicht nur. Auffällig viele redeten mit dem Chef, aber auch mit den drei Orang-Utans. Ab und zu verschwanden sie in wechselnden Grüppchen mal in die eine, mal in die andere Richtung. Bald konnte ich eins und eins zusammenzählen. Das waren alles irgendwie die gleichen Typen. Sie sahen aus wie Geschäftsmänner, trugen möglichst viel Gold – Uhren, Krawattennadeln, Manschettenknöpfe, einige auch Ohrringe. Und alle hatten irgendwie verschlagene Gesichtszüge.

Ja, es war klar: Ich war in den Händen der russischen Mafia. Jetzt wurde mir klar, was ihre Blicke bedeuteten, mit denen sie mich immer wieder einmal streiften. Ich war ein Exot in ihren Geldbeschaffungsstrategien. Und der Chef genoss ihre Anerkennung – so jemanden wie mich unter seine Fuchtel bekommen zu haben.

Die neue Erkenntnis bedeutete für mich keine wesentliche Änderung. Ich wusste nur, mit wem ich es zu tun hatte. Und dass ich es mir erstens um so mehr aus dem Kopf schlagen konnte, von denen in Ruhe gelassen zu werden, und zweitens Fluchtversuche äußerst risikobelastet wären. Aber Angst flößten mir die Erkenntnis trotzdem nicht ein – dank Milva und dem, was ich von ihr gelernt hatte. Diese Haltung kam mir auch bei unserem nächsten Ziel zugute.

Zudem war ich immer noch davon überzeugt, dass ich von Station zu Station geführt wurde. Die Tetradrachme war ein weiterer Hinweis gewesen. Die einzigartige Erscheinung des Münzhändlers, der Erwerb waren ein Erlebnis, ein kleines Abenteuer sogar. Deutlich wurde ich durch dieses Geldstück an Alexander den Großen erinnert. Aus dem Geschichtsunterricht war kaum etwas von ihm übrig geblieben als der Spruch *Drei-drei-drei – bei Issos Keilerei*. Was hatte mich das als Kind denn schon interessiert? Nun aber, durch die Annäherung an die historische Figur des Alexander, über die Beschäftigung mit der Münze, wurde mir eine weitere Wirkung des Geldes bewusst. Nicht nur Erotik strahlte es aus, nein, auch Macht – und damit Gewalt.

Das traf auch für meine Münze zu, die ich in einem St. Petersburger Geschäft entdeckte, eine Zinnmedaille Zar Peters des Großen von 1709. Ein Despot auch er.

Und diese Verbindung zwischen Geld und Macht bekam ich schon auf der nächsten Etappe hautnah zu spüren.

Aruba nämlich war unser Ziel. Der Flug zu dieser Karibikinsel kam mir ewig lang vor. Immer noch war meine Flugangst vorhanden, andeutungsweise, trotz der Vielfliegerei der letzten Zeit. Besonders schlimm war es bei Start und Landung. Ich ließ mir natürlich nichts anmerken, machte mich doch nicht noch mehr zum Gespött der Russen. Doch während des Fluges konnte ich abschalten. Das gleichmäßige Brummen der Düsen und das Pfeifen des Fahrtwindes an den Tragflächen hatten etwas Beruhigendes. Außerdem genoss ich das Blau. Blau ist meine Lieblingsfarbe, und daran konnte ich mich hier sattsehen, beim Blick nach unten das tiefe Blau des Meeres, beim Blick nach oben das kristalline Azur des Himmels.

Dieses Aruba ist eine winzige Insel, grade mal doppelt so groß wie Sylt. Und trotzdem ein Juwel in der Casinowelt. Zehn Spielhöllen gibt es hier, alle in Oranjestad, konzentriert am West- und am Nordstrand. Die Insel liegt zwar nur fünfundzwanzig Kilometer nördlich von Venezuela, gehört aber zu den Niederlanden.

Deshalb hörten wir in der Stadt viel Holländisch, aber in den Casinos alle Sprachen der Welt.

Wir sahnten im *Excelsior Casino* ab. Nachdem Wladimir genug hatte, bat ich um einen Strandspaziergang – ich musste einfach mal raus. Der Chef genehmigte es. Dimitri wurde mir als Aufpasser zugeteilt.

Es waren nur ein paar Schritte bis zum Strand. Sternklare Nacht. Leider zu viel Licht von den Straßen her. Trotzdem konnte ich die Milchstraße sehen. Wir gingen ein Stück Richtung Bubali Bird Sanctuary, eines Vogelschutzgebiets in der Nähe. Dort ließ sich der Himmel sicher besser beobachten. Wir mussten noch ein Stückchen den Strand entlang nach Süden, dann über einen Hügel gehen. Dahinter sollte das Gebiet liegen. Ich war Dimitri stets ein paar Schritte voraus.

Im Gehen träumte ich ein bisschen vor mich hin – und lag plötzlich mit der Nase im Sand. Jemand hatte mich kräftig von hinten geschubst. Wie der Idiot damals in Wiesbaden. Ich rappelte mich hoch, und ein Kerl stand vor mir, seine Pistole auf mich gerichtet. Schrie herum, auf Spanisch oder Portugiesisch. Ich reagierte nicht gleich. Er versuchte es auf Niederländisch. Ich konnte erst mal nichts sagen. Blitzschnell trat er auf mich zu, packte mich am Kragen, zog mich hoch und donnerte mir mit einer riesigen Pranke aufs Kinn. Kaum zu glauben, dass er es schaffte, mich hochzuzerren trotz seiner Knarre in der Hand.

Ich wusste natürlich, was er wollte, ging wieder zu Boden und stöhnte nur: »Kein Geld, no money!«

Die Folge war ein Tritt in die Rippen. Mein Gott, wie oft in meinem Leben sollten die mir denn noch gebrochen werden?

Der Kerl schrie wieder herum und setzte zum nächsten Tritt an. Plötzlich stürzte er quer über mich und lag ebenfalls mit seiner Nase im Sand. Dimitri hatte ihm den Fuß, mit dem er ausholte, einfach bis in Brusthöhe hochgezogen. Dann sprang er dem Typen auf das Handgelenk, dass es krachte, dann ins Gesicht und nahm ihm die Pistole ab. Noch ein Tritt ins Gesicht.

Der Kerl erschlaffte, sank in sich zusammen. Dimitri drehte ihn herum, durchsuchte seine Taschen, fand etwas Munition, eine Brieftasche, ein Klappmesser und Autoschlüssel.

Nicht gerade angenehm, diesen Kampf mit anzusehen. Aber Dimitri hatte mich gerettet. Der Mann, der mit seinen Händen süße Bandoneon-Melodien spielen konnte.

»Spasibo«, sagte ich.

»Pachalsta«, antwortete Dimitri. Wir gingen. Skrupel hatte ich doch, den Mann dort einfach liegen zu lassen. Im Umdrehen sah ich aber, dass er begann, sich aufzurappeln. Durch die Drehung schmerzte meine Rippe. *Geschieht ihm recht*, dachte ich.

Dimitri ging mit mir zurück zum Hotelcasino. Auf dem Weg dorthin drückte er immer wieder auf den elektronischen Autoschlüssel.Auf dem Parkplatz ging er ein paarmal hin und her, auch um das Hotel herum, und plötzlich leuchteten Rücklichter auf. Dimitri öffnete die Tür, setzte sich hinein und befahl mir auch einzusteigen. Trotz meiner bescheidenen Kenntnisse in der Automobilbrnche meinte ich, einen Ford Mondeo erkannt zu haben.

»Gehen gut oder sollen Hospital?«, fragte er. Er sprach längst nicht so gut Deutsch wie der Chef.

»Ist okay«, antwortete ich.

Dimitri fuhr los. Nach ein paar Kilometern blieb er in einer kleinen Straße stehen und durchsuchte Handschuhfach und Kofferraum.Er fand mehr Munition und Kleinigkeiten, die ihm mitnehmenswert schienen. Dann zerstach er mit dem Klappmesser des Übeltäters alle vier Reifen und das Ersatzrad. Wir gingen zur Hauptstraße und hörten noch eine Weile das Zischen der entweichenden Luft. Den Schlüssel warf der Russe in eine Mülltonne. Gründlich war er! Diese Lektion würde der Bandido nicht so schnell vergessen.

In Wladimirs Zimmer berichtete Dimitri von dem Abenteuer. Die darauf folgende Debatte war zeitweise hitzig und mit viel Gefuchtel. Ich meinte mitzubekommen, dass der Chef Dimitri vorwarf, mir nicht dicht genug auf den Fersen geblieben zu sein.

Beim Anblick der Pistole wurde er friedlicher.

»Zieh mal dein Hemd aus«, befahl mir Wladimir schließlich. Ein schöner, großer blauer Fleck auf meiner rechten Seite kam zum Vorschein.

»Schlimm?«, fragte der Chef, und es klang so etwas wie Mitleid an.

»Geht schon«, beschwichtigte ich.

Nur als Wladimir abtasten wollte, wich ich ihm doch aus. Bevor Dimitri mit mir in unser Zimmer ging, steckte der Chef mir ein paar Aspirin zu.

Am nächsten Mittag stand meine ›Ausführung‹ in die Stadt auf dem Programm. Immer wieder schaute ich mich um, ob der Typ vom Strand wieder auftauchte. Und ich war zum ersten Mal richtig froh, dass Dimitri in meiner Nähe war.

Man kam sich wirklich vor wie in Holland. Ein größeres rosa Gebäude hatte eine verschnörkelte Fassade mit halbrunden Balkonen auf der einen Seite und einer Reihe großer und kleinerer Rundbögen. Die Säulen dazwischen und die Verzierungen waren weiß abgesetzt. Verkitschter Zuckerbäckerstil. In diesem Haus gab es etliche kleine Geschäfte, ich fand auch eine Münzhandlung. Dort erstand ich eine gut erhaltene griechische Goldmünze aus dem dritten Jahrhundert vor Christus, zwanzig Millimeter, 8,3 Gramm, siebentausend Aruba-Florin, fast dreitausend Euro. Auf der Vorderseite war ein Porträt des Diodotos I., die Rückseite zeigte Zeus, der einen Blitz schleudert.

* * *

Ein anderer Kontinent. Das riesige China. Hier gab es eine Frau Liáng Lan. Ständig quälte sie eine juckende Stelle, an der sie nicht so ohne Weiteres kratzen konnte, eine Plage. Die Zehen waren es, am Anfang. Auch Frau Liáng hatte gesalbt, gecremt, verbunden, gewaschen und geföhnt. Schließlich hatte sie entnervt Ärzte aufgesucht, Spezialisten wie auch chinesische Heiler mit ihrer traditionellen Medizin.

Alle Versuche blieben erfolglos. Stattdessen ging das Jucken auch über auf die Finger. Die Knöchel juckten auf der Rückseite, und auch zwischen den Fingern juckte es. Die Haut wurde derb, spröde, riss schnell ein, wurde dick, uneben und unansehnlich. Ihre schönen, schlanken Hände! Frau Liáng trug fast nur noch bunte Seidenhandschuhe.

Wenn sie nicht aufpasste, drückten sich manchmal blutige Stellen durch. Deshalb hatte der Stoff immer ein Muster, das auch Rot enthielt.

Am anderen Ende der Welt gab es also diese Leidensgenossin, von der ich nichts wusste.

Der Zusammenhang mit den Zahlen wurde Lan klar, als sie beim Roulette zusah. Sie stammte aus Shanghai. Dort war, wie überall in China, Glücksspiel verboten, es gab aber illegale Casinos. Sie hatte einen Vorgesetzten, Fang Yǒng, der damit angeben wollte, dass er zu den Kreisen gehörte, die dort verkehrten. Das benötigte Kleingeld hatte er. Vielleicht gehörte es zu seiner Strategie, Frauen auf diese Art von sich zu begeistern.

Bereits bei diesem ersten Besuch bemerkte Frau Liáng, dass ihre Füße besonders stark juckten, und zwar an den verschiedensten Stellen. Kurz darauf bemerkte sie es auch an den Händen.

Es war beinahe zum Verrücktwerden. Es setzte sofort ein, wenn die Kugel rollte, und hörte auf, wenn sie auf eine Zahl purzelte. Die Chinesin kam schnell darauf, dass es einen Zusammenhang mit den Ergebnissen gab. Statt sich weiter zu ärgern, achtete sie auf Coup und juckende Stelle. Nach zwei Stunden begann sie, selbst zu setzen. Meist gewann sie.

An dem Tag hatte sie noch einige Ausfälle, bei den nächsten Casinobesuchen schon nicht mehr. Zehen und Finger teilten ihr zuverlässig die kommende Zahl mit.

Der Chef war begeistert. Alles Förmliche fiel zwischen den beiden, sie verstanden sich bald auch außerhalb der Spielhöllen.

Dort aber nannte er Lan seine ›Glücksfee‹.

* * *

Unser achtes Land war eine grandiose Pleite für Wladimir. Von der Industrienation Japan hatte sich der Russe wohl mehr erhofft. Wir quartierten uns im Park Hyatt in Tokio ein, und es geschah erst einmal gar nichts. Meine Freizeit wurde verlängert. Angezogen vom größten Fischmarkt der Welt, dem Tsukiji-Markt, auf dem Thunfisch mit dem Beil zerlegt wurde, schaute ich mich auch in der nahen Prachtmeile Ginza-dōri um. Dort gab es alles, purer Luxus. Am Wochenende war sie für Autos gesperrt, ein Fußgängerparadies. Beeindruckend war das San'ai-Gebäude, ein riesiger Zylinder, durch seine bunte Leuchtreklame.

In einer Seitenstraße fand ich eine Münzhandlung und entdeckte *mein* neues Geldstück, eine Zehn-Yen-Münze aus dem Jahr 1941. Auf dem Avers, das ist die Vorderseite, steht die Zahl 10 in arabischen Ziffern, darunter das Kürzel des Tennos Hirohito und die Jahreszahl der Shōwa-Zeitrechnung. Der Revers zeigt den Byōdō-in, einen über tausend Jahre alten Tempel aus der Stadt Uji, darüber die Zeichen für Wurzel und Sonne in der Bedeutung ›Sonnenwurzel‹ oder ›Land der aufgehenden Sonne‹, Japan nämlich. Daneben noch das Zeichen für Land. Unten steht das Nominal in japanischen Zeichen. Das Münznominal gibt Grundwert und Namen einer Währung an, zum Beispiel das Ein-Euro-Stück bei uns, hier also Yen und das Kreuz davor für die Zehn.

Eher selten fand ich bei meinen Käufen eine Münze von dem Land, in dem wir uns gerade aufhielten. Hier in Tokio war es so. Ich machte mir meine Gedanken, ob ein System dahintersteckte. Immer wieder grübelte ich in ruhigen Minuten nach, tappte aber im Dunkeln.

Kaiser Hirohito regierte von 1926 bis 1989. Das war die Shōwa-Zeit, die *Ära des erleuchteten Friedens*. Die Regierungszeit des Tennos begann allerdings keineswegs friedlich. Der Kaiser versuchte, China zu erobern und zu kolonialisieren. Die Japaner gingen äußerst grausam vor, bekamen Ärger mit Europäern und Amerikanern und provozierten Handelsboykotts und weitere Maßnahmen. Als Antwort bombardierten sie die amerikanische Flotte in Pearl Harbor auf Hawaii. Das war am 7. Dezember 1941. Und genau aus diesem Jahr stammte meine Münze.

Genug der Geschichte, mag sie noch so interessant sein. Einen weiteren Tag in Tokio bekamen wir frei. Ich besuchte, mit Sergej an der Seite, den Skytree, einen Turm von sechshundertvierunddreißig Metern Höhe. Öldämpfer im Mittelbereich sollen verhindern, dass er bei einem Erdbeben zusammenbricht. Die Aussicht vom Tembodeck in dreihundertfünfzig Metern Höhe war grandios.

Diese Japaner! Die sechshundertvierunddreißig Meter symbolisieren den Namen *Musashi*, das ist die Region, in der Tokio liegt. Den Schulkindern wird es leicht gemacht, die Höhe aufzusagen: *Muttsu* für die Sechs, *San* für die Drei und *Shi* für die Vier.

Den Tag füllten wir weiterhin mit der Besichtigung des Meiji-Schreins und des Sensō-ji-Tempels.

Erst am dritten Tag machten wir uns auf zu unserem Raubzug. Irgendwie war aber alles anders. Keine leuchtende Fassade mit glitzernden Hinweisen auf ein Casino. Nein, wir betraten einen Wolkenkratzer im Stadtteil Marunouchi, dem Geschäftszentrum nahe dem Kaiserpalast. Wladimir sprach mit der freundlichen Dame an der Anmeldung. Nach einigen Minuten holte uns ein Mann ab, der weniger freundlich aussah. Wir fuhren mit dem Aufzug in eines der Kellergeschosse und liefen durch diverse Gänge. Vor einer Stahltür standen zwei Kontrolleure und führten erst einmal eine Leibesvisitation bei uns durch. Dann öffnete sich die Pforte, und endlich stand da unser Roulettetisch inmitten eines niedrigen Saales.

Nichts war festlich hier, alles wirkte eher improvisiert. Gestreng blickende Herren, allerdings in feinstem Zwirn, saßen am Tableau. Damen, die Zierden aller Casinos, fehlten.

Wir starteten unseren Siegeszug. Als ich bei zehn Millionen Yen angelangt war – umgerechnet etwa fünfundsiebzigtausend Euro – setzte sich ein Sumoringer zu mir. Er beanspruchte den Platz von drei Sitzen. Bei fünfzehn Millionen kam ein zweiter schwergewichtiger Kämpfer hinzu, und bei zwanzig Millionen war ich umringt von mehreren dieser Monstren. Auch Wladimir und die Seinen hatten kräftige Nebenmänner bei sich stehen. Ich merkte, wie der Chef unruhig wurde.

»You better go now«, raunte mir schließlich eine erstaunlich helle Stimme ins Ohr. Ich blickte fragend zu Wladimir. Er nickte mir zu.

Ich erhob mich, sammelte meine Jetons ein und ging zum Ausgang. Zwei der mächtigen Körper blieben mir zur Seite. Déjà-vu, wie bei meinem ersten Verhör durch die Russen. Nur brachten diese Männer hier einige Zentner mehr auf die Beine.

Meine Bewacher folgten, mehrere der Kolosse wollten sie abdrängen. Wladimir blieb mir hartnäckig dicht auf den Fersen.

Die Herren am Tisch folgten uns gebannt, aber nur mit den Augen, sonst hätte es vielleicht hier schon ein Handgemenge gegeben.

Erstaunlich flink führten die Japaner, fünf waren es insgesamt, uns durch die Flure, wollten mich in einen Nebenraum schieben und dabei Wladimir zurückhalten. Kaum zu glauben, aber er hieb dem Schwergewicht mit aller Macht ins Gesicht. ›Ein Tropfen auf den heißen Stein‹, schoss es mir durch den Kopf. Was wollte er gegen dieses Ungetüm schon ausrichten? Doch kurz darauf knallte es, eine Neonröhre zerbarst.

Boris hielt eine rauchende Pistole in der Hand und richtete sie auf meinen Begleiter. Die Japaner waren einen Moment starr vor Schreck, Wladimir packte mich am Handgelenk und zerrte mich den Gang entlang. Wir eilten voran, Boris hielt mit seiner Pistole die Dicken in Schach. Endlich eine Tür, durch die wir schlüpfen konnten. Im Gang dahinter standen einige Stahlschränke, die schoben wir vor die Tür. Wir hatten eine kleine Verschnaufpause. Wladimir bugsierte uns zum nächsten Fahrstuhl. Entkommen!

So etwas musste ich wirklich nicht jeden Tag haben. Jetzt hatte ich die Taschen voller Jetons, mit denen nichts anzufangen war. Glücksspiel ist verboten in Japan, außer bestimmte Lotterien und Sportwetten. Der Chef hatte schlecht recherchiert. Deshalb hatte die Suche nach einem illegalen Casino auch so lange gedauert.

Verblüfft war ich nur, wie gut Wladimir sich in dem unbekannten Gebäude hatte orientieren können und wie diese Typen es geschafft hatten, selbst bei einer Durchsuchung eine Waffe zu verbergen.

Auf dem Weg ins Hotel wurde mir klar, was mir vorgeführt wurde: wieder einmal der Zusammenhang zwischen Geld und Gewalt. Und das zweimal so kurz hintereinander.

In Gambia gab es nur zwei Hotelcasinos mit Roulette, American Roulette, genauer gesagt: das *Dunes Resort* und der *Kololi Casino Complex*. Gambling in Gambia. Klar sahnten wir auch hier ab. Die Ausbeute war aber entscheidend geringer als in anderen Ländern – Japan ausgenommen. Ich fragte mich wieder einmal, was Wladimir veranlasste, hierher zu kommen.

Der Hauptunterschied zum französischen Roulette ist, dass beim amerikanischen zwei Nullen vorhanden sind. Die Bank ist dadurch weiter im Vorteil, allerdings nicht bei mir! Beim ›echten‹ American Roulette gibt es die einfachen Chancen nicht. Das wäre für uns vollkommen sinnlos gewesen. Aber meist versteht man darunter eher einen Spieltisch mit englischen Bezeichnungen, also *Even/Odd* statt *Pair/Impair* und *1 to 18/19 to 36* statt *Manque/Passe.*

Kololi Casino Complex – benannt nach dem berühmten Kololi Beach. Das erinnert an Kolon, den Dickdarm! Das ist die lateinische Bezeichnung für diesen Darmabschnitt. Colon eigentlich, mit C statt mit K. Keine Ahnung, woher der Name Kololi stammt. Er erinnerte mich aber an meine Fähigkeiten, an die Polarität Vorderteil-Verstand-Aufnehmen-Arme und Hinterteil-Gefühl-Ausscheiden-Bein. Kurz grübelte ich, wie es mir heute ginge ohne diese Gabe. Ich wäre Tierverkäufer bei *Zoo am Bahnhof*, Vollzeit. Gleichförmiges, unaufgeregtes Leben. Ein Leben lang. Mein Leben lang.

Nein, dann doch lieber dieses Leben hier. Auch wenn es viel Einschränkung bedeutete, brachte es doch viel Abwechslung. Und in der Tiefe meiner Seele war ich mir sicher, der Zwang würde nicht ewig bleiben. Das Studium der Veterinärmedizin war ein stolzes Ziel. Ich kann nicht erklären, wieso, aber ich ahnte hier längst, dass unsere Reisen ebenfalls eine abschließende Bestimmung haben mussten. Geld, Gewalt und Macht kristallisierten sich für mich allmählich als Schlüsselworte heraus.

* * *

Lange blieb Liáng Lan nicht die Glücksbringerin ihres Bekannten Fang Yǒng. Ihr ging es ähnlich wie mir. Bereits drei Wochen nach Beginn ihrer Spielerkarriere wurde sie von Sicherheitsbeamten abgeholt. Ein bekannter Politiker hatte sie beim Gewinnen beobachtet und war auf die Idee gekommen, ein solches Talent könne man vielleicht gewinnbringend für Staatszwecke einsetzen.

Liáng kam in eine Art Haft. Im Unterschied zu mir blieb ihr die Folter am Anfang erspart. Sie sollte ihr Geheimnis offenbaren, sprach aber nur von Intuition. Sie wurde an Geräte angeschlossen, geröntgt, Computer-, Kernspin- und Positronen-Emissions-Tomogramme wurden dutzendweise durchgeführt.

Unter staatlicher Aufsicht musste sie im Ausland Gewinne einfahren. Auch das erinnerte mich an meinen Werdegang. Es kam ihr zugute, dass sie sprachgewandt war. Ihre Lieblingssprache war Deutsch. Sie hatte in ihrem Zivilberuf als Übersetzerin für die Shanghai Automotive Industry Corporation gearbeitet.

So hatte Lan mich schon in Marokko entdeckt. Wie ich hatte sie seit geraumer Zeit nach einem Menschen mit ähnlichen Fähigkeiten Ausschau gehalten. Es hatte sich dort aber keine Gelegenheit ergeben, mich anzusprechen – und ich war blind genug gewesen, sie nicht wahrzunehmen.

Frau Liáng wurde von den Wissenschaftlern auf mögliche weitere Fähigkeiten hin untersucht. Sie sollte Prognosen zu politischen Ereignissen machen – das klappte nicht. Trotzdem hatte sie eine weitere Fähigkeit entdeckt. Auch außerhalb des Casinos gaben Finger und Zehen ihr Warnungen oder Hinweise.

Das fand sie heraus, weil bei bestimmten juckenden Stellen wiederholt ähnliche Ereignisse auftraten. Liáng Lan entschlüsselte die Symbole und legte sich eine Liste dieser Warnungen an. Sie schrieb sie nicht auf, weil ihre *Betreuer*, wie sie sich nannten, sie sonst hätten finden können.

* * *

Für mich war der kurze Aufenthalt in Gambia ein Highlight – vor allem wegen unserer Tour nach Mauretanien. Nicht dass ich etwas gegen den schönen gambischen Strand gehabt hätte, aber mich gelüstete plötzlich nach viel mehr Sand.

»Lass uns doch mal einen Abstecher nach Mauretanien machen«, schlug ich Wladimir vor.

»Wieso 'n das?« Das klang abweisend.

»Ich wollte immer schon mal in die Sahara.«

»Wieso 'n das?« Es klang immer noch nicht viel freundlicher.

»Weil sie doch absolut faszinierend ist.«

»Können wir machen«, willigte der Chef überraschend ein und grinste. »Wenn das deiner Seele guttut.«

Wir flogen von Banjul nach Nouakchott. Und von dort fast direkt weiter nach Tidjikja, einem Zwanzigtausend-Seelen-Ort mitten in der Wüste. Wir hatten Glück, denn es gibt keinen festen Flugplan. Der Pilot fliegt, wenn sich ein paar Kunden angemeldet haben. Mit uns vieren und drei arabischen Passagieren hatte er seine Acht-Personen-Maschine voll, eine Super King Air 200 aus den Achtzigerjahren.

Der Chef nahm gleich Kontakt mit den Arabern auf. Er erfuhr, wo man für zwei Nächte unterkommen könne und wer Fahrten in die Sahara durchführte. Der nette Mitreisende führte uns zur Familie Abdallahi, das Familienoberhaupt Mokhtar hatte einen Toyota Stout, einen Pickup aus den Sechzigern.

Wir gingen durch ein paar Straßen. Nirgends Asphalt. Anfangs kleine Läden, dann eine Wohnstraße. Hier sah man nur schmucklose, hellbraune, lehmverputzte Wände, keine Fenster, nur Eingangstüren.

Der Mitpassagier kannte die Familie, wurde wie ein Mitglied begrüßt. Nach kurzem Palaver wurden wir freundlich, nahezu herzlich empfangen – fast so, als gehörten wir mit in den Clan. Jedenfalls wurden wir überschüttet mit Gastfreundschaft. Zuerst gab es einen frisch gebrühten Pfefferminztee im Innenhof, der mit einer hohen Mauer umgeben war.

Wir bekamen die Zimmer gezeigt, dann hatten wir etwas Zeit und bummelten durch den Ort.

Am nächsten Tag machten wir unsere Wüstentour. Mokhtar kannte sich hervorragend aus und führte uns durch steinige Täler, an gelbbraunen Felsen vorbei und über riesige Dünen. Daraus ragten immer wieder einmal Büsche oder Bäume hervor.

Insgesamt kam man sich aber eher vor wie auf dem Mars. Wir besichtigten sogar eine Höhle mit Felsmalereien und trafen eine kleine Karawane, bestehend aus fünf Kamelen und ihren Reitern. Sie zogen zur *Auberge des Caravanes*.

Auch wir begaben uns zu dieser Oase mit einem Bächlein, das immerhin ein natürliches Becken füllte. Obwohl das Wasser hellbraun und ziemlich warm war, konnte man sich darin säubern und erfrischen.

Diese Nacht verbrachten wir in der Herberge. Es war wie in Tausendundeiner Nacht, auch die Russen schienen den Abstecher zu genießen. Ich vermute, auch diese hartgesottenen Kerle hatte nach dem Abenteuer in Tokio etwas Erholungsbedarf.

Herbergsvater Ibrahim versuchte, uns Andenken zu verkaufen. Nun ja, das war sein Geschäft. Freundlich und bestimmt lehnten wir seine Schätze ab: Uhren, Schmuck, Messer und kleine Teppiche. Bis er mir eine Goldmünze von Ludwig XIV. aus dem Jahr 1690 zeigte. Auf dem Avers war das Profil des Sonnenkönigs, auf dem Revers sein Wappen.

Viertausend Dollar wollte Ibrahim dafür haben, eine Summe, die auch Wladimir nicht bei sich hatte. Er merkte aber, wie wichtig mir diese Münze war, und begann, lange mit dem Herbergsvater und Mokhtar zu verhandeln. Und das mit viel Geschick.

Ibrahim händigte Mokhtar die Münze aus und erhielt den Führerschein unseres Fahrers als Pfand. Wladimir versicherte, dass er in Nouakchott Geld abheben könne. Mokhtar sollte mir dann das Goldstück übergeben, Ibrahim auszahlen und sich den Führerschein zurückgeben lassen.

Letztlich klappte das alles. Mokhtar musste uns von Tidjikja nach Nouakchott begleiten, der Chef organisierte in einer Bank das Geld. Die Münze kam mich für Mokhtars Dienstleistung nochmals zweihundertfünfzig Dollar teurer, aber die waren es mir wert.

Der Roi Soleil, ein Machtmensch war er gewesen. Und ich hielt hier eine seiner Münzen in der Hand!

* * *

Nun, all das war vor Israel, unserer zehnten Station, passiert. Jetzt waren wir in den Niederlanden. Die Beutezüge im Holland Casino und im Jack's Casino in Rotterdam waren wieder erfolgreich, wie sollten sie es auch nicht sein. Ich hatte meine eineinhalb Schulstunden im Hotelzimmer ohne Bewachung. Wie gerne hätte ich telefoniert. Ja, ich hätte mit Tascha telefoniert. Hätte sie zur Rede gestellt. Und innerlich gehofft, dass sie mir beweisen könnte, dass sie mit diesen ihren Landsleuten nichts zu tun hätte.

0049 würde ich vorwählen nach Deutschland. Was müsste denn Tascha nach Holland vorwählen? Meinen Laptop hatte ich aufgeklappt, wollte mich ja gleich wieder an den Fernunterricht begeben. Ich musste eine E-Mail mit einer Matheklausur abschicken, Integralrechnen. Aufgabe: ›Ein Auto ist hundert Kilometer vom Ziel entfernt. Es fährt mit 100 km/h. Wann kommt es an, wenn die Geschwindigkeit sich verringert? Der Wagen fährt immer genau mit der Geschwindigkeit, die der Navi noch bis zum Ziel anzeigt – bei 99 km Abstand sind es 99 km/h usw.‹

Blöde Aufgabe. Das kommt doch nie an, oder? Aber die Frage ging noch weiter: Berechnen Sie, wann der Wagen 1 km und 1 m vor dem Ziel ist.

Bevor ich konkrete Überlegungen zur Lösung anstellte, googelte ich schnell die Ländervorwahl der Niederlande: 0031 bzw. +31.

Witzig. Die 31 gibt es auch beim Roulette, es ist die 26. Zahl von der Null aus. Oder es sind, im Uhrzeigersinn, noch elf Ziffern bis zur Null. War Holland nicht das elfte Land auf unserer Reise? Ich schaute wie beiläufig in meinen Notizen nach. Denn ich hatte in Israel begonnen, mir aufzuschreiben, wann wir in welchem Land waren, in welcher Stadt wir welches Casino aufgesucht und in welchem Hotel wir logiert hatten.

Ohne die Aufzeichnungen wäre dieses Buch nie zustande gekommen, jedenfalls nicht in dieser Ausführlichkeit. Vielleicht wirkt so nicht alles wie aus einem Guss, dafür aber unmittelbarer. Und dennoch, Frau Gohr, die Deutschlehrerin, hätte das kritisiert.

Ja, Holland war unser elftes Land. Wir kamen aus Israel, das war Nummer zehn. Israel hat die Ländervorwahl +972, fängt also mit

Neun an. Das war schon ein komischer Zufall: Die zehnte Ziffer vor der Null ist die Neun.

Wie um mir zu bestätigen, dass das wirklich nur ein Zufall sein konnte, sah ich die Kennung für Gambia nach: +220. Die neunte Ziffer auf dem Roulette-Blatt vor der Null ist die 22.

Hm.

Noch ein Vergleich. Achte Ziffer: 18. Unser Land: Japan. Vorwahl: +81. Keine 18, aber immerhin die Umkehrung.

Ich fertigte eine Tabelle der sieben Länder davor an, unserer ersten Ziele:

Nr.	Roulette-Ziffer	Land	Vorwahl
1	26	Namibia	+264
2	3	Italien	+39
3	35	Portugal	+351
4	12	Marokko	+212
5	28	Südkorea	+82
6	7	Russland	+7
7	29	Aruba	+297

Eine Ahnung beschlich mich. Ich vervollständigte die Liste bis Holland:

Nr.	Roulette-Ziffer	Land	Vorwahl
8	18	Japan	+81
9	22	Gambia	+220
10	9	Israel	+972
11	31	Holland	+31

Ich wollte meinen Augen nicht recht trauen. Die Vorwahlen all der besuchten Länder hatten etwas mit den Rouletteziffern zu tun, von der Null ausgehend gegen den Uhrzeigersinn. Bei Russland und Holland entsprachen sie genau der Ziffer, bei Japan und Korea waren sie die Umkehrung. Marokko war etwas komplizierter, hier musste ich die ersten beiden Ziffern umdrehen, oder aber die letzten beiden galten. Dann kam ich jeweils auf die Zwölf. Bei den übrigen Ländern waren es die ersten Ziffern der Vorwahl.

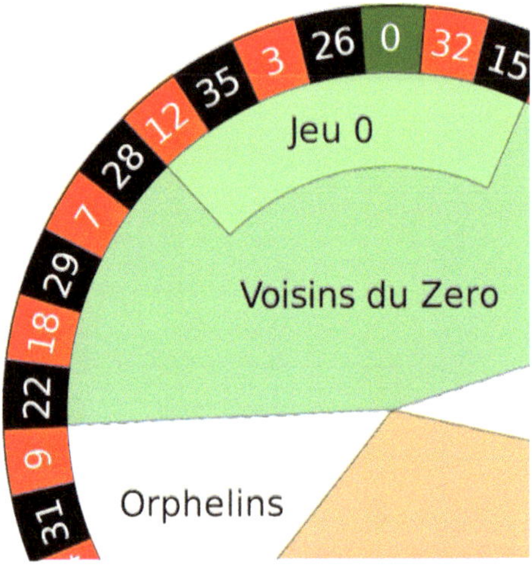

Ich war geplättet. Aus dem Pauken für die Klausur wurde heute nichts. Was hatte denn das zu bedeuten? Wählte Wladimir unsere Ziele etwa nach den Länderkennungen aus? Wenn ja – warum? Wenn nein, was war das für eine treibende Kraft, die uns zu diesen Zielen führte?

Sollte ich den Chef ganz naiv darauf ansprechen? Den Gedanken verwarf ich so schnell, wie er gekommen war.

Oder war doch alles nur ein *dummer* Zufall?

Was aber war mit Gambia und Mauretanien? Wir waren doch in beiden Ländern hintereinander. Wenn ich Mauretanien mitzählte, dann wäre Holland unser zwölftes Land, nicht das elfte.

Die Vorwahl von Mauretanien hätte auch gut gepasst: +222. Aber dort waren wir ja in keinem Casino. Wieso hatte der Chef die Gelegenheit nicht ergriffen? Ich konnte mir kaum vorstellen, dass es in Nouakchott keine Spielbank geben sollte. Google hilft in solchen Fällen. Ich fand heraus, dass in diesem islamischen Land das Glücksspiel verboten ist.

Vielleicht zählten wirklich nur die Länder, in denen wir spielten.

Ich beschloss zu warten. Ich konnte die Systematik ja an den nächsten Zielen überprüfen. Die nächste Ziffer vor der 31 war die 14.

Am Abend teilte Wladimir uns mit, dass es als Nächstes in die Schweiz gehe. Die Schweiz hat die Vorwahl 41.

Ich schlief nicht gut in dieser Nacht.

Wilde Träume tobten in mir, sobald ich wegdämmerte. Immer wieder schreckte ich hoch. Das Gefühl ungekannter Ahnungen machte sich in mir breit und bekam durch die Dunkelheit und Stille der Nacht etwas Surreales. Ich sah mich hin und her hüpfen, von Casino zu Casino, von Stadt zu Stadt und von Land zu Land. Neue Spielhöllen tauchten auf, unbekannte Landschaften.

Die Russen trieben mich an zu weiteren Gewinnen. Sie waren hinter Geld her, das war eindeutig und banal. Teuflisches Grinsen machte sich auf Wladimirs Gesicht breit, wenn er die Jeton-Haufen einwechselte. Ich war das Werkzeug der Russen, ihr ewiger Trumpf, ihre gezinkte Karte.

Dann erschien mir ein Szenario der Augsburger Puppenkiste. Der Vorhang wurde gehoben, und wer kam zappelnd hinter der Kulisse hervor? Ich selbst war es, ich als Marionette. Doch Wladimir, Boris, Sergej und Dimitri folgten mir auf den Fersen. Sie dirigierten mich auf ein imposantes Gebäude zu, das unschwer als Casino zu erkennen war. Ich war eine Marionette, wir alle waren Marionetten, kleine Figuren. Doch wer zog die Strippen? War es die Mafia oder etwas ganz anderes?

Wer oder was war es, was mich führte? Und damit auch die Russen? Und möglich war es, dass noch jemand mitspielte in diesem Spiel. Die Vorstellung hatte ja gerade erst begonnen. Wer waren die Mitspieler, und wann würden sie erscheinen? Das waren meine Gedanken im Halbschlaf, beim Erwachen. Die Puppenkiste schloss ihren Deckel. *Fortsetzung folgt*, konnte ich gerade noch entdecken.

In der Schweiz, dem Land des Geldes, spielten wir in Zürich, St. Gallen und Schaffhausen. Dort verbrachte ich meine Pausenzeit vollständig am Rheinfall, fasziniert von den Wassermassen, die unentwegt über die Felsen schossen. Sergej war wieder mein Begleiter. Tatsächlich, er schien sich dieses Mal nicht zu langweilen.

Anschließend gab es eine Zusammenkunft in Wladimirs Zimmer. Er legte uns den Zeitplan für die nächsten Städte dar. Es gab Kaffee und Basler Läckerli. Damit ist nicht LSD gemeint, sondern das Lebkuchengebäck. Kann gut sein, dass den Männern die andere Art lieber gewesen wäre. Oder auch nicht, ihr Wodka schien ihnen zu reichen. LSD war ja eh mehr etwas für alternative Party-Flippis und nichts für so harte Kerle wie sie.

Ich kippte mir die letzten Tropfen Milch in meine Tasse, nahm eine Schere, schnitt eine Ecke ab und stellte die Packung schräg hin. So konnte sich der Rest des Inhalts in einem Winkel sammeln. Als ich sie wieder aufnahm und einen guten Teelöffel Milch daraus in meinen Kaffee goss, verriet Wladimirs Blick erheblichen Zweifel an meinem Verstand.

»Was guckste denn so blöd?«, brummelte ich vor mich hin. Ich legte keinen Wert darauf, dass Wladimir das verstand. Er sollte aber merken, dass er mich nervte.

»Was ist?«

»Nix!«

Das ließ der Chef nicht gelten. »Sag schon, wenn du was hast.«

»Du brauchst mich nicht für verrückt zu halten, nur weil ich sparsam bin. Das bin ich nun mal. Selbst wenn ich Millionär bin.«

Der Chef machte noch eine ironische Bemerkung. Daraufhin rechnete ich ihm vor: jeden Tag zehn Milliliter, dreihundertfünfundsechzig Tage im Jahr und das mal siebzig. Da kommt man auf gut zweihundertfünfzig Liter. Zweieinhalb Hektoliter!

»Ist das nichts?«, wollte ich nach der Berechnung wissen. Zumindest konterte Wladimir nicht gleich. Er zückte sein Handy und stellte den Taschenrechner ein. Bevor er herumtippte, sagte er aber schon: »Siebzig Jahre Mühe!« Es ging noch weiter.

»Sechzig Cent der Liter bei Aldi. Du sparst dann jeden Tag 0,6 Cent. Als ob das sich lohnt!« Er lachte und tippte weiter. »150 Euro für 250 Liter. Und dafür schnippelst du ein Leben lang Milchtüten ab...«

Wladimir und ich, so richtig kamen wir nicht klar miteinander. Ich wollte ihm nicht auch noch von meinen Teebeuteln erzählen. Die Papiertütchen reiße ich immer auseinander. Meist sind in Ecken etliche Teekrümelchen …

* * *

Lan konnte ihre Liste nach und nach vervollständigen. Es stand die 10 für *Regen*. Diese Stelle war präziser als der Wetterbericht, ebenso die 11 für *Schnee*, die 12 stand für *Sturm*. 29 war *Durst*.

Das hieß nicht, dass der linke zweite Zeh jucken würde, wenn Lan schon Durst hatte. Nein, es bedeutete, dass sie später Durst bekommen würde. Sie sollte sich also Getränke mitnehmen, wenn diese Stelle juckte. Das traf auch für 30, *Hunger*, und 15 für *Dunkelheit* zu. Juckte diese Stelle zwischen großem und zweitem Zeh des rechten Fußes, sollte sie besser eine Taschenlampe bei sich haben.

17 bis 22 waren *Gefahr von rechts*, *links*, *hinten* beziehungsweise *vorne*, *oben* und *unten*. 23 bedeutete *zu teuer*, 24 *Fälschung*, 25 *Betrüger*, 26 *Gewalttätiger*, 27 *Bewaffneter*, 28 *führt etwas im Schilde*, 31 war eine *Begegnung*, 32 eine *Trennung*.

Kombinationen verschiedener juckender Stellen gaben Lan recht präzise Hinweise, auch für den zeitlichen Abstand. Bei der 11 konnten die 3 und die 34 mitjucken. Das bedeutete, dass es in drei Stunden schneien würde. 34 stand nämlich für Stunden, 33 für Minuten; die 35 und 36 bedeuteten Tage oder Wochen.

Die Zahlen 0 bis 9 gaben die entsprechende Menge an, bei zwei Stellen meldeten sie sich hintereinander – beispielsweise juckte für 15 Minuten die 33 unentwegt, zusätzlich die 1 und die 5 hintereinander, dann kam eine kleine Pause. Die Voraussagen konnten so verschlüsselt in einer Minute oder aber erst in maximal neunundneunzig Wochen eintreffen.

* * *

Von unseren Einnahmen her war die Schweiz bisher die Perle unter den unfreiwilligen Spenderländern. Wir alle waren bei Abreise um eine halbe Million Franken reicher. Wladimir tauschte sie ein in US-Dollar. Dafür hatte er eine Vorliebe.

Dreizehntes Land: Ägypten. Da traute Wladimir sich hin, die ganz unsicheren Zeiten waren zwar vorbei, aber zuverlässige Ruhe war noch immer nicht eingekehrt. Sollte dort noch jemand Glücksspiel betreiben?

Die Systematik jedenfalls ging auf. Die dreizehnte Zahl, das war die Zwanzig. Vorwahl Ägyptens: +20, genaue Übereinstimmung.

Wladimir hatte das *Hilton Sharm Dream Resort* in Sharm el Sheikh an der Südspitze des Sinai ausgesucht. Purer Luxus, eine riesige Anlage mit großflächigem Pool und Blick auf das Hochland im Norden. Ägypten hat zwar an die vierzig Casinos, die meisten sind aber in den unsicheren Großstädten. In diesem Badeort jedoch war von Krisen und Unruhen nichts zu spüren. Hier rollten weiter Rubel, Dollar, Euro, Pfund und alle anderen Währungen.

Wladimir kam nur noch selten mit in ein Casino. Er musste unser Geld irgendwo unterbringen, nahm ich an. Das war bei den Summen vielleicht nicht ganz so einfach.

Meine Bewachung war inzwischen ziemlich locker. Ich konnte an manchem Schaufenster eine Weile stehen bleiben, und die drei Orang-Utans liefen weiter. Meist trottete ich hinter ihnen her, wenn ich mich sattgesehen hatte. Mein Drang, wegzulaufen, war minimal. Was hätte ich der Polizei auch erzählen sollen – ohne Pass? Meine Story hätte so unwahrscheinlich geklungen, dass sie vermutlich gleich einen Psychiater geholt und mich weggesperrt hätten.

Aufgegeben hatte ich mich aber nicht. Mein Tag würde kommen, auf die eine oder andere Art.

Am Abend vor der Abreise aus Ägypten versuchte ich es im Guten mit Wladimir. Ich dachte, ich könnte es mir inzwischen erlauben. Meine Grenzen hatte ich ausgelotet, das eine oder andere Zugeständnis erreicht.

An jenem Abend bat ich Wladimir also um eine Unterredung unter vier Augen. »Wie lange soll das denn noch gehen?«, fragte ich ihn. »Wir haben doch jetzt alle genug Geld. Das ist doch mehr, als wir jemals ausgeben können in unserm Leben.«

»Geld kann man nie genug haben«, entgegnete der Chef und setzte seine *Jetzt-hat-alles-keinen-Zweck-mehr-Miene* auf.

Trotzdem versuchte ich es noch weiter: »Wie lange wollt ihr mich denn noch festhalten?«

»Geht's dir nicht gut bei uns? Du hast doch alles, was du willst und brauchst. Geld, Reisen, Luxus, Frauen. Wir sind doch richtig gute Freunde, wir alle fünf, njet?« Ich war mir nicht sicher, ob er das ironisch oder ernst meinte. »Wir passen auf und schützen dich. Wie hättest du denn allein Aruba oder Japan überlebt?«

Dass ich ohne diese Typen gar nicht in die Bredouille geraten wäre, das kam ihm wohl nicht in den Sinn. Das sagte ich aber nicht. Stattdessen fragte ich: »Und wieso trägt einer meiner Aufpasser dann immer noch die Pistole mit sich herum? Versteht ihr Russen das unter Freundschaft? Dann gib mir doch den Pass, mein Freund.« Ich wurde richtig bissig.

»Papperlapapp. Seinen Goldesel, den hält man an der Leine. Und was willst du? Du machst doch bald Abi. Eins versprech ich dir, Ede: Wenn du die Prüfung machst, dann fahren wir nach Deutschland.«

»Großzügig, wirklich.« Das klang mit Sicherheit ironisch, sollte es auch.

Ungerührt entgegnete der Chef: »Find ich auch. Dann fährst du auch mal in deine Wohnung und siehst die ganze Post durch. Und vielleicht«, fügte er noch an, »vielleicht siehst du ja deine Natalja mal wieder.«

Jetzt bekam ich weiche Knie, und es schnürte mir die Kehle zu. Ich stütze mich hinten an einer Stuhllehne ab, tastete mich nach vorne, setzte mich hin und sank in mich zusammen.

Kurz darauf stieg unbändige Wut in mir hoch. Mit einem spitzen Schrei stürmte ich los und rammte Wladimir meine Ferse in den Bauch. Hart wie ein Brett war der. Der Chef packte meinen Fuß, drehte mir das ganze Bein herum, so dass ich auf den Boden knallte. Gegen ihn hatte ich keine Chance. Resigniert rappelte ich mich auf, ging zur Tür und wollte raus. Aber die war verschlossen, das hatte ich vergessen.

Wladimir bestellte Sergej, der hatte heute Ede-Dienst. Sagte ihm was auf Russisch. Beide lachten. Sergej brachte mich in unser Zimmer. Ich legte mich aufs Bett und wäre furchtbar gern allein gewesen.

Die folgende Zeit paukte ich wie blöd. Schickte Klausur um Klausur per Internet nach Darmstadt. Sehr übel schien mir der Chef meinen Angriff nicht zu nehmen. Und ich war mir sicher, ich konnte seinem Versprechen mit dem Abi vertrauen – trotz unseres Streites.

* * *

Weiter ging es nach Amerika.

14. Land: USA.
14. Ziffer auf dem Kessel: 1
Vorwahl: +1 – passgenau!

Selbstverständlich besuchten wir Las Vegas. Fast zwei Wochen hielten wir uns hier auf. Was für eine Stadt! Hier war alles künstlich, in feindlicher Natur. Wir gehörten zu den vierzig Millionen Touristen, die jedes Jahr hier anreisen – und die halbe Million Einheimischen besuchen. Unsere Einnahmen übertrafen die, die wir in der Schweiz erzielt hatten, bei Weitem – was Wunder, wo es doch allein über siebzig Casinos mit Tischspielen und unzählige nur mit Automaten gibt. Wir hielten uns jeweils nur einige Stunden auf, obwohl fehlende Fenster und Uhren die Zeit vergessen machen sollen. So schafften wir immerhin an die dreißig dieser Spielhallen. Ich glaube, hier in Las Vegas fielen unsere Glückssträhnen am wenigsten auf.

Draußen, bei Tageslicht, vor allem aber auch bei Nacht konnten einem die Augen übergehen: Grandiose Architektur, riesige Hotelanlagen, Nachbauten von Eiffelturm, Schloss Neuschwanstein oder ägyptischen Pyramiden und Sphinxen. Bauten, die Milliarden verschlungen hatten, aber zig Milliarden an Einnahmen erbrachten.

* * *

Frau Liáng hatte sich öfter gefragt, was wohl mit ihrem Vorgesetzten, Fang Yǒng, geschehen sein mochte. Er war ja beinahe zu einem richtigen Freund geworden. Nein, sie hatte sich sogar gefragt, ob das nicht der Mann ihres Lebens sein könne. Doch dazu hatte sie sich noch nicht durchgerungen. Die letzte Sicherheit hatte ihr gefehlt.

Frau Liáng war nicht eingesperrt. Man hatte von ihr die Mitarbeit beim Wirtschaftsministerium erpresst. Innerhalb Shanghais durfte sie sich frei bewegen, Besuche empfangen und selbst Leute besuchen. So konnte sie sich Zeitungen kaufen, Radio hören und fernsehen. Bei den Fahrten zu den verschiedenen Casinos, besonders im Ausland, stand sie allerdings unter strenger Beobachtung.

In einer Notiz las sie eines Tages, dass Fang Yǒng wegen Korruption verhaftet worden war. Mit dem Vorwurf wurden immer wieder unliebsame Staatsbürger beseitigt. Er konnte viele Jahre Freiheitsentzug oder im Extremfall sogar die Todesstrafe nach sich ziehen. Frau Liáng ging davon aus, dass Yǒng sich zu sehr für ihren Verbleib interessiert hatte.

Beim Casinobesuch darauf spielte Frau Liáng höchstens mittelmäßig. Der Betreuer, Herr Zhào Fèng, sprach sie darauf an, sie meinte aber nur, mit ihrer Intuition habe es heute gehapert.

Am nächsten Tag fuhr sie noch geringere Gewinne ein, und am dritten Abend sank ihr Gewinn auf null.

Es kam zu einer ernsteren Unterredung. Frau Liáng gab zu, dass sie in großer Sorge sei. In einem solchen Zustand sei es ihr nicht möglich, sich auf ihre inneren Bilder zu konzentrieren.

Herr Zhào drang in sie, doch preiszugeben, worum es ging. Widerstrebend gab die Frau zu, dass sie sich Sorgen um ihren ehemaligen Vorgesetzten mache.

»Der hat doch wirklich kein großes Vergehen begangen«, meinte sie. »Natürlich war es illegal, dass er sich am verbotenen Glücksspiel beteiligt hat. Das tun aber doch viele, und die werden nicht alle verhaftet. Ich habe einfach Angst, dass ihm ganz Übles widerfährt, dort im Gefängnis.«

»Jeder Mensch muss für das geradestehen, was er getan hat«, lautete nicht unerwartet die Belehrung.

»Das ist vollkommen richtig, und dem stimme ich aufrichtig zu«, bekannte Frau Liáng. »Und trotzdem ist es so, dass meine Gedanken um Fang kreisen. Und darunter leidet meine Intuition. Dafür kann ich nichts, ich kann nichts erzwingen.«

»Ich werde mich einmal erkundigen«, versprach Zhào Fèng, »wie es um die Sache steht.«

Die Glücksfee, wie Fang Yǒng sie einst genannt hatte, spielte ein paar Tage etwas besser, dann brachen ihre Gewinne wieder ein. Bis Herr Zhào kam und mitteilte, Herr Fang sei aus der Haft entlassen worden. Das verbesserte das Deviseneinkommen – abermals nur vorübergehend.

»Hast du immer noch Sorgen wegen Fang Yǒng?«, fragte sie der *Betreuer*.

»Ich vertraue dir voll und ganz«, war die Antwort, »doch in mir bleibt die Unsicherheit.«

»Was soll ich denn noch veranlassen?«

»Ich weiß es nicht. Es könnte sein, dass mein Inneres sich beruhigen würde, wenn ich Herrn Fang einmal sprechen könnte.«

Nach kurzem Zögern stellte Zhào Fèng das in Aussicht.

Am nächsten Abend stiegen die Gewinne wieder. Herr Zhào arrangierte ein Treffen mit Fang Yǒng. Frau Liáng bat darum, sich mit ihm allein unterhalten zu dürfen. Auch das wurde gewährt unter der Voraussetzung, dass man sich anschließend gemeinsam zusammensetze.

Fang Yǒng berichtete Lan Folgendes: Man habe ihn eines Tages abgeholt und ein Gefängnis gesperrt. In welches, könne er nicht sagen, da er in einem verschlossenen Wagen transportiert worden sei. Er habe mehrfach nach dem Grund gefragt, aber keinerlei Auskunft bekommen. Er sei gut verpflegt und nicht körperlich gefoltert worden.

Die Folter habe darin bestanden, dass Tag und Nacht Licht gebrannt und niemand mit ihm geredet habe. Er könne sich nur erklären, dass er in Ungnade gefallen sei, weil er sich ein paarmal nach ihrem, Frau Liángs, Verbleib erkundigt habe. Auch wegen des illegalen Casinobesuchs habe es keine Anschuldigung gegeben, bisher wenigstens nicht. Vor eineinhalb Wochen sei er dann plötzlich entlassen worden, ebenfalls ohne Angabe von Gründen.

Arbeiten allerdings dürfe er nicht mehr. Und nun hätten sie ihn hierhergebracht, ins Polizeipräsidium, wiederum ohne Angabe von Gründen.

»Ich freue mich jedenfalls, dich gesund und munter anzutreffen«, sagte Herr Fang abschließend.

Daraufhin erzählte die Frau, wie es ihr ergangen war, von den medizinischen Untersuchungen und ihrem Auftrag, für die Regierung über das Glücksspiel Devisen zu beschaffen. Sie habe gemerkt, dass sie aus Sorge um ihn schlechter spiele, und um dieses Treffen gebeten. Dass sie das bewusst gemacht hatte, sagte sie nicht, denn es war nur zu wahrscheinlich, dass sie abgehört wurden.

»Jetzt, wo ich weiß, dass du in Freiheit und gesund bist, glaube ich, dass meine Intuition wieder voll und ganz einsetzen wird.« Das sagte sie mehr zu den Mikrofonen.

Wie zur Bestätigung, dass jemand gelauscht hatte, ging kurz darauf die Tür auf, und Zhào Fèng trat ein in Begleitung dreier weiterer Herren. Einen von ihnen stellte er als Rechtsanwalt vor.

»Damit die Sache Hand und Fuß hat«, begann Herr Zhào, »wollen wir einen kleinen Vertrag zwischen Frau Liáng, Herrn Zhào und dem Ministerium für Wirtschaft, vertreten durch diese beiden Herren, abschließen.« Er nickte den Männern zu, die er meinte.

Inhalt des Vertrages war die Verpflichtung Liáng Lans, für das Ministerium zu arbeiten, auch im Ausland, und zwar so oft es erforderlich sei. Herr Fang hatte keinen Anspruch auf regelmäßige Besuche oder Kontakte zu Frau Liáng. Dafür konnte er seine Stelle bei der Shanghai Automotive Industry Corporation wieder antreten. Besuche von Spielcasinos waren ihm verboten.

Im Gegenzug wurden die Anschuldigungen wegen des Korruptionsverdachtes fallen gelassen. Der Vertrag endete mit einer Schweigeerklärung aller Beteiligter.

Fang Yǒng war die Erleichterung anzusehen. Liáng Lan bat darum, dass ihr zumindest uneingeschränkter telefonischer Kontakt zu Herrn Fang zugestanden werde. Sie begründete ihren Wunsch damit, dass das mit Sicherheit ihrer Intuition zugutekäme. Nach kurzer Besprechung unter acht Augen – Liáng und

Fang mussten den Raum in dieser Zeit verlassen –, wurde ein entsprechender Passus aufgenommen.

Der Anwalt brachte den Vertrag zu einer Sekretärin und ließ ihn ausdrucken. Es kamen sechs Unterschriften darunter, und Fang Yǒng durfte seiner Wege ziehen.

Liáng Lan war glücklich über diesen Ausgang. Sie war erfreut, ihren alten Chef und Beinahe-Freund in gutem Zustand wiederzusehen und ihm einen Weg zurück ins normale Leben geebnet zu haben. Doch spürte sie bei der Unterredung deutlich, dass er eines zumindest nicht war – der Mann fürs Leben.

* * *

15. Land: Frankreich.
15. Ziffer auf dem Kessel: 33
Vorwahl: +33 – passgenau!

Ein Münzhändler am Montmartre verkaufte mir eine Silbermünze von Caesar, 3,6 Gramm, zwanzig Millimeter Durchmesser, aus dem Jahr 44 vor Christus, dem Todesjahr des Herrschers. Vorne war das Profil mit Kranz und Kopftuch zu sehen, hinten eine stehende Venus, die eine Victoria-Figur auf der Hand trägt.

Während der Händler die Quittung über dreitausendfünfhundert Euro fertig machte, fiel mein Blick auf eine Sammlung alter Zettel mit einem sagenhaften Preis. Zehntausend Euro sollten die kosten.

Französisch konnte ich nicht und versuchte es auf Englisch: »What's that?«

Auf etwas umständlichem Weg bekam ich heraus, dass es sich um die ersten Permanenzen Pascals handelte.

»The inventor of the roulette?«, fragte ich. Der Händler versuchte, mir etwas zu erklären. Wir redeten mit Händen und Füßen. Er fragte, ob ich etwas Zeit hätte. Ich schaute auf die Uhr, Sergej lief gelangweilt auf dem Trottoir hin und her. Eine Viertelstunde konnte ich mir noch leisten. Der Händler verschwand und kam nach fünf Minuten mit einer älteren Madame zurück, die Deutsch sprach und übersetzte.

Pascal sei nicht der Erfinder des Roulettes, erklärte mir der Händler, und sie übersetzte fleißig. Wann das genau erfunden wurde und von wem, sei überhaupt nicht bekannt. Ursprünglich komme es eher aus Italien als aus Frankreich. Pascal habe sich aber stark dafür interessiert und daraus seine Wahrscheinlichkeitsrechnung entwickelt. Die Zettel seien die Permanenzen, die er sich notiert hatte und für seine Theorien benutzte.

Die musste ich haben. Ich handelte sie auf siebentausendfünfhundert Euro herunter und winkte Sergej herbei. Der hatte so viel Geld nicht dabei und war nicht begeistert, dass wir schon wieder zu Wladimir fahren, mit ihm Geld abheben und nochmals wiederkommen mussten. Der arme Sergej – musste er doch tatsächlich Überstunden machen wegen mir.

So reisten wir weiter von Land zu Land, der Ablauf blieb immer gleich: hinein ins Flugzeug, Einquartieren ins Hotel, Plündern einer unterschiedlichen Anzahl von Casinos. In der Freizeit ein wenig Sightseeing und Pauken für das Fernstudium. Und immer hielt ich Ausschau nach einer kostbaren Münze. Nicht so sehr der Preis interessierte mich, eher die Schönheit oder sonst etwas, was mich an ihr faszinierte. Inzwischen war ich ein versierterNumismatiker. Nicht nur, dass ich mich über jedes einzelne meiner erworbenen Metallscheibchen informierte, ich stieß auch auf abstruse Auswüchse, die es selbst in diesem Bereich gab.

So hat Kanada im Jahr 2007 sechs Münzen *Big Maple Leaf* im Wert von je einer Million Dollar prägen lassen; hundert Kilo Gold, einen halben Meter Durchmesser und drei Zentimeter dick. Avers: Elisabeth II., Revers: filigrane Ahornblätter und der Schriftzug *Fine Gold 100 kg Or Pur*. Und eine dieser Münze wurde ein paar Jahre später aus dem Berliner Bode-Museum geklaut. Sachen gibt's!

Was mich aber vor allem weiter faszinierte, war die Entsprechung zwischen Rouletteziffer und Vorwahl. Es ging weiter mit unserem 16. Land: Australien.

16. Ziffer auf dem Kessel: ebenfalls die 16
Vorwahl: +61
Rückwärts die Übereinstimmung.

17. Land: Gabun.
17. Ziffer auf dem Kessel: 24
Vorwahl: +241
Die ersten beiden Ziffern stimmen.

Von Gabun nach Argentinien. Wieder so ein elendig langer Flug. Die Zusammenhänge zwischen Land und Rouletteziffer bestätigten sich jedes Mal, auch bei diesem 18. Ziel. Die Ziffer ist die Fünf, die Vorwahl +54. Die erste Ziffer stimmte überein. Eine innere Stimme riet mir weiterhin davon ab, Wladimir eine Frage dazu zu stellen.

Hotel Quirinale in Colón, einer Kleinstadt von gut zwanzigtausend Einwohnern, war unser erstes Ziel. Sie lag direkt am Rio Uruguay, dem Grenzfluss zum gleichnamigen Staat. Hier war natürlich nicht so viel zu holen. Trotzdem würden wir dem Casino, das im Hotel untergebracht war, lange in Erinnerung bleiben.

Ja, Colón war der Name des Städtchens, Colón Entre Rios, genau genommen. Wieder die Erinnerung an die lateinische Bezeichnung des Dickdarms, wie schon beim Kololi Beach in Gambia. Das Organ, das damals meine Überlegungen ausgelöst und damit mein ganzes Leben verändert hatte. Tatsächlich kam es zu einem besonderen Ereignis in diesem Colón – dessen Name freilich in Wirklichkeit nicht aus dem Lateinischen stammt, sondern ›Columbus‹ auf Spanisch bedeutet.

Diesmal war Wladimir mit im Hotel-Casino. Er schwirrte um den Tisch herum und schien nicht sonderlich interessiert. Ich wusste aber, seine Augen waren überall. Mein Jucken blieb aus.

So setzte ich in alter Gewohnheit auf die 1, 3, 5, 7, 9 und die Null, meine NJZ, die Nicht-Juck-Zahlen. Ich merkte, dass der Chef wie elektrisiert war, als ich sechsunddreißig Jetons zugeschoben bekam, nachdem die Kugel auf der 5 gelandet war.

Nach diesem Casinobesuch bestellte mich Wladimir in sein Zimmer. Er fragte, woher ich gewusst hatte, dass die 5 kommen würde.

»Das wusste ich nicht. Ich wusste nur, dass sie auf der 1, 3, 5, 7, 9 oder der Null landen konnte. Deshalb musste ich ja auf all diese Zahlen auch noch setzen«, erklärte ich.

»Wenn das mit diesen Zahlen klappt, dann machst du das mit den andern auch. Morgen will ich das sehen. Du gehst jetzt!«

Ein kurzer, knackiger Befehl. Bei dieser Strenge im Gesicht gab es keine Möglichkeit zur Widerrede. Wladimir griff zum Telefon. Kurz darauf erschien Dimitri. Der Chef sagte etwas auf Russisch, und Dimitri entgegnete: »Da Scheff«, und führte mich ab. So kam es mir vor. Ein Abführen war das.

Die Orang-Utans nannten Wladimir also auch ›Scheff‹!

* * *

Lan wusste, dass ihre Eltern etwas ganz Besonderes waren. Gerade viele Väter waren herb enttäuscht, wenn sie eine Tochter als Kind bekamen und nicht den gewünschten Stammhalter. Ihr Papa aber liebte sie heiß und innig. Sie wollte es später fast nicht glauben, dass Töchter oft ungeliebt und in vielen Dingen benachteiligt waren, besonders, nachdem die Regierung die Ein-Kind-Regelung eingeführt hatte. Doch nicht nur das war es, was Frau Liáng an Vater und Mutter zu schätzen wusste. Es war ihr freier Geist. Beide waren sie Taoisten und führten das Kind in die Lehren Laotses ein.

Die Politiker der Volksrepublik hatten bald begriffen, dass sie die religiösen Strömungen nicht ausrotten konnten. So wollten sie wenigstens den Taoismus für ihre Zwecke einsetzen und versuchten, eine staatliche Form zu etablieren. Er hatte ja auch viele Grundzüge, die dem Kommunismus entgegenkamen: Wohlwollen, Patriotismus, Dienst an der Öffentlichkeit und vieles mehr. Der Staat bildete taoistische Priester aus, die neben der Philosophie Rituale, Musik, Kalligrafie, Kampfkunst und sogar Englisch lernen mussten. Wie viele Chinesen schlossen sich die Liángs aber nicht der staatlichen taoistischen Vereinigung an, denn sie verehrten die tieferen Wurzeln dieser Religion.

Doch waren sie keineswegs dogmatisch. Sie ließen Lan die Möglichkeit, sich ausgiebig über andere Religionen zu informieren, so über Buddhismus, Hinduismus, den Islam und das Christentum. Auch die Lehren des Konfuzius brachten sie ihr näher.

So wuchs Lan heran und lernte das Leben kennen. Immer wieder beleuchtete sie verschiedene Ereignisse aus dem Blickwinkel aller Glaubensströmungen und begriff, dass fast immer der Taoismus die Situation klären konnte.

Lan eroberte sich nach und nach ihre Welt. Die deutsche Sprache und Deutschland waren etwas, was sie faszinierte. Sie hatte ein gutes Gefühl für Sprachen und lernte nicht nur Japanisch und Englisch, was fast zur üblichen höheren Schulbildung gehörte, sondern eben auch Deutsch, und das beinahe bis zur Perfektion.

An Deutschland begeisterte sie, welche Leistungen die Menschen dort hervorgebracht hatten durch ihren Arbeitswillen, ihre wissenschaftliche Genauigkeit und künstlerische Kreativität. In allen Bereichen gab es Deutsche, die Spitzenleistungen hervorgebracht hatten. Das betraf auch die Technik und besonders den Autobau. Auch in China begeisterten sich eher Männer für dieses Fortbewegungsmittel, doch Frau Liáng war eine Ausnahme. Nicht dass sie sich in der Entwicklung und der Produktion von Fahrzeugen ausbilden lassen wollte, aber ihr Ziel war es, als Übersetzerin in einer solchen Firma zu arbeiten. Und dieses Ziel hatte sie erreicht.

Niemandem verriet sie allerdings, dass dies nur ein Zwischenziel war, auch ihren Eltern nicht. Sie wusste, zwar würden sie es letztlich akzeptieren, aber doch darunter leiden, wenn sie weit von ihnen wegzog. Denn ihr Ziel war Deutschland. Am liebsten hätte sie bei Volkswagen in Wolfsburg gearbeitet – trotz Dieselgate. Derartige Betrügereien passten nun einmal nicht in ihr Weltbild. Doch wusste Lan, dass es menschliche Unzulänglichkeiten überall auf der Welt gab und in allen Schichten.

Doch ob daraus etwas werden würde, das verrieten ihr nicht einmal die Sterne. Vorerst jedenfalls stand Frau Liáng ja noch unter Aufsicht ihrer Betreuer. Genau wie Lan sich sicher war, dass dieser Zustand nicht ewig dauern würde, war sie sich sofort sicher, dass ihre Roulette-Fähigkeiten mehr bedeuteten als nur die Möglichkeit, Geld zu scheffeln.

* * *

In unserem Zimmer kam ich mir vor wie die Bauerstochter im Märchen vom Rumpelstilzchen. Ich sollte Stroh zu Gold verspinnen, weil mein Vater damit angegeben hatte, dass ich's könnte. Einem solchen Kobold hätte ich auch das erste Kind versprochen. Ich hielt es für denkbar, dass die Züchtigungen wieder begannen, wenn ich's nicht schaffte. Das Verhältnis war entspannter, das ja. Aber Freunde waren wir nun mal nicht. Das wurde mir immer wieder eingebläut. Nicht umsonst lag wie zufällig eine Pistole auf dem Tischchen, an dem der Chef seine Unterredung mit mir abhielt.

Eine halbe Nacht lang grübeln. Und dann ein Aha-Erlebnis: Wladimir hatte recht, er hatte verdammt recht. Ich war begeistert und spielte alle Kombinationen durch.

Manque, ***Impair*** und ***Rot*** hatten wir ja schon. Entspricht den Zahlen 0, 1, 3, 5, 7 und 9.

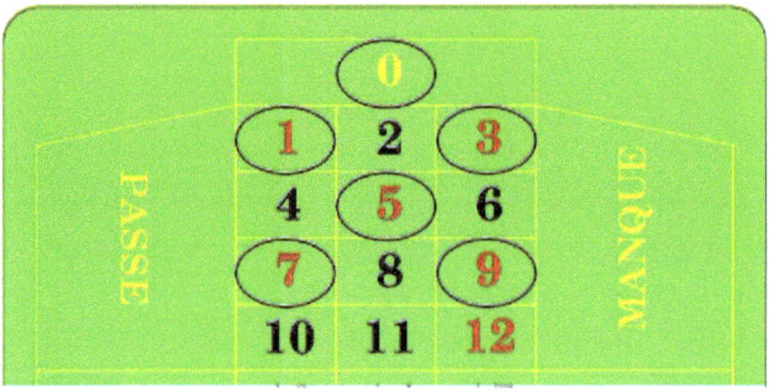

Bei ***Passe***, ***Impair*** und ***Rot*** müssen es die ungeraden Zahlen über 18 sein, die auch noch rot sind. Das sind 19, 21, 23, 25 und 27. Das Verhältnis ist sogar noch besser, weil ja die Null nicht dabei ist. Ich muss nur fünf Jetons setzen, um sicher sechsunddreißig zu bekommen.

Nächste Variante: ***Manque***, ***Paire*** und ***Rot***, das sind die roten, geraden Zahlen unter 19: 12, 14, 16 und 18. Eine noch bessere Relation. Hier reichen sogar nur vier Jetons.

Manque, *Impair* und *Schwarz*: 11, 13, 15 und 17 – wieder nur vier Jetons für den Einsatz.

Damit ist die eine Hälfte durchkonjugiert. Jetzt das Gegenstück, beginnend mit Jucken auf allen drei Ebenen, also *Passe*, *Pair* und *Schwarz*. Das sind die geraden schwarzen Zahlen über 18, also 20, 22, 24, 26 und 28. Hier brauche ich wieder fünf Jetons als Einsatz.

Manque, *Pair* und *Schwarz* sind die geraden schwarzen Zahlen bis 18, also 2, 4, 6, 8 und 10. Einsatz: fünf Jetons.

Passe, *Impair* und *Schwarz* sind 29, 31, 33 und 35 – vier Jetons.

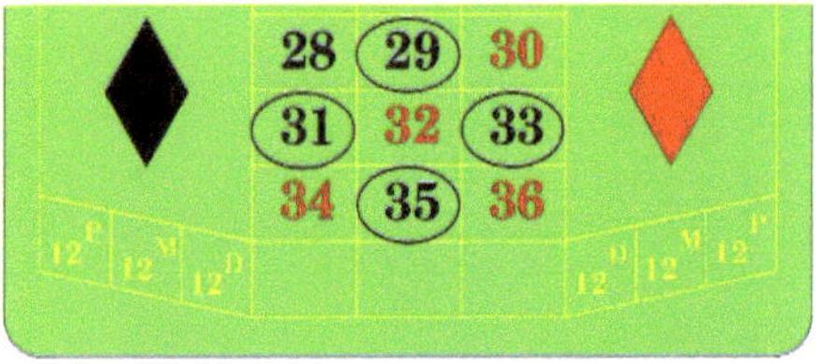

Passe, *Pair* und *Rot* sind 30, 32, 34 und 36 – ebenfalls vier Jetons.

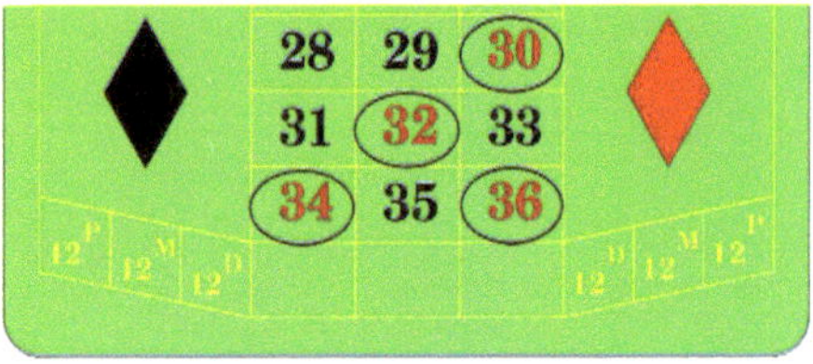

Bei den ›einfachen Chancen‹ gibt es also lediglich acht Kombinationen, mathematisch klar: zwei hoch drei oder 2^3.

Problem gelöst. Ich kann das gesponnene Gold abliefern und muss mein Erstgeborenes nicht opfern. Warum bin ich nur nicht früher auf dieses System gekommen?

Nun musste ich mir die Kombinationen nur noch einprägen. Dann würden wir nicht nur Schwarzpulver zum Sprengen der Banken haben, sondern eine Atombombe.

Die halbe Nacht gegrübelt, die andere Hälfte aufgekratzt. Mein Bett noch unbenutzt, und im andern ratzte Dimitri und sägte gerade den Amazonas-Regenwald ab. Es war schon erstaunlich, dass mein Hirn bei dem Lärm überhaupt arbeiten konnte.

Erst als es schon hell wurde, fielen mir die Augen zu. Ich verkroch mich im Bett, zog die Decke über mich und überhörte Dimitris Fluchen, weil er mich nicht wach bekam.

Von der Kleinstadt ging es in die Metropole. Buenos Aires hat nur eine große Spielbank, das *Casino Puerto Madero* – eine der ungewöhnlichsten Erscheinungen in der Glücksspielwelt. Es ist ein vierstöckiges Schiff am Ufer des Rio Plaza im Stil eines alten Mississippi-Dampfers. Es hat Platz für zweieinhalbtausend Besucher, gut hundert Spieltische und sechshundert Automaten und ist vierundzwanzig Stunden geöffnet. Die Legende sagt, dass in Buenos Aires das Glücksspiel einmal verboten war und ein findiger Geschäftsmann das Casino deshalb auf dem Schiff eröffnet hat, das eben nicht zur Stadt gehörte.

Somit glich es den Casinoschiffen in Eilat, im Süden Israels. Dort mussten die Schiffe sogar ablegen, gespielt wurde nur auf See. Das *Puerto Madero* aber blieb vertäut.

Hier wollten wir am nächsten Tag unsere Beutetour starten. Zuvor erläuterte ich Wladimir mein neues System. »Warum nicht gleich so, alter Idiot«, herrschte er mich an, als er es begriffen hatte. »Was hätten wir für Zeit gespart. Immer geht das erst, wenn man androht Gewalt.« Er grinste dabei. Ich lachte verkrampft zurück.

Der Chef erdachte sich eine neue Strategie. Ich musste den Orang-Utans das neue System einbläuen. Wir sollten alle setzen, und zwar reihum. Dann fiel das nicht so auf, dass einer solche Riesengewinne anhäufte. Ich musste mit den Fingern eine der acht Möglichkeiten andeuten. Und dabei in natürlich wirkenden Handbewegungen verschleiern, dass ich Zeichen gab. Bei den Möglichkeiten 1 bis 5 sollte ich die rechte Hand ein bisschen drehen und wenden, dann die Anzahl Finger zeigen und zuletzt eine Faust machen. Bei den Zahlen 6 bis 8 das Gleiche mit der linken Hand.

Das alles musste schnell gehen und eindeutig sein. Wir übten drei Stunden lang im Hotel. Die Jungs erfassten ziemlich schnell, wie viele Finger ich zeigte. Aber die Rouletteziffern zuordnen, das war schwieriger. Leicht würde das nicht werden, das wurde mir in der ersten halben Stunde klar. Die Kerle mussten richtig pauken, und diesmal war ich es, der die Anweisungen gab.

Ein Finger bedeutete jetzt die Kombination *Manque, Impair* und *Rot*, die Zahlen 0, 1, 3, 5, 7 und 9, die Gruppe mit den kleinsten Zahlen.
Zwei Finger waren *Manque*, *Pair* und *Schwarz*, also 2, 4, 6, 8 und 10.
Drei Finger:
11, 13, 15 und 17.
Vier Finger:
12, 14, 16 und 18.
Fünf Finger:
19, 21, 23, 25 und 27.
Sechs Finger:
20, 22, 24, 26 und 28.
Sieben Finger:
29, 31, 33 und 35.
Acht Finger:
30, 32, 34 und 36.

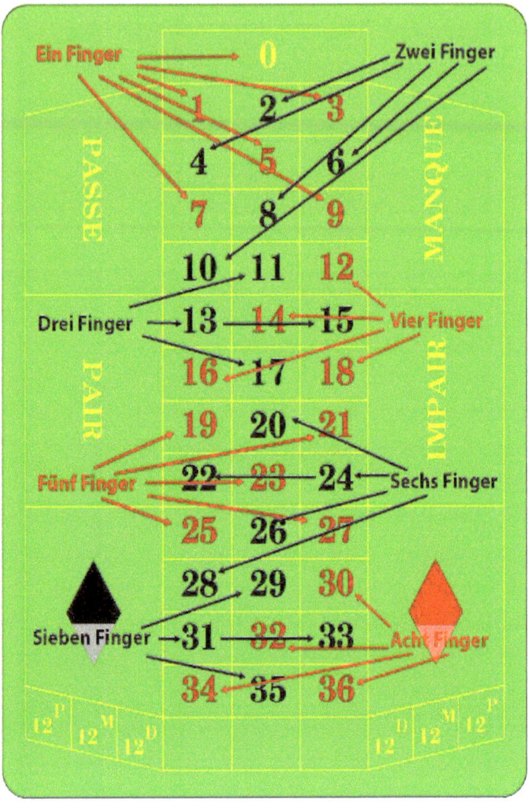

Das war doch wirklich nicht mehr schwer. Die ersten beiden Finger kodierten die Zahlen bis 10, die nächsten beiden bis 18. Mehr als vier Finger bestimmten die Zahlen in der zweiten Tischhälfte, der fünfte und sechste nämlich die Zahlen bis 28, der siebte und achte die bis 36. Dann mussten sie sich nur noch merken, dass eine ungerade Fingerzahl auch ungerade Zahlen auf dem Tisch bedeutete und eine gerade Fingerzahl eben gerade Zahlen.

Ein guter Lehrer wäre ich wohl nicht geworden, zu ungeduldig. Ich konnte kaum fassen, dass das so schwer zu begreifen sein sollte. Schließlich hauten die Proben aber doch ganz gut hin.

Wir rückten noch bei Tageslicht ins Casino ein, versorgten uns mit Jetons und legten los. Wladimir kam mit.

Nun ja, ich muss sagen, das System funktionierte so lala. Die Jungs machten doch den einen oder anderen Fehler. Es gab immer sehr strenge Blicke vom Chef. Er war der Einzige, der sich nicht einmal vertat. Am schlimmsten erwischte es Boris. Er war dran, als ich einen Finger zeigte. Er setzte brav die ungeraden Zahlen von 1 bis 9, vergaß aber die Null. Und gerade die kam.

Wladimir fasste sich an die Stirn – die erste unbeherrschte Reaktion, die ich je bei ihm beobachten konnte. Sie fiel aber sicher nur mir auf. Diese Geste sah man ja öfter an den Tischen. Und Boris wurde aschfahl im Gesicht, verschwand für ein paar Minuten und kam mit rotem Kopf und Dackelblick zurück.

Trotz diverser Pannen schleppten wir aber gut zwanzig Millionen Pesos vom Schiff herunter. Fast drei Millionen Euro waren das! Ich kam mir ein bisschen vor wie ein Piratenkapitän. Wladimir mochte der Chef sein. Der Kapitän aber, der war ich. Ich drehte mich nochmals um. Der Dampfer leuchtete in allen Farben. Hunderte von Lichterketten schmückten alle Kanten, Vorsprünge und Verzierungen. Eine Pracht für das Auge.

Wir hatten gute Laune. Boris schaute immer noch etwas betrübt drein. Auf dem Steg vom Schiff hinunter gab Wladimir ihm eine Kopfnuss. Die nahm Boris fast dankbar auf, denn damit war die Sache beigelegt.

Unglaublich, was für Mengen an Wodka diese Russen in sich hineinschütten konnten. Sie hatten irgendwo Literflaschen aufgegabelt. Und jeder von denen schaffte eine. Sie wollten nicht begreifen, dass ich nach einem Wasserglas nicht mehr wollte. So betrunken waren sie noch nie gewesen. Nur Wladimir hielt sich zurück, und er behielt mich im Auge. Ich wusste genau, unter der Beule in seiner Jacke, da verbarg sich die Pistole.

Wir feierten in Wladimirs Suite. Die Russen hatten gerade erst die Wodka-Flaschen geköpft, da packte mich Sergej plötzlich, wand seinen Arm um meinen Hals und hielt mich im Catcher-Griff. Ich wusste natürlich nicht, was das sollte.

»Ich *Million Dollar Man*, du *Million Dollar Boy*!«, dröhnte er und streichelte mir fast liebevoll über die Kopfhaut, die aus seinem Schwitzkasten herauslugte. Lachend ließ er los, und sein Lachen, das war so ansteckend, dass bald alle einstimmten.

Auch ich.

Die Orang-Utans waren bald reichlich abgefüllt und sangen ihre traurigen Lieder. Ich schnappte mir die erste leere Wodkaflasche, ging in die Kochecke und füllte sie mit Woda – Wasser pur, nicht mit Wässerchen – Wodka. Aus der goss ich mir mein Glas nach. Boris, Sergej und Dimitri nahmen das wohlwollend auf. Dass mein Getränk alkoholfrei war, das bekamen sie nicht mehr mit.

Als die Gesänge immer langsamer und verwaschener wurden, schickte der Chef seine Bande in ihre Zimmer. Mich behielt er bei sich und verschloss die Tür. Der Schlüssel wanderte wie selbstverständlich in seine Pyjamatasche. Weil der Chef seinen Jungs anscheinend nicht mehr zutraute, ein Auge auf mich zu werfen, musste ich hierbleiben und mit seinem Sofa vorliebnehmen.

Die nächsten drei Tage hatten wir frei. Stromerten durch Buenos Aires. Die Jungs hielten natürlich zunächst nach Bordellen Ausschau. Und die gab's reichlich. Auf mein Drängen hin fuhren wir mit einer Taxe ein paar Kilometer südöstlich und erlaubten uns einen Strandtag.

Es folgten Rosario, Corrientes, Santa Fe und San Juan. Millionen über Millionen sahnten wir ab. Über siebzig argentinische Städte hatten Casinos. Die besuchten wir nicht alle. Man müsse sich ja auch noch was für später aufheben, meinte der Chef. In dem Land blieben wir aber ungewöhnlich lange. Mendoza an der Grenze zu Chile war unsere letzte Station.

* * *

19. Land: Belize.
19. Ziffer auf dem Kessel: 10
Vorwahl: +501 – also rückwärts gelesen die letzten beiden Ziffern.

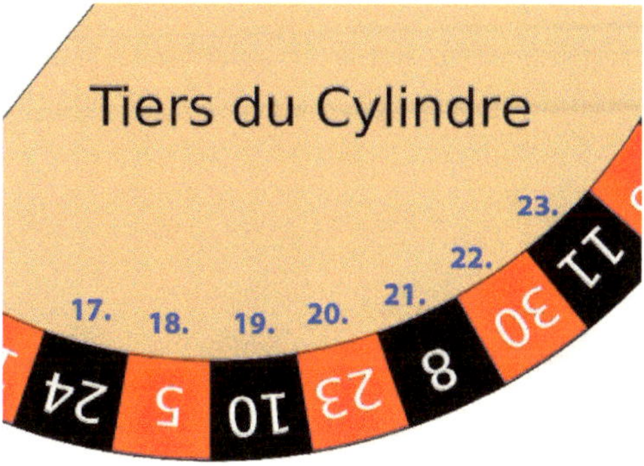

20. Land: Nigeria.
20. Ziffer auf dem Kessel: 23
Vorwahl: +234 – die ersten beiden Ziffern.

21. Land: Macao.
21. Ziffer auf dem Kessel: 8
Vorwahl: +853 – die erste Ziffer.

Nun waren wir wieder im asiatischen Raum. Das kommunistische China verbietet Casinos nach wie vor, während es an staatlichen Lotterien gut verdient. Hundert Milliarden Dollar setzen seine Bürger jedes Jahr um, und nochmals genauso viel verplempern sie bei illegalem Glücksspiel.

Aber keine Regel ohne Ausnahme, und die heißt in China: Macao, eine Insel westlich von Hongkong. Bis 1999 portugiesische Kolonie, jetzt Sonderverwaltungszone wie die Nachbarstadt – seit 2002 mit der Lizenz zum Glücksspiel. Es siedelten sich zahlreiche Konzerne aus den USA hier an und bauten eine Industrie auf, die Las Vegas in den Schatten stellt. Mittlerweile gibt es fast vierzig Casinos. Fast dreißig Millionen Touristen kommen jedes Jahr, die Casinos setzen vierzig Milliarden US-Dollar um. Alles, alles ist gigantisch.

Selbstredend residierten wir im *Venetian Macao Casino-Hotel*: neununddreißig Stockwerke, dreitausend Suiten, von denen wir ein Promille bewohnten. Deren Gesamtfläche ist so groß wie sechzehn Fußballfelder. Hinzu kommen achtzig Fußballfelder Verkaufs- und sieben Fußballfelder Casinoflächen mit achthundert Spieltischen und dreitausendvierhundert Automaten. Es arbeiten dort fünfundzwanzigtausend Angestellte. Venedig ist mit

Straßen und Kanälen teilweise originalgetreu nachgebaut, so auch der Campanile vom Markusplatz.

Viele Spielsüchtige kommen aus Hongkong, da dort das Glücksspiel nach wie vor verboten ist. Geduldet wird ein Casino von den chinesischen Behörden bisher nur auf der Insel Hainan, wenn auch mit Einschränkungen. So wird dort kein Bargeld ausgezahlt, viele Geschäfte nehmen aber die Spielmarken in Zahlung. Es ist sicher eine Frage nicht allzu langer Zeit, bis der Staat sich die Gelegenheit nicht mehr entgehen lässt, sich umfangreich am Glücksspiel zu bereichern.

In Macao geschah ein Wunder. Ich traf auf meinen Doppelgänger. Eine Doppelgängerin vielmehr, eine Asiatin, klein und zierlich wie fast alle Frauen dort. Eine ganze Weile spielte unser Quartett schon. Wladimir kam meist nicht mehr mit in den Saal, er war mit den Geldtransaktionen vollauf ausgelastet. Die Jeton-Häufchen türmten sich auf unseren Plätzen in die Höhe. Wir erregten schon Aufmerksamkeit. Und meine Aufmerksamkeit erregte diese Frau, deren Stapel ebenfalls wuchsen.

Aber, ach nein. Klein und zierlich war sie gar nicht, meine Vorstellung von Asiatinnen hatte mir das vorgegaukelt. Sieht die Langnase Schlitzaugen, dann schiebt sich das Klischee vors geistige Auge. Sie hier, sie war eine von der stämmigen Sorte. Klein schon, aber eher mütterlich. Nicht gerade der Typ, den man in einer Spielbank vermutet. Ein traditionell chinesisches Kleid trug sie, türkis mit vielen Verzierungen und roten Accessoires. Es reichte bis zum Boden und hatte Seitenschlitze bis oberhalb der Knie. Mag sein, dass sie die Figur schlanker erscheinen ließen, zumal das Kleid eng anlag.

Das aber nahm ich nur nebenher wahr. Ich achtete vielmehr genau darauf, wie sie setzte. Sie setzte mit ihren zarten Händen – ja, die waren wirklich zart. Elegante, feine Handschuhe verbargen die Haut. Die Dame setzte nicht nur einfache Chancen oder Zahlenkombinationen, nein, sie setzte immer wieder auch auf Zahl. Und die Zahl, die sie setzte, die kam auch.

Ups.

Nach zwanzig Minuten war mir bewusst, dass dies meine Doppelgängerin war. Ein Mensch mit ähnlichen Fähigkeiten.

Vielleicht sogar mit ausgereifteren. Denn eine konkrete Zahl, die konnte meine Kniekehle mir nicht mitteilen.

›Wahrscheinlich offenbart sich ihr nur der kommende Treffer‹, dachte ich mir. ›Dann weiß sie, ob der rot oder schwarz ist, in welcher Reihe er liegt, zu welchem Dutzend er gehört und so weiter. Sie muss nicht immer die Trefferzahl setzen und kann so verschleiern, dass sie die im Voraus weiß.‹

Als mir das so ganz, ganz klar war, von da ab suchte ich ihren Blick. Ich musste nicht lange warten. Sie sah mir direkt in die Augen und zog minimal die äußeren Kanten ihrer Oberlippe in Richtung Nase. Eine Bewegung, die mir vor dem Duschspiegel nur zu vertraut war. Fast automatisch antwortete ich ihr mit dem gleichen Zucken.

Ein paar wenige Kugeln weiter, und die Chinesin fixierte mich wieder. Sie schielte eindeutig zum Toilettenausgang. Kurz darauf verschwand sie in die Richtung. Sollte ich ihr etwa auf die Damentoilette folgen? Wie sollte ich das bewerkstelligen? Auf jeden Fall musste ich ihr nach. Drei Schritte, und ich war nicht mehr allein. Sergej klebte mir an den Fersen. Ich eilte mich nicht, sondern überlegte, wie ich ihn ablenken könnte, und näherte mich dabei dem Toiletteneingang.

Die Tür ging auf, und die kleine Chinesin trat heraus. Unmittelbar neben der Tür kniete sie sich nieder und band ihren Schuh. Dabei schob sie in einer kurzen Bewegung einen Zettel unter die Heizkörperverkleidung.

Ich musste so tun, als bemerkte ich nichts, und war mir ziemlich sicher, dass Sergej wirklich nichts gesehen hatte. Der war komplett auf mich fixiert. Ich ging in eine Kabine, Sergej musste warten. Ich ließ mir Zeit, das war er gewohnt. Nicht nur jetzt brauchte ich manchmal ein paar Minuten für mich allein. Und eine Toilette war fast der einzige Ort, an dem das möglich war – abgesehen von meinen zweieinhalb Stunden *Schulzeit*. Ja, die hatte ich mir inzwischen als ›Freizeit‹ im abgeschlossenen Hotelzimmer ausgehandelt.

Ich knotete meinen Schnürsenkel auf, ging zur Waschzeile, wusch mir ausgiebig die Finger, ließ sie vom Gebläse trocken pusten und verließ die Toilette in Richtung Vorraum. Sergej war wieder dicht hinter mir. Nach der nächsten Tür, dem Eingang zu den WC-Anlagen, ging ich plötzlich in die Knie. Sergej musste ein paar Schritte weitergehen, um nicht aufzufallen. Bis er sich zu mir umdrehte, hatte ich mir den Zettel der Chinesin längst gegriffen und ins Jackett gesteckt. Dann band ich mir den Schuh und ging wieder voraus an den Spieltisch.

Die Chinesin stand an ihrem Platz. Ich blickte sie an und kniff minimal die Augen zusammen. Sie wiederholte das Zeichen wie ein Spiegelbild. Dann ging sie.

Wir machten noch eine Weile weiter. Die Jeton-Türme wurden zu Wolkenkratzern. Nach und nach gesellten sich mehrere Herren um uns herum, die nicht ganz ins Schema der Casinobesucher passten. Keine Sumoringer, aber ihr Erscheinen erinnerte mich doch an Japan. Die Orang-Utans wurden unruhig und verzichteten deshalb auf die Maximalausbeute. Für meinen Geschmack hatten wir sowieso genug eingeheimst. Die merkwürdigen Herren blieben in unserer Nähe, bis wir die Spielbank verließen.

Wladimir war nicht erfreut über unsere vorzeitige Ankunft. Es gab ein heftiges Palaver. Vielleicht hätte ich als zweite Fremdsprache für mein Abi Russisch wählen sollen. So konnte ich gerade mal ›da‹ und ›njet‹, ›spasibo‹ und ›pachalsta‹, ›dobrie djen‹ und ›da swidanja‹ oder ›paka‹ verstehen. ›Paka‹ heißt ›tschüss‹, eigentlich müsste ich ›poka‹ schreiben, vom kyrillischen ›пока‹, aber das erste ›o‹ wird wie ›a‹ gesprochen.

Nun ja, ›spasibo‹ und ›pachalsta‹ hörte ich nicht oft, das heißt nämlich ›danke‹ und ›bitte‹.

Allmählich beruhigten sich meine Sklavenhalter. Man ließ mich zur Toilette ziehen. Ich kramte den Zettel aus der Tasche.

»9-24 Budapest« stand da nur. Hm.

Das innerliche *Hm*, das war wirklich nur ein Klick an Zeit. Und nicht länger dauerte es, bis bei mir der Groschen fiel: Meine Doppelgängerin würde am 24. September in Budapest sein. Das war in zwei Wochen.

Die auffälligen Chinesen waren am nächsten Tag, als wir die Spielbank betraten, gleich wieder bei uns. Wladimir war mitgekommen. Sichtlich schmeckte ihm die Sache nicht. Er tuschelte mit seinen Landsleuten, und zwar so, dass die Chinesen nicht viel mitbekommen sollten. Mir sagte er: »Heute machst du plus/minus null.«

Das ließ sich einrichten. Wladimir war frustriert. »Scheiße, China«, stieß er zu Hause – damit meine ich: im Hotel – aus.

Der nächste und letzte Tag stand an. Wladimir disponierte um und gab uns frei. Roulette fiel aus. Mir war es recht. Mein spielerisches Spiegelbild war sowieso nicht im Casino zu entdecken gewesen. Ich hatte mir schon ausgemalt, wie ich ihr mimische verständlich machen konnte, dass ich ihre Botschaft erhalten hatte.

Wir schauten uns Hongkong an – wir fuhren mit einem Eilschiff die fünfzig Kilometer hinüber. Obwohl es erst Anfang November war, gab es überall weihnachtliche Symbole. Nur zehn Prozent der Einwohner sind Christen, aber die Geschäftswelt vermarktet ihre Feste. Im Hong Kong Park stand ein großer, künstlicher Schneemann, an einem Kaufhaus war ein riesiges Relief einer verschneiten Alpenlandschaft angebracht – und das bei sommerlichen zwanzig Grad. Moderne Hochhäuser, gewagte Architektur, zum Beispiel im Lippo Centre. Wenn ich da an Magdeburg dachte … Aber selbst Berlin stellten die weit in den Schatten. Dann aber auch verwinkelte Viertel wie Lan Kwai, in denen sich ein mit Kneipen, Discos und Restaurants fast westliches Nachtleben abspielt. Häufig fanden wir buddhistische Tempel, farbenprächtig zwischen die Wolkenkratzer gezwängt.

Im Hotel weihte uns Wladimir ungewöhnlich lange im Voraus in die Reiseroute ein. Weitergehen sollte es nach Griechenland, Hawaii und Jamaika. Jeweils ungefähr eine Woche hatte er dafür veranschlagt.

So, nun war mein Einfallsreichtum gefordert.

»Du, Wladimir«, sprach ich ihn an, »ich finde, wir sollten bald Ungarn machen.«

»So, sollten wir?«, entgegnete er. »Und warum sollten wir das sollen?«

»Hab so einen Riecher.«

»Riecher, aha!« Wladimir war misstrauisch, weiß der Geier, warum.

»Ja, Mensch! Natürlich habe ich einen Riecher. Das musst du doch inzwischen begriffen haben, dass ich einen Riecher habe.«

Ich musste aufpassen, dass ich locker blieb.

»Ja, Riecher für die Zahlen. Aber wieso plötzlich für den Platz?« Dafür hatte ich mir schon etwas zurechtgelegt.

»Weißt du, Chef, du hast mich ja nie gefragt, wieso ich anfing, Roulette zu spielen.«

»Hast recht«, gab er zu. »Dann sag mir das.«

Ich erzählte ihm also, begonnen habe es mit einem Traum. Ich hätte geträumt, ich sei in der Spielbank und wisse, welche Zahlen gewinnen. Dann hätte ich mich große Gewinne machen sehen. Das hätte ich dreimal hintereinander geträumt. Nach der dritten Nacht sei ich in die Spielbank gegangen und hätte es kaum fassen können. Sobald die Kugel rollte, tauchten blasse Bilder in mir auf, und ich sähe den Roulettetisch auch innerlich vor mir. Rot oder Schwarz seien betont. Am Anfang hätte ich noch gar nicht gesetzt, dann aber gemerkt, mit den Farben, das stimmte immer. Ich hätte dann angefangen, mit den kleinsten Chips zu setzen. Und gewonnen und gewonnen.

Bald hätte ich bemerkt, dass vor meinem inneren Auge nicht nur Rot und Schwarz betont waren, sondern auch die anderen Paare, große und kleine, gerade und ungerade Zahlen. Und auch bei denen habe das Setzen geklappt.

»Und so ist das heute noch«, schloss ich meine Erklärung.

»Habe oft genug mein inneres Auge angestrengt, einzelne Ziffern konnte ich aber nie im Voraus erkennen.«

»Hm«, brummt Wladimir. »Und was das hat jetzt mit Ungarn zu tun?«

»Wieder ein Traum. Ich träume von Ungarn. Auch schon dreimal, bis jetzt.«

»Wo in Ungarn?«

»Erst Sopron. Auf Deutsch hieß das Ödenburg. Dann Györ oder Raab und dann Budapest.«

Ich hatte mir ausgerechnet, dass wir dann am vierundzwanzigsten dort wären, machten wir doch nach dem Wechsel von einem Kontinent auf den anderen meist einen Tag Pause.

Wladimir schaute nicht mehr so abweisend. Mein Märchen schien seine russische Seele zu treffen.

»Was ist?«, wollte ich nun wissen.

»Langsam, langsam«, wiegelte er ab, begann aber zu grinsen.

»Na gut – kann ja nicht schaden. Ist ja egal, wann wir wo die Knete einsammeln. Aber eins ist klar: Ich hab schon die Flüge für Griechenland und Hawaii. Wann musst du denn in Ungarn sein?«

Mein Riecher sage mir, in zwei Wochen, meinte ich so lapidar wie möglich.

»Dann kürzen wir halt was ab«, meinte Wladimir. Dann fügte er noch hinzu: »Muss dir ja unheimlich wichtig sein, dein Ungarn. Geb ich wohl besser nach. Sonst rammst du mir wieder Fuß in Bauch.« Jetzt lachte er. Dieser Arsch.

Wenn der gewusst hätte, wie wichtig mir Ungarn war, Budapest genau genommen – er hätte sich nicht darauf eingelassen.

Für mich aber war erst der allererste Schritt gewonnen. Ich musste Kontakt bekommen zu der Chinesin. Ich musste! Ich wollte wissen, wie das bei ihr ging, wie es bei ihr angefangen hatte, was sie mit ihrem Geld machte. Was dachte oder wusste sie gar über dieses Phänomen?

Ich musste sie treffen.

Das konnte klappen, hatte sie mir doch Ort und Zeit mitgeteilt. Aber damit war eigentlich noch nichts klar. Wie sollte ich mich denn mit ihr unterhalten? Ich war ja der Gefangene, von mir aus durfte ich keine Kontakte anknüpfen. Außer während der einen oder anderen Stunde in einem Bordell.

In mir kam die Frage auf, in welcher Situation die Chinesin wohl stecken mochte. Sie hatte mich nicht einfach angesprochen. Es ist ja durchaus üblich, dass Fremde im Casino miteinander Kontakt aufnehmen, Small Talks beginnen. Sie hätte doch rüberkommen können und fragen: »Na, auch viel Glück heute?« Auf Chinesisch oder Englisch. Man hätte sich vielleicht zuerst mal unterhalten, in welcher Sprache man sprechen will, und dann, ob man ein System hatte oder einfach Glück. Oder irgendetwas in der Art. Vielleicht auch übers Wetter, über Musik oder ob man sich zusammen an die Bar setzt.

Aber diesen Weg hatte sie nicht gewählt. Es konnte eigentlichnur so sein, dass sie gemerkt hatte, dass ich unter Beobachtungstand und kontrolliert wurde. Deshalb diese versteckte Botschaft. Blöderweise war ich überhaupt nicht auf die Idee gekommen, die Leute um sie herum genauer in Augenschein zu nehmen. Nun war es zu spät.

Stand sie vielleicht selbst unter Kontrolle, und ihre Fähigkeiten wurden auch von Fremden benutzt? Das war doch gar nicht unwahrscheinlich, so wie sie sich verhielt. Ja, sie musste das Phänomen kennen, die Arbeit als Glückssklave. Im Gegensatz zu mir schien sie immerhin genau über den Zeitplan ihrer Spielbankzüge informiert.

Was wollte sie in Ungarn mit mir? Wie mochte sie sich die Kommunikation dort vorstellen? Über die Fragen hatte ich nun zwei Wochen Zeit nachzugrübeln.

Aber zunächst weiter zu unserem Reiseplan.

* * *

22. Land: Griechenland.
22. Ziffer auf dem Kessel: 30; Vorwahl: +30 – genaue Übereinstimmung!

23. Land: Hawaii.
23. Ziffer auf dem Kessel: 11; Vorwahl: +1
KEINE Übereinstimmung!

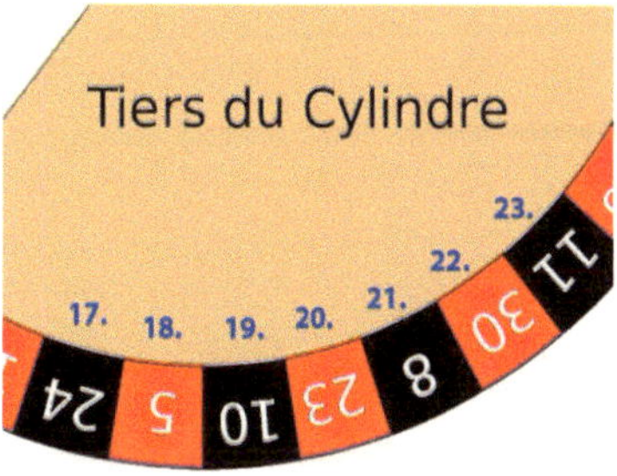

Auf Hawaii kamen mir Zweifel am Ländersystem. Dieser Bundesstaat der USA hat, wie ganz Nordamerika, ebenfalls die Vorwahl +1. Nicht die Elf, wie zu erwarten gewesen wäre. Und die ›1‹ hatten wir sozusagen in unserem 14. Land, den USA, abgearbeitet.

Das Rätsel löste sich mit unserem nächsten Ziel, wieder einer Insel: Jamaika. Sie hatte ebenfalls die +1 als Vorwahl. In dem Fall musste ich wohl die beiden Ziele zusammenlegen zur Elf. Ich zählte also Hawaii und Jamaika als Einheit.

Griechenland und die beiden Inseln blieben jedenfalls ohne Highlight. Wir sahnten eben ab wie immer. Flug – Hotel – Casino – bisschen Freizeit – Pauken und die Münze ergattern. Ein silberner Mao Zedong von 1971 war es in Athen.

Auf Oahu konnte ich mich beinahe auf den Kopf stellen – ich fand kein altes Geldstück. Dafür aber auf Jamaika. Diese eine Münze für die beiden Inseln bestätigte mir, dass sie zahlenmäßig zusammengehörten und die Elf bildeten.

Es war eine Golddrachme mit 7,4 Gramm aus Zeugitana, 264 vor Christi Geburt. Der Avers zeigte den Kopf der Fruchtbarkeits- und Schutzgöttin von Karthago, Tanit, mit Ährenkranz, Ohrgehänge und Halskette, der Revers ein Pferd, das auf einer Standlinie steht, ein Perlenkreis am Rand. Im Prägejahr der Münze hatte der Erste Punische Krieg begonnen.

* * *

Teil III – Verhaftung

Endlich war es so weit:

> Das 24. Land: Ungarn.
> 24. Ziffer auf dem Kessel: 36
> Vorwahl: +36
> – diesmal wieder genaue Übereinstimmung!

Doch in diesem Land kam alles anders als erwartet: Bei der Einreise wurde ich auf dem Flughafen in Budapest verhaftet. Man redete auf Ungarisch und Englisch auf mich ein. Die Russen wahrten notgedrungen einen Sicherheitsabstand, man ließ sie unbehelligt. Selbst Wladimirs Gesicht schien ratlos. Er sagte etwas zu den Beamten. Offenbar konnte er auch ein paar Brocken Ungarisch. Man wies ihn höflich zurück – vielleicht wollte er sich für mich einsetzen, als Reisekumpan oder sonst etwas.

Man brachte mich in ein Büro, ich wurde vor einen Schreibtisch platziert. Ein Beamter verschwand, er schien der ranghöchste zu sein. Zwei weitere blieben bei mir. Sie unterhielten sich angeregt, lachten zwischendurch.

Ich war verwirrt in dieser ungewohnten Situation. Schlagartig war ich meine russischen Bewacher los – dafür hatte ich jetzt ungarische. Das war äußerlich kein großer Unterschied. Eingesperrt in einem Raum mit einem oder zwei Bewachern, das war für mich der Alltag gewesen in den letzten beiden Jahren. Aber die Motive der Ungarn waren mit Sicherheit gänzlich andere.

Man ließ mich schmoren. Ich versuchte zu entspannen. Verbrechen hatte ich schließlich nicht begangen. In Ungarn war ich nie zuvor gewesen, dort konnte ich keine Straftat verübt haben. Beispielsweise jemanden überfahren haben und wegen Fahrerflucht gesucht werden. Solche seltsamen Gedanken gingen mir durch den Kopf.

Zwei neue Beamte kamen in den Raum. Das Gespräch der Bewacher stoppte sofort. Ein Mann mit Schnäuzer sah mich an und fragte:

»Ihr Name ist Edgar Allan Nitschke?« Ich nickte.

»Ja oder nein?«

»Jaa«, bestätigte ich.

»Wir haben einen Auslieferungsantrag der Bundesrepublik Deutschland vorliegen«, erklärte er fast akzentfrei in grammatikalisch perfektem Deutsch.

»Und was wird mir vorgeworfen?«, wollte ich wissen.

»Mir ist nichts Genaueres bekannt. Mit Ihren Straftaten wird Sie der deutsche Staatsanwalt konfrontieren. Begründung des Auslieferungsgesuchs lautet auf Geldwäsche und Steuerhinterziehung.«

Das war es also. Aus irgendeinem Grund musste mein Verschwinden doch aufgefallen sein. Bei der Suche nach meinem Verbleib musste man mein Konto überprüft und die hohen Einzahlungen unklarer Herkunft entdeckt haben. So viel war mir sofort klar.

»Und wie geht es jetzt weiter?«

»Sie werden in eine Abschiebezelle verbracht. Nach Regelung der behördlichen Belange fliegen Sie nach Deutschland.«

»Was ist mit meinen russischen Freunden?« Ja, ich nannte sie *Freunde*. Das Wort kam mir etwas schwer über die Lippen, aber ich hoffte, so am ehesten etwas zu erfahren.

»Einer hat sich nach Ihnen erkundigt. Er wollte ziemlich genau wissen, was mit Ihnen los ist. Natürlich bekam er keine Auskunft. Gegen ihn lag nichts vor. Er ist eingereist.«

Von einer Zelle in die andere hatte mein Schicksal mich gebracht. In Budapest blieb ich tatsächlich nicht lange, keine vierundzwanzig Stunden. Ich saß in einem sauberen Raum mit Spind, Bett, Tisch und Stuhl. Essen und Trinken wurden gebracht, und ich durfte sogar zwischen Kaffee, Tee und Wasser wählen. Als weitere menschliche Geste gewährte man mir eine Bitte: Aus meinem Gepäck wurden mir meine Tieratlanten überlassen. Der Laptop aber blieb beschlagnahmt. Etwas Mühe hatte ich, den ungarischen Beamten begreiflich zu machen, dass ich wirklich kein Handy hatte. Das Gleiche wiederholte sich mit den deutschen Beamten, die mich nach meiner Auslieferung übernahmen.

Ein paar Wochen später hatte ich mich in der Zelle in Tegel eingelebt. Sie war deutlich wohnlicher als damals das Verlies der Russen. Recht bald kam ich in eine Doppelzelle und hatte mit meinem Mithäftling Glück. Es war ein älterer Herr – ja, Herr, kein Verbrecher-Typ. Ein kultivierter Mensch, der unschuldig einsaß. Das sagen zwar viele von sich, aber ihm glaubte ich. In der Nachwendezeit hatte er sich mit kruden Typen eingelassen. Die hatten ihm das große Geld versprochen. Er hatte nur immer wieder ein paar Unterschriften leisten müssen. Rein formal, hatten sie gesagt. Naiv genug war er, der Fritze. Er wurde Geschäftsführer von einer abgewickelten Firma der alten DDR nach der anderen. Das gefiel ihm, sein Konto füllte sich auf.

Eines Tages wurde er verhaftet: Subventionsbetrug in großem Stil. Juristisch war er der Verantwortliche. Seine Geschäftskumpane hatten sich aus dem Staub gemacht. Wegen des Betrugsumfangs bekam er die Höchststrafe von zehn Jahren. Die Hälfte musste er noch absitzen. Vielleicht würde ihm ein Drittel wegen guter Führung erlassen werden. Da war er sich nicht sicher, weil er sich eher abkapselte – er war stur und hatte nicht immer Lust, sich *kooperativ* zu verhalten. Er wunderte sich, dass ich als Untersuchungshäftling überhaupt in seine Zelle gelegt wurde, und nahm an, das sei ein Notbehelf der Gefängnisleitung wegen Platzmangels.

Jedenfalls war er ebenfalls Münzsammler, und wir hatten ausreichend Gesprächsstoff.

Wochen und Monate zog sich die Untersuchungshaft hin. Ich konnte mir keinen Reim darauf machen, was in den Amtsstuben passierte. Aber Gottes Mühlen mahlen langsam, und so tun es auch die Gerichtsmühlen. Ich versuchte erst gar nicht, die Herkunft des Geldes zu verschleiern. Aber man nahm mir das Glück im Spiel nicht ab – genauso wenig die Entführung. Einen Rechtsanwalt durfte ich mir nehmen. Ich gab mich mit dem Pflichtverteidiger zufrieden, kannte ja keinen Anwalt, nach welchem Kriterium hätte ich mir einen auswählen sollen?

Es gab ein paar Verhandlungen. Die Presse bauschte meinen Fall auf, und ich stand im Mittelpunkt des Medienrummels. Das war mir alles andere als recht. Fünfzehn Jahre Haft forderte der

Staatsanwalt, wie bei Fritze die Maximalstrafe. Der Richter, so mein Eindruck, war gegen mich. Der würde mir, wenn er dürfte, bestimmt am liebsten noch mehr aufdrücken. Er konnte mir keine dunklen Kanäle für die Herkunft des Geldes nachweisen, und das schien ihn zu ärgern.

* * *

Frau Liáng räumte ihre Garderobe in den Schrank im Hotel Dorint Maison Messmer in Baden-Baden ein. Endlich war sie für ein paar Tage im Land ihrer Träume. Auf der Hutablage entdeckte sie ein aufblasbares Plastikkissen. Damit ließ sich vielleicht etwas anfangen. Bis sie ihre Kleider alle untergebracht hatte, hatte die Chinesin einen Plan entwickelt. Sie nahm ihre geräumigste Handtasche und packte das Kissen hinein, dazu ein langes, blaues Kleid aus elastischem Stoff, eine kleine Handtasche und dazu noch ihre Plateauschuhe, die sie zehn Zentimeter größer machen würden.

Sie ging ins Bad, nahm sich eine Puderdose und einen Lippenstift. Dann drehte sie den Warmwasserhahn so fest zu, wie es ihr überhaupt möglich war. Danach ging sie ins Wohnzimmer und ließ die Schminkutensilien unbemerkt von ihrem Betreuer, es war wieder einmal Zhào Fèng, in ihre Handtasche gleiten. Seine Aktentasche hatte er vor sich auf dem Tisch liegen.

»Ich bekomme den Wasserhahn nicht auf«, sagte sie zu Zhào. Statt zu antworten, ging der Mann gleich ins Bad. Blitzschnell griff Frau Liáng in seine Aktentasche. Sie hatte immer wieder genau beobachtet, wohin Zhào ihren Pass und seine Geldbörse gesteckt hatte. Genau so wie eine Taschendiebin schnappte sie sich den Pass und zweihundert Euro aus dem gut gefüllten Portemonnaie und ließ alles in ihrer Tasche verschwinden.

»Geht wieder«, sagte Zhào beim Zurückkommen. »Hat nur etwas geklemmt.«

»Danke«, hauchte Frau Liáng fast schüchtern.

Sie hantierte ein Weilchen im Bad herum, steckte sich ihre Haare zu einem Knoten zusammen. Dann zog sie ein leichtes Jackett und eine Sommerhose an und schlüpfte in ihre flachsten Sandalen.

»Ich brauch noch etwas für heute Abend«, sagte sie und versuchte, dabei recht gleichmütig zu wirken. Zhào war nicht gerade begeistert, doch so gut kannte er seine Betreute, dass er wusste, sie würde es sich nicht ausreden lassen.

Frau Liáng fragte einen Taxifahrer nach Einkaufsmöglichkeiten. Er brachte sie in das neue Viertel Cité, das aus einem ehemaligen französischen Kasernengelände entstanden war. Dort gab es einen neuen C&A. Zielsicher ging sie zur Damenabteilung, sah sich verschiedene Kleidungsstücke an, nahm aber vor allem die Anprobekabinen in Augenschein. Die waren großzügig ausgelegt, kleine Zimmer fast. Die Trennwände reichten bis zum Boden. Sie kamen Frau Liángs Wünschen nicht entgegen.

»Die haben hier nichts«, behauptete sie nach einer Weile. Das sah Herr Zhào zwar ganz anders, missmutig begleitete er seine Betreute aber zu Luxury Fashion in der Lichtentaler Straße. Dieser Laden war allerdings derart luxuriös, dass sich kaum Kunden hineinwagten und Frau Liáng sofort von diensteifrigen Verkäuferinnen umringt war. Auch das war nicht in ihrem Sinn. Da ihr Begleiter kein Deutsch verstand, fragte sie nach einer Pelzjacke. Die Verkäuferin bedauerte sehr, aber die Winterkollektion sei komplett ausgelagert.

»Darf ich mich trotzdem etwas umsehen?«, fragte sie, umihren Aufpasser nicht misstrauisch zu machen. Dem wurde in der Zwischenzeit ein Kaffee serviert. Noch bevor er ausgetrunken hatte, behauptete Frau Liáng, auch hier gebe es nichts. Ihr Begleiter verdrehte die Augen, brachte sie aber verdrossen zum nächsten Laden.

Jetzt ging es zu Bonita in der Langen Straße. Dieses Geschäft erwies sich nach heimlicher Inspektion der Kabinen als das richtige: Sechs davon lagen nebeneinander, Trennwände und Türen endeten zirka vierzig Zentimeter über dem Boden. Frau Liáng schnappte sich sechs oder sieben Kleidungsstücke und begab sich in die Kabine ganz links. Die nächsten beiden waren frei, das konnte sie sehen, weil keine Füße in dem Spalt unter den Türen zu sehen waren. Jetzt musste es schnell gehen.

Zhào Fèng bezog derweil seine Bewacherposition. Breitbeinig stellte er sich vor die Kabine und betrachtete die anderen Kundinnen. Er sah aus wie ein gelangweilter Ehemann, der darauf wartete, dass seine Gattin ihn nach seiner Meinung fragte. Er wusste zwar, dass Liáng Lan das nie tun würde, aber bei der Menge an Kleidern, die sie ausgesucht hatte, konnte die Prozedur eine Weile dauern.

Derweil hatte sie die Kleidungsstücke an die Haken gehängt. Es war nicht leicht, sie musste einige Verrenkungen durchführen, aber sie krabbelte unter den Trennwänden hindurch drei Kabinen weiter. Dort schlüpfte sie in ihr langes Kleid und in ihre Plateauschuhe, blies das Kissen auf und stopfte es unter das Kleid vor ihren Bauch. Sie öffnete ihre Haare, sodass sie über ihre Schultern fielen, puderte sich das Gesicht weiß und malte ihre Lippen knallrot an. Dann blies sie ihre Wangen auf und wagte den Schritt nach draußen.

Herr Zhào sah aus einer der anderen Kabinen eine hochgewachsene, aber pausbäckige und hochschwangere Frau heraustreten; blass sah sie aus. Das kannte er so von seiner Frau während ihrer Schwangerschaft, und auch die hatte sich zum Ausgleich die Lippen besonders rot geschminkt. Während er diesen Gedanken nachhing, verließ die Schwangere samt ihrem kleinen Handtäschchen die Abteilung. Gekauft hatte sie wohl nichts. Zhào sah sie auf der Rolltreppe ins Erdgeschoss entschwinden. Er ahnte nicht, welch heftiger Karriereknick als Staatsbediensteter ihm damit bevorstand.

Erleichtert marschierte Frau Liáng auf einen Taxistand zu, der gut hundert Meter entfernt war. Da hörte sie Männerschritte hinter sich, die immer näher kamen. Sie beschleunigte ihren Gang, wollte am liebsten rennen. Doch wie sah das aus bei einer Schwangeren? Sollte sie einfach um Hilfe schreien? Beinahe hätte sie es getan, da hörte sie hinter sich eine Stimme: »Hallo, Sie haben etwas verloren.« Ein Deutscher, nicht Zhào. Aufatmend blieb sie stehen.

»Warum rennen Sie denn so, in Ihrem Zustand?«, war die besorgte Frage. Wahrscheinlich erwartete der Mann von der Asiatin gar keine Antwort erwartet. Er hielt ihr ihre Puderdose hin. Die hatte sie in der Hektik anscheinend nicht ordentlich verstaut.

»Ich muss mich beeilen, um meinen Zug noch zu bekommen«, erklärte sie, »und ganz herzlichen Dank.«

»Oh, Sie sprechen ja hervorragend Deutsch.«

»Vielen Dank, auch dafür«, sagte Frau Liáng und wandte sich wieder dem Taxistand zu. Erst jetzt wurde ihr bewusst, dass ihre Stellen ihr gar keine *Gefahr* signalisiert hatten.

* * *

Zumindest einen guten Einfall hatte Richter Bauer, als er nicht weiterkam. Ich sollte unter Aufsicht meine Fähigkeiten unter Beweis stellen. Lokaltermin in der Spielbank. Bei vollem Betrieb, damit natürliche Bedingungen herrschten.

Das war eine merkwürdige Sache: Gut gekleidet mit dem Wagen der Zivilstreife bei der Spielbank vorfahren. Die Eintrittsformalitäten erledigten die Beamten für mich. Ich wurde mit zwanzig 5-Euro-Jetons ausgestattet und sollte loslegen. Eigentlich genau das, was ich kannte, die Situation unterschied sich kaum vom Casino auf Jamaika und den Spielstätten davor. Nur dass meine Bewacher die Nationalität gewechselt hatten.

Ich kann nicht sagen, dass ich mich besonders schlecht gefühlt hätte. Ich war nicht einmal sonderlich aufgeregt. Die Beamten blieben beobachtend hinter mir stehen. Richter Bauer undStaatsanwalt Plitz schwirrten in der Nähe herum. Alles war so,wie ich es gewohnt war. Der Haken war, dass sich hier der Verlaufmeiner nächsten fünfzehn Jahre entscheiden würde.

Zehn Minuten verstrichen. Das war meine Aufwärmzeit, danach kam normalerweise die erste Meldung meiner empfindsamen Stellen. Doch die Kniekehle schwieg. Nichts tat sich, kein Jucken und kein Brennen aus dem sensiblen Bereich. Richter Bauer wanderte an die andere Tischseite und sah mich fragend an. Ich zuckte die Schultern. Beobachtete das Spiel, nahm Platz am unteren Tischende, nachdem eine junge Dame aufgestanden war. Setzte mal hier, mal da, einen Jeton auf eine einfache Chance. Gewann mal, verlor wieder. Das wiederholte sich ein paarmal. Eine halbe Stunde war um. Meine Jetons waren verspielt, statt sich in Türmen vor mir zu stapeln.

»Ausgespielt!«, raunte mir jemand ins Ohr, als mein letzter Jeton eingezogen wurde. Das war Staatsanwalt Plitz. Das Knie, mein Freund, es hatte mich im Stich gelassen. Langsam erhob ich mich. Die Beamten nahmen mich in ihre Mitte, Bauer und Plitz folgten uns.

* * *

Der nächste ICE, den sie gerade noch erwischt hatte, fuhr nach Frankfurt am Main. Taxe und Fahrkarte hatten die gestohlenen zweihundert Euro schon deutlich reduziert. Auf der Bahnhofstoilette konnte Frau Liáng das lästige Plastikkissen unter ihrem Kleid herausziehen. Auch entfernte sie die übertriebene Blässe aus ihrem Gesicht.

Von Frankfurt aus fuhr sie mit der Regionalbahn nach Bad Homburg. Sie wusste, dass es auch hier ein altehrwürdiges Spielcasino gab. Während der Fahrt betrachtete sie ihren Pass: ein Diplomatenpass war das. Deshalb konnte sie so unkompliziert die verschiedenen Grenzen passieren.

In Bad Homburg mietete sich Frau Liáng im Parkhotel ein. Dorthin schaffte sie es zu Fuß, es waren ja alles keine weiten Strecken. Zuvor kaufte sie in der Louisenstraße einen großen Koffer. Obwohl das ein Sonderangebot war, hatte sie danach gerade mal noch zehn Euro von ihrer Beute übrig. Im Hotel musste sie aufpassen, dass kein Page ihr Gepäck schleppen wollte. Der hätte sich über das geringe Gewicht nur unnötig gewundert.

Auch zur Spielbank ging Frau Liáng am Abend zu Fuß. Sie setzte nur zweimal, allerdings an zwei verschiedenen Tischen und mit einer längeren Pause dazwischen. Nach dem ersten Coup hatte sie Jetons für dreihundertsechzig Euro, nach dem zweiten zehntausend – nach Abzug des Trinkgeldes *für die Angestellten.*

Am nächsten Tag kleidete sich Frau Liáng neu ein und besorgte all die Dinge, die sie benötigte, Reiseutensilien, Kosmetika, eine Geldbörse und so weiter. Dann kaufte sie eine Zugfahrkarte nach Budapest. Ihre Betreuer würden sicher nicht vermuten, dass sie freiwillig in die Stadt reiste, die das nächste *offizielle* Ziel gewesen war. Außerdem, was sollte ihr schon passieren? Sie würde die Gefahr erspüren, die drohte.

* * *

Es kam zur letzten Gerichtsverhandlung nach der Beweisaufnahme. In Handschellen wurde ich in den Saal geführt, der bis auf den letzten Platz gefüllt war. Der Staatsanwalt begründete seine Anklage und forderte die fünfzehn Jahre Freiheitsentzug. Er konnte die Anschuldigungen nicht belegen, stellte mich aber als Lügner dar, der seine Schutzbehauptungen nicht beweisen könne. Das gut gefüllte Konto spreche gegen mich, die Herkunft des Geldes hätte ich nicht plausibel machen können. Der Verteidiger hielt sein Schlussplädoyer, hackte genau darauf herum, dass es eben keine Belege für meine Vergehen gebe. Trotzdem kam mir seine Rede dünn vor, sehr dünn.

Das Gericht zog sich zur Beratung zurück. Ich war zumindest froh, dass der Strafvollzug für Langzeithäftlinge recht human gestaltet wurde. Wenigstens meine Fernschule würde ich abschließen können.

Nach einer halben Stunde erschienen die hohen Herren in ihren schwarzen Roben. Alle Anwesenden standen auf. Ich hatte fast das Gefühl, meine Beine wären zu schwach, um mich in die Höhe zu bringen.

»In der Strafsache gegen Edgar Nitschke wegen des Verdachts auf Geldwäsche und Steuerhinterziehung ergeht ein Freispruch. Keiner der Vorwürfe konnte dem Angeklagten nachgewiesen werden«, sagte Richter Bauer.

Jetzt gaben meine Knie wirklich nach, ich sank auf meine Anklagebank zurück. Der Richter gebot den übrigen Leuten im Saal, sich ebenso zu setzen. Bauer begründete seine Entscheidung mit der Regel *In dubio pro reo*, im Zweifel für den Angeklagten. Wirtschaftspolizei und Staatsanwaltschaft hätten keine zweifelsfreien Belege für die Vorwürfe erbringen können. Woher das Geld stamme, bleibe offen, die Casinogeschichte sei jedenfalls mehr als unglaubhaft. Trotzdem bleibe nach juristischer Aufarbeitung keine andere Entscheidung zu fällen als dieser Freispruch, führte Richter Bauer aus.

Mein Anwalt gratulierte, der Gerichtsdiener geleitete mich hinaus – ohne Handschellen. Schon im Flur erwartete uns Blitzlichtgewitter, unser kleiner Trupp konnte sich kaum durch die Menge quetschen. »Casino-Ede auf freiem Fuß«, titelte eine der Zeitungen am nächsten Tag. »Woher kommen die Millionen?«

Ich wurde nach Tegel zurückgebracht, brauchte nur meine Habseligkeiten zu packen und durfte gehen. Sogar Haftentschädigung stand mir zu. Das wäre wenigstens ein kleines Startkapital für die wiedergewonnene Freiheit. Während ich in einem kleinen Büro wartete, bis die Entlassungspapiere erstellt waren, erschien Direktor Tollek und gratulierte mir. Für ihn sei ich einer der ungewöhnlichsten Häftlinge gewesen, die während seiner 33-jährigen Dienstzeit in Tegel eingesessen hätten. Ich bat ihn, noch eine Nacht bleiben zu dürfen, da ich nicht wisse, was ich jetzt sofort machen solle. Ich brauchte noch etwas Bedenkzeit. Der Direktor stimmte zu.

Tollek machte mir ein zusätzliches Angebot, das ich kaum ablehnen konnte. Am nächsten Morgen ging ein Gefangenentransport nach Magdeburg in die Halberstädter Straße. Wenn ich wolle, könne der mich mitnehmen. Dankbar nahm ich an. Zum Abschied fragte ich ihn, ob er Verwandtschaft in Magdeburg habe. Die Sekretärin der dortigen Volkshochschule habe ja den gleichen seltenen Namen. Die war ihm aber nicht bekannt.

Fritze empfing mich mit äußerster Anspannung. Ich redete nicht um den heißen Brei herum. »Freispruch«, sagte ich. Ihm entglitten die Gesichtszüge. Ganz kurz war Enttäuschung zu erkennen. Seine Hoffnung auf einige Jahre mit einem angenehmen Zellengenossen war mit diesem einen Wort zerschlagen. Aber schnell hellte sich seine Mimik auf, ja er strahlte übers ganze Gesicht, nahm mich in die Arme und drückte mich so fest an sich, dass mir fast die Luft wegblieb. Er gab mir sogar einen Kuss auf die Wange – und das war mir nicht unangenehm. Dann sagte er: »Glückwunsch, du alter Ganove.«

»Dank dir«, sagte ich, nachdem ich mich aus der Umklammerung befreit hatte. »Tut mir leid für dich. Aber weißte was, ich werd dich besuchen, sooft ich kann. Und ich bleibe auch heute Nacht noch hier, der Tollek hat's erlaubt.«

»Ja, ich freu mich wirklich für deine Freiheit. Und wenn du als Besuch kommst. Und damit du mich nicht vergisst, kriegste was mit.« Er kramte in den Tiefen seines Spindes, holte einen gepolsterten Umschlag heraus und drückte ihn mir in die Hand. Etwas Schweres, Rundes fühlte ich durch die Wattierung. Eine Münze.

Ich ließ das Stück aus dem Umschlag rollen und traute meinen Augen nicht. Es war ein Solidus, eine Goldmünze Konstantins II. von 342 nach Christi Geburt. Auf dem Avers waren sein Profil und sein Name, auf der Rückseite stand *Victoria Caesar NN* und die Jahreszahl.

»Nein«, stieß ich aus, »die kann ich nicht annehmen.«

»Du kannst und du wirst. Aber ich habe eine Bedingung.«

›Aha‹, dachte ich, ›doch nicht nur ein selbstloses Geschenk‹. »Und die wäre?«, hakte ich nach.

»Du abonnierst die Rheinische Post für mich.«

»Die Rheinische Post, sag mal, spinnst du jetzt vollkommen? Hatte die neulich zufällig in den Fingern. Da haben sie sich unglaublich dafür starkgemacht, dass der Strafvollzug verschärft werden soll.«

»Ich weiß, dass die der CDU nahesteht. Aber erstens komme ich aus Urdenbach, und zweitens ...«

»Ich denke, du kommst aus Düsseldorf«, unterbrach ich ihn.

»Urdenbach ist doch ein Stadtteil von Düsseldorf. Liegt direkt am Rhein. Wunderbar. Idyllisch. Die Kämpe, weißt du. Musst du unbedingt mal hinfahren in deiner neuen Freiheit. Der Lokalteil beschreibt immer wieder was aus den Vororten.«

»Kämpe – was ist denn das schon wieder?«

»So 'ne Art Urwald direkt am Uferstreifen. Haben wir als Kinder Tarzan drin gespielt. Manchmal, wenn's ganz toll kam, dann hatten wir Hochwasser.«

»Na, danke«, entgegnete ich verblüfft. »Da freuen sich doch die wenigsten Leute drüber.«

»Ich bin ja auch noch nicht fertig. Also, manchmal, bei Hochwasser im Winter, zum Beispiel im Februar, da gab es anschließend nochmals Frost. Dann hatten wir eine Eisfläche zum Schlittschuhlaufen. Nachlaufen haben wir gespielt. Immer zwischen den Bäumen durch. Die ragten ja aus dem Eis heraus. Was meinst du, was das für einen Spaß gemacht hat. Der, der weggerannt ist, raste so nah wie möglich an einen Baum heran und wich erst im letzten Moment aus. Was gab das für ein Gejohle, wenn der Verfolger gegen den Stamm knallte!«

»Kann ich mir vorstellen«, gab ich zu. »Aber du wolltest ja noch was sagen, weshalb du diese Zeitung willst.«

Es war das Kakuro: Jeden Tag ein Kakuro, sechsmal die Woche. Das sind Rätsel, so eine Art Zahlenkreuzworträtsel. Fritze war vernarrt in diese Dinger. Gut, das würde sich einrichten lassen, auch wenn ich vorerst nicht wusste, wovon ich das Abo bezahlen sollte. Die Entschädigung würde mir nicht lange reichen, und dafür schon mal gar nicht. Seinen goldenen Solidus versilbern, nein, das bekäme ich nicht übers Herz.

Wir unterhielten uns die halbe Nacht. Fritze schwärmte weiter von seinen Kämpen und dem Eis. Besonders toll muss es ausgesehen haben, wenn das Hochwasser zurückging. Dann blieben die Eisflächen an den Bäumen hängen, wie angeklebt. Dazwischen hingen sie durch wie Hängematten. Nach und nach bekam das Eis Sprünge, und wenn man Glück hatte, sah man eine große Fläche herunterkrachen und auf dem Boden zersplittern. Manchmal halfen die tollkühnen Kerle nach, indem sie vom Rand aus auf das Eis robbten. Sie rutschten die leichte Schräge auf die Mitte zu, und irgendwann knackte es. Blitzschnell vergrößerten sich die Risse, und sie fielen mitsamt dem Eis auf den Waldboden. Ungefährlich war das nicht. Sie konnten sich Kleidung oder Haut aufreißen, das Eis war ja scharf wie Glassplitter. Das hielt sie aber nicht davon ab, es immer und immer wieder zu versuchen.

Den Abschied am nächsten Morgen gestalteten wir kurz und schmerzlos, ich musste meine Rührung herunterschlucken. Selten nur war ich einem Menschen so schnell so nahegekommen. Beim Frühstück schlug ich mir den Bauch voll, denn ich wusste ja nicht, wann ich das nächste Essen bekäme. Dann drückte ich Fritze nochmals kurz und ließ mich rausbringen. Der Wärter bei der Ausgabe rückte meine Habseligkeiten heraus und zahlte mir vierhundertfünfunddreißig Euro aus, Entlassungsgeld und meinen Anteil vom Tütenkleben.

Einstieg in den grünen vergitterten Bus mit den kleinen Fenstern. Ein einziger Passagier war drin außer mir. Wir fuhren los, der Bus zockelte gut drei Stunden lang bis in meine Heimatstadt – immerhin musste ich mich nicht um eine Zugfahrt kümmern. Mein Mitreisender war eine Quasselstrippe und fing an, mit seinen Straftaten zu prahlen. Als er bemerkte, dass die mich nicht sonderlich interessierten, schlief er einfach ein und machte die Augen erst wieder auf, als wir über die Schwelle der JVA Magdeburg holperten.

Ich hing meinen Gedanken nach. Irgendwie hatte ich das Gefühl, dass ich auch einfach weiter in der Haft hätte leben können. Was stand für mich schon auf dem Spiel? Meine Fernschule hätte ich auch im Knast fortsetzen können. Irgendwie konnte ich mich mit jeder Situation arrangieren. Mit Fritze wäre ich, so wir in einer Zelle geblieben wären, wunderbar zurechtgekommen, mein Freispruch hatte ihn wirklich getroffen. Das war ein ähnlicher Typ wie Ixo. Doch wer lebt schon gerne im Knast? Man will doch auch mal raus, irgendwo hinfahren, selbst einkaufen gehen und so weiter. Vielleicht konnte ich sogar beim *Zoo am Bahnhof* wieder anfangen. Hatte ich nicht sogar etwas Sehnsucht nach meiner Familie, selbst nach meinem Vater, dem sturen Bock? Auch wenn keiner von denen mich besucht hatte. An Frau Harder dachte ich, die liebe, alte Frau. Die war ja beinahe schon so etwas wie eine Ersatzoma für mich.

Nach dem ganzen Verlauf der Verhandlung und dem Lapsus beim Proberoulette war ich von einer Haftstrafe ausgegangen. ›Blöd gelaufen‹, hatte ich mir gesagt. Doch zu Tode betrübt war ich nicht gewesen. Und beim Gedanken ans Roulette kam mir der Gedanke, dass das Jucken vielleicht nicht endgültig aufgehört hatte. Mittlerweile war ich davon überzeugt, dass da noch etwas auf mich zukommen würde. Und dann hatte ich meine Doppelgängerin entdeckt, die Chinesin. Vielleicht war es möglich, sie noch irgendwie aufzugabeln.

Endlich waren wir angekommen. Nochmals kontrollierten die Beamten meine Entlassungspapiere. Sie führten mich ein paar Gänge entlang und zu guter Letzt in die Schleuse. Die Innentür ging auf, ich tat zwei Schritte nach vorne, die Innentür verschloss sich. Dann rollte die Außentür zur Seite. Blinzeln ins Morgenlicht. Tollek hatte Wort gehalten und die Presse nicht informiert, keine Reporter standen vorm Eingang. Aber in fünf Metern Entfernung spazierte eine Frau an der Bordsteinkante entlang.

Sie drehte sich um. Es war Tascha.

›Schnell weg‹, war mein erster Gedanke. ›Die nicht auch noch‹. Ich drehte mich um, schaffte es aber nur in Zeitlupe.

»Warte, Ede, warte«, rief Tascha mir zu, »ich muss mit dir reden.« Was wollte die schon mit mir reden? Doch sie kam auf mich zu und schaffte es, dass ich mich wie hypnotisiert versteifte wie das Kaninchen vor dem Schlangenkopf.

Schon war sie bei mir und hatte sogar den Mut, mich zu umarmen. Und merkwürdigerweise war mir das nicht einmal unangenehm.

»Ede, ich muss dir viel erklären.«

»Da bin ich aber gespannt«, war meine kühle Antwort. Fast wäre mir ein Schwarm Reporter doch lieber gewesen.

Wohin mit ihr, jetzt erst mal? Ich wolle unbedingt nach Hause, sagte ich ihr. Sie bat, mitkommen zu dürfen. Na, was soll's, dachte ich mir und nahm sie mit. Es war doch egal, wo sie mir ihre Story auftischen würde.

Sie erzählte sie mir im Bus.

»Wo soll ich beginnen?«, stellte Tascha die Frage in den Raum, als wir nebeneinander Platz genommen hatten.

»Sag mir doch als Erstes, wie du zu Wladimir stehst«, schlug ich gespannt vor.

»Wladimir ist mein Bruder«, erklärte sie unverblümt. »Und er heißt Alexander.«

»Mhm.« Mehr brachte ich nicht heraus. Dieses Luder. Ihr eine scheuern, aufspringen, die Notbremse ziehen und wegrennen, das war mein Impuls. Wenn's denn mal eine Notbremse gegeben hätte im Bus.

»Bleib sitzen«, befahl Tascha. Sie hielt mich am Arm fest, hatte bemerkt, dass ich hochzuckte. Dann begann sie zu erzählen. Ich blieb misstrauisch – zunächst.

Es war tatsächlich ihr Bruder, der sie zu den Missetaten angestiftet hatte. Aber er hatte ihr genau die Storys erzählt, die sie dann mir aufgetischt hatte. Sie war auf ihn hereingefallen. In blumiger Sprache hatte er ihr immer wieder geschildert, wie schlecht es der Familie gehe, welche Nöte sie leide und dass nur sie helfen könne. Die Eltern selbst hätten sich nicht bei ihr melden wollen, um sie nicht zu beunruhigen.

Die Erpressung durch den russischen Beamten, das war dann der Höhepunkt. Tascha hatte auch das geglaubt. Ich hatte recht gehabt. Wladimir, nein, Alexander hatte uns wirklich in Helsinki beobachtet. Als ich nach unserer Rückkehr nicht mehr auftauchte, hatte Tascha sofort den Verdacht gehegt, dass Alex dahintersteckte. Er gab freilich nie zu, dass er es gewesen war. Ein Mann wie ich, der lebe nun mal gefährlich, so kommentierte er mein Verschwinden.

Mein Misstrauen blieb. »Hat er dich bezahlt?«, wollte ich wissen.

»Er hat mir nach ein paar Monaten regelmäßig viel Geld überwiesen«, gab Tascha zu. Sie hatte ihn gedrängt, ihr Auskunft zu geben, aber auf Granit gebissen. »Wiedergutmachung« war das Einzige, was er von sich gab. Sie bekam auch nicht heraus, wieso er monatelang verschwunden war.

Dann sagte Tascha: »Ich habe dein Geld. Du bekommst alles zurück.«

Jetzt war ich sprachlos, begriff erst gar nichts. Aber Tascha hatte ein Sperrkonto angelegt. Die Zahlungen blieben für mich reserviert, denn Tascha ging trotz Alexanders Schweigen davon aus, dass sie von mir kämen. Sie gönnte sich nur einen ›Kredit‹ von knapp hunderttausend Euro. Damit hatte sie in kurzer Zeit einen Ikonenhandel aufgebaut, von dem sie mittlerweile gut leben und so fast den gesamten ›Kredit‹ zurückzahlen konnte. Ihre Arbeit als Callgirl war Vergangenheit.

Das wollte ich alles erst nicht glauben. Es war aber so, wie sie sagte. Am nächsten Tag gingen wir zur Bank. Ich legte meinen Ausweis vor. Der Angestellte blickte mich irritiert an und holte seinen Vorgesetzten. Alle kannten mich, ich kannte niemanden. Doch ich konnte ab sofort über gut fünf Millionen Euro verfügen. Damit war Tascha endgültig rehabilitiert. Die *vorläufige* Rehabilitation hatte bereits am Abend meines Entlassungstags stattgefunden.

Frau Harder war hocherfreut, mich zu sehen. »Ich konnte mir nicht vorstellen, dass Sie ein Verbrecher sein sollten«, teilte sie mir mit. Auch sie schloss mich in ihre Arme. »Ist das Ihre Braut aus Lissabon?«

»Ach, Frau Harder«, entgegnete ich, »das ist alles so lang und kompliziert, das muss ich Ihnen alles mal in Ruhe erzählen.«

Sie überreichte mir einen Stapel Post. Dem Briefträger hatte sie gesagt, er solle meine Briefe bei ihr mit einstecken.

Meine Güte, war meine Wohnung winzig im Vergleich mit all den riesigen Hotelzimmern, mit Wladimirs Suiten und den riesigen Casinosälen. Ich ging vom Wohnzimmer in die Küche. Hier kam die Erinnerung an die Zelle – und plötzlich erschien mir mein Zuhause riesengroß. Wieder zurück ins Wohnzimmer. Erst mal Vorhänge und Fenster auf. Frische Luft strömte herein. Ein Sonnenstrahl wie Scheinwerferlicht fiel auf den Tisch, auf dem Tascha ihre Papiere ausgebreitet hatte. Es waren der Sperrkontovertrag mit mir als Bevollmächtigtem und die zugehörigen Kontoauszüge. Und die Gewerbeanmeldung für das Ikonengeschäft durfte ich überprüfen.

Ich entspannte mich. Tascha und ich gingen italienisch essen. Wir tranken einen guten Chianti. Dann ließen wir uns mit dem Taxi zurück zu meinem Zuhause kutschieren. Ich war glücklich. Wir hatten eine wunderbare Nacht.

Am nächsten Morgen dämmerte ich in den neuen Tag hinein, beim langsamen Wachwerden durchströmte mich ein Glücksgefühl. Neben mir eine wunderbare Frau. Wohlstand. Das Leben war schön. Ein Schloss konnten wir uns bauen. Tascha schlief noch. Ich schlich hinaus und kaufte ein.

Frühstück, dann der gemeinsame Gang zur Bank. Danach zeigte Tascha mir ihren kleinen Laden. Knapp hundert Ikonen stellte sie hier aus. Das meiste lief über den Versand. Sie hatte drei Angestellte, die Formalitäten und technische Abläufe erledigten.

Eine Woche verging wie im Flug. Meine Glückssträhne schien nicht reißen zu wollen. Dienstag war der Entlassungstag gewesen. Freitag kam ein Paket der Staatsanwaltschaft. Es enthielt meine

Münzsammlung; die Beschlagnahmung war aufgehoben. Am Montag darauf wurde meine Kontosperrung aufgehoben – schlagartig erhöhte sich mein, oder unser, Kapital auf zehn Millionen.

Das musste gefeiert werden. Tascha reservierte einen Platz im Elbelandhaus. Ein Glas Champagner zum Anstoßen, gutes Essen, gepflegter Wein, Zukunftspläne. Ja, so weit waren wir schon. Zusammenziehen, natürlich ein kleines Anwesen kaufen. Keineswegs übertrieben wir mit dem Spätburgunder, es blieb bei einer Flasche. Trotzdem hatte ich einen angenehmen Glimmer, als wir nach zwei Stunden gingen.

Unser Taxi warte draußen, hatte die junge Bedienung uns mitgeteilt. Sie hatte recht, es hielt mit laufendem Motor am Bürgersteig vor einer anderen Limousine. Tascha und ich gingen darauf zu. Aus dem Wagen dahinter sprang eine Frau heraus und eilte auf uns zu.

* * *

Teil IV – Liáng Lan

Sofort erkannte ich die kleine, gedrungene Gestalt. Es war die Chinesin aus Macao. »Sie dürfen nicht nach Hause«, sagte sie in klarem Deutsch. Es klang mehr nach einem Befehl als nach einer Bitte. Tascha schaute fragend zu mir, ich blieb erst einmal verwirrt stehen. Meine Doppelgängerin aber wusste anscheinend genau, was sie tat. Sie ging zu unserem bestellten Taxi, sprach kurz mit dem Fahrer, reichte ihm einen Schein durch das Seitenfenster und kam wieder zu uns.

»Entschuldigen Sie bitte«, sagte sie. »Es ging nicht anders. Bitte kommen Sie mit mir.« Sie sprach derart eindringlich, dass ich Tascha zunickte und wir ihr in ihr Auto folgten. Sie hatte einen Chauffeur, und der startete sofort, als wir Platz genommen hatten.

Im Wagen stellte sich die Frau aus Macao vor. Liáng Lan hieß sie. Viel mehr berichtete sie vorerst nicht. Wir waren aber schnell im Hotel, in der Grünen Zitadelle, das nach langer Renovierung wieder geöffnet war. Das Zimmer war eher spärlich eingerichtet. Frau Liáng bot uns die beiden Stühle an, selbst nahm sie auf der Bettkante Platz. Mein Blick streifte Bilder von van Gogh und Klimt – und das im Hundertwasser-Haus. Nun, zur Kunstbetrachtung waren wir aber nicht hier.

Frau Liáng wusste, dass wir in Gefahr steckten. »Sie dürfen jetzt nicht in Ihre Wohnung«, warnte sie.

»Und warum nicht?«, wollte ich wissen.

»Das kann ich nicht sagen – ich weiß es selbst nicht.«

»Und danach sollen wir uns jetzt richten?« Ich konnte meine Skepsis nicht verbergen.

»Sie und ich, mein lieber Herr Nitschke, wir haben eine ganz ähnliche Gabe. Das wissen Sie.«

»Ja, das weiß ich«, bestätigte ich. »Und woher wissen Sie meinen Namen?«

»Wir haben auch Internet in China«, erklärte sie. »Ihr Fall ging durch unsere Presse. Ich möchte Sie jetzt einfach bitten, mir zu vertrauen. Es wird sich alles klären. Heute müssen wir noch herausfinden, was bei Ihnen zu Hause los ist.«

»Darf ich auch mal was sagen?«, schaltete sich Tascha ein. »Ede, was ist hier eigentlich los? Wieso lässt du dich von dieser Frau hierherführen und willst anscheinend alles tun, was sie sagt?«

Ich spürte den Druck, unter dem Liáng Lan stand, der übertrug sich auf mich. Mir war klar, dass ich ihr vertrauen musste. Wie aber sollte ich das auf die Schnelle Tascha klarmachen?

»Oh, Mensch, Tascha. Das kann ich dir jetzt nicht so schnell erklären. Das ist ein ganzer Roman. Ich vertraue Frau Liáng. Bitte tu du das einfach auch. Wenn etwas Ruhe eingekehrt ist, wird sich die Zeit finden, dann erzähle ich dir alles haarklein. Unter sehr seltsamen Umständen haben Frau Liáng und ich uns schon mal in Macao getroffen. Sie ist auch eine Gewinnerin im Casino. Du weißt, was ich meine.«

Taschas Gesicht blieb angespannt. »Na gut«, sagte sie zögernd. »Was sollen wir denn jetzt tun?«

Liáng Lan schlug vor, zu Frau Harders Haus zu fahren und aus sicherer Distanz zu schauen, ob uns etwas auffalle. Dann hatte sie noch eine Idee. Wir ließen uns von einer Taxe zu Carlos Pizza bringen und bestellten drei dieser italienischen Leckerbissen zum Mitnehmen. Dann fuhren wir zu meinem Haus. Liáng lieh sich vom Fahrer die Jacke. Ein bisschen wunderte der sich schon, war aber einverstanden. Sie nahm die drei Pizzen und klingelte an meiner Wohnungstür. Es dauerte eine Weile, sie musste mehrfach klingeln. Dann aber öffnete sich die Haustür und Wladimir trat heraus – nein, Alexander.

Tascha und ich trauten unseren Augen kaum. Es war Taschas Bruder, eindeutig. Im Eingangslicht war er gut zu erkennen. Liáng wechselte ein paar Worte mit ihm. Dann kam sie mit den Pizzen zurück. Etwas komisch sah sie aus in ihrer zu großen Jacke. Aber die Pizzabotin konnte man ihr abnehmen.

»Ich kenne diesen Mann«, sagte sie. »Er war in Macao im Casino.« Erstaunlich, was für ein Gedächtnis sie hatte. »Und ich habe ihn nochmals in Ungarn gesehen«, ergänzte sie. Ich wollte nachhaken, aber schon standen wir vor der Hundertwasser-Burg.

In ihrem Hotelzimmer machten wir uns über die lauwarmen Pizzen her. Die Aufregung machte uns hungrig. Jetzt sah auch Tascha ein, dass es nicht gut gewesen wäre, in meine Wohnung zurückzukehren. Die Russen hatten mit Sicherheit ebenfalls die Berichterstattung über mich verfolgt und wollten mich erneut kidnappen. Sie hatten anscheinend den Hals immer noch nicht voll.

Tascha fragte noch einige Male, woher Frau Liáng wisse, dass Gefahr drohte. Die vertröstete sie auf später, und auch mir war es lieber, dass wir uns erst einen Plan ausdachten. So leicht würde Alexander mich nicht entwischen lassen.

Schnell wurde uns klar: Wir mussten weg. Magdeburg verlassen, Deutschland verlassen. Doch wie? Wir brauchten einige Sachen aus der Wohnung. Wirklich? Meine Papiere hatte ich bei mir, auch die Scheckkarten. Alles andere konnte ich kaufen.

Doch – der Reisepass musste her. Und Tascha brauchte ihren. Es war ja nicht klar, wohin wir fliehen würden und ob wir überall mit dem Personalausweis einreisen dürften. Es konnte gut sein, dass sich einer der Orang-Utans in Taschas Wohnung versteckt hielt und auch sie abfangen wollte.

Diesmal dämmerte mir eine Idee, als bereits der Morgen anbrach. Ich erklärte sie den beiden Frauen, sie hielten sie für brauchbar. Fast gleichzeitig bemerkten wir unsere bleierne Müdigkeit und waren kaum noch in der Lage, die Augen aufzuhalten.

Liáng Lan bot Tascha und mir ihr schmales Bett an, das wäre schon okay. Doch verlangte der Gentleman in mir, den beiden Frauen das Bett zu überlassen. Ich erntete einen verständnislosen Blick von Tascha, und Frau Liáng bestand auf dem unbequemen Sessel.

Gut, so konnte ich mich an Tascha anschmiegen und verfiel schnell in einen narkoseähnlichen Schlaf.

Chinesen hätte ich nicht zugetraut, dass sie laute Schnarcher sein können, Chinesinnen erst recht nicht. Liáng Lan belehrte mich eines Besseren. Ihre Sägelaute waren es, die meinen Schlummer beendeten.

Es war halb zehn. Vorsichtig streichelte ich Tascha wach. Sie reckte sich und gähnte. Das steckte mich an. Und kurz darauf sprang Liáng Lan auf, stöhnte, griff sich an die Wade. Sie hatte einen Krampf. Als der vorbei war, entschuldigte sie sich für die Möglichkeit, dass sie geschnarcht haben könnte. Ich behauptete, ich hätte nichts gehört. Tascha grinste mich an, ihr war die nächtliche Holzfällerarbeit anscheinend auch nicht entgangen.

Wir tranken kurz einen Kaffee, nach richtigem Frühstück war niemandem zumute.

Alexander und seine Leute mussten sich wundern, wo ich steckte. Wenn ich auf Dauer nicht zurückkäme, würden sie wohl irgendwann das Haus verlassen. Dieser Idee wollte ich etwas nachhelfen. Wir teilten uns auf. Liáng Lan fuhr mit Tascha, die mich auf meiner Flucht unbedingt begleiten wollte, zu ihrer Wohnung. Sie musste mit ihren Angestellten einiges regeln und zumindest ihren Pass, ihre Kreditkarten, ihren Kulturbeutel und ein wenig Garderobe holen. Frau Liáng versicherte ihr, dass ihr keine Gefahr drohe, wenn sie sie begleite und keine verspüre.

Ich ließ mich von einer Taxe in eine Nebenstraße bringen und bog zu Fuß mit hochgezogenem Kragen in meine Straße ein. Gegenüber der Haustür meiner eigenen Wohnung klingelte ich irgendwo und sagte in die Sprechanlage, ich müsste an die Briefkästen. Der Summer ging, ich trat ein und ging in den zweiten Stock. Dort konnte ich vom Treppenfenster aus Frau Harders Haus gut beobachten.

Nun rief ich die alte Dame per Handy an und bat sie um einen großen Gefallen. Es war ein bisschen heikel, aber nachdem sie mir neulich erst ihr Vertrauen ausgesprochen hatte, glaubte ich es riskieren zu können, sie in die Situation einzuweihen – wenn auch nicht im Detail. Ich erzählte Frau Harder also, dass sich ein paar Fremde Zutritt in meine Wohnung verschafft hätten – es handele sich um die Männer, dank deren Machenschaften ich zu Unrecht verhaftet worden war. Ich bat sie eindringlich, nicht die Polizei zu rufen, und schwor ihr, ihr alles beizeiten zu erklären.

Jetzt aber komme es darauf an, die Fremden aus der Wohnung herauszubekommen, und dafür bräuchte ich ihre Hilfe.

Sie schwieg einen langen Moment, dann sagte sie: »In Ordnung. Was soll ich machen?«

Ich atmete erleichtert auf.

»Bitte, Frau Harder, rufen Sie bei mir an und sprechen Sie auf den Anrufbeantworter. Sagen Sie: ›Guten Morgen, Herr Nitschke. Ich weiß, dass Sie noch verreist sind, aber Sie gehen auch nicht an Ihr Handy. Wenn Sie nächste Woche zurück sind, könnten Sie mich dann bitte zurückrufen? Wir haben noch etwas mit der Miete zu klären.‹ Etwas in der Art. Haben Sie das verstanden?«

»Ja. Und was mache ich, wenn sie abnehmen«

»Das werden sie nicht. Würden Sie als Einbrecher ans Telefon gehen?« Ganz so sicher war ich mir zwar nicht – man konnte nie wissen, was in Alexander vorging. Aber mir schien das Risiko kalkulierbar zu sein. »Aber falls doch, legen Sie einfach auf. Dann müssen wir uns etwas anderes einfallen lassen.«

Ich wartete ungeduldig vorm Fenster. Es dauerte keine Viertelstunde, da sah ich drei Gestalten aus Frau Harders Eingangstür heraustreten. Es hatte funktioniert! Ich trat etwas hinter den Fensterrahmen zurück. Vorneweg ging Alexander, Boris und Dimitri folgten, Sergej fehlte. Hoffentlich lauerte der nicht in Taschas Wohnung. Die drei stiegen in einen silbergrauen BMW mit Wiesbadener Nummer.

Ich hielt einen gewissen Sicherheitsabstand ein. Dann ging ich hinüber zu meiner Wohnung hinauf, schloss vorsichtig und so leise wie möglich die Tür auf, schritt durchaus nervös in den Flur und horchte. Es war völlig still. Die Luft schien rein zu sein.

Ich kramte meinen Pass aus der Schublade und packte mir Zahnpasta und -bürste, den Rasierer, etwas Unterwäsche und noch ein paar Kleinigkeiten ein. Dann fuhr ich zurück zu Frau Liángs Hotel in der Grünen Zitadelle. Lange musste ich im Eingangsbereich nicht warten. Tascha und Frau Liáng trafen wenig später ein. Meine Doppelgängerin hatte keinerlei Alarmsignal verspürt, und Tascha hatte ihre Reisetasche packen können. Mit den Angestellten hatte sie gesprochen, die würden den Laden über Wasser halten.

Mit dem Intercity zum Flughafen Leipzig dauerte es eine gute Stunde. Frau Liáng erzählte nur, dass sie verschiedene Dinge genau spüre. Das seien Warnungen vor schlechtem Wetter, vor unbekannten Gefahren, auch, aus welcher Richtung sie kämen, beispielsweise ein Stein, über den sie stolpern könnte, oder ein Auto, das auf sie zurase. Auch merke sie, ob sie es mit einem Betrüger oder gewalttätigen Menschen zu tun habe. Selbst die Zeit, in der das Unheil auf sie zukomme, könne sie ziemlich genau vorhersehen.

Tascha war beeindruckt, und ich ahnte, dass dieses Wunder über das Jucken funktionierte. Doch weitere Aufklärung erhielten wir zunächst nicht. Denn alle waren wir gerädert von der kurzen Nacht und der unbequemen Ruhestätte. Dazu kam das hypnotisch rauschende Geräusch des Gleitens über die Schienen.

Anfangs hatten wir Bedenken, Alexander und seine Schergen könnten im Zug auftauchen. Aber das Geschiebe im Gang ließ schnell nach, und bald dösten wir alle vor uns hin.

Liáng Lan – eine angenehme Person, keine Frage. Mütterlich, aber klug und mutig. Ein Weilchen beobachte ich sie durch meine fast geschlossenen Augenlider und hoffte, dass sie es nicht merkte.

Flughafen Leipzig/Halle. Tascha und ich verdrückten uns in eine unbelebte Ecke und tranken einen Kaffee, Frau Liáng machte einen Flug klar. Sie beteuerte, keine Gefahr zu spüren. Bis sie zurückkehrte, erzählte ich Tascha von meiner ersten Begegnung mit der Chinesin. Immer wieder blickten wir etwas scheu zu den vorbeieilenden Touristen hinüber. Dann näherten sich russische Männerstimmen. Beide bückten wir uns unter den Tisch, als ob wir etwas suchten. Aber es waren Geschäftsleute.

Aufatmen.

Wenig später kam Frau Liáng. Sie hatte drei Flüge nach Liberia gebucht, über München und Brüssel.

* * *

Liberia – warum nicht? Hauptstadt Monrovia.

Ich konnte es nicht lassen und checkte die internationale Vorwahl: +231. Mein 25. Land, wenn auch unterbrochen durch die Untersuchungshaft. Zahl Numero 25 im Roulettekessel: die 13, die ersten beiden Ziffern bei Umkehrung der Vorwahl. Sollte das System weitergehen?

Im Flugzeug hatten wir glücklicherweise eine Dreierreihe für uns. Ich saß in der Mitte zwischen den beiden bezaubernden Damen.

Bis München würden wir eine Stunde brauchen und dort anderthalb Stunden Aufenthalt haben. Bis Brüssel dauerte es ebenso lang. Nach zweieinhalb Stunden ging es von dort weiter. Der Flug nach Liberia würde nochmals sieben Stunden dauern, mit einem Stopp in Banjul, aber ohne Flugzeugwechsel.

Wir hatten also viel Zeit zum Reden. Als Erstes fragte ich Frau Liáng, wieso sie sich an Alexander erinnern konnte. Sie sagte, sie betrachte die Menschen um sie herum grundsätzlich sehr genau.

»Ich war hocherfreut«, erklärte sie, »dass ich Sie entdeckt hatte. Ich hatte schon lange gehofft, jemanden mit der gleichen Begabung zu finden. Sie schienen sie zu besitzen. Aber ich sah auch gleich diese komischen Kerle. Und ich merkte schnell, dass es Ihnen ähnlich ging wie mir. Damit war mir klar, dass ich Sie nicht einfach ansprechen konnte.«

Es war also, wie ich schon vermutet hatte: Auch Frau Liáng wurde überwacht. Ich für meinen Teil könnte allerdings nicht sagen, dass mir irgendwelche Typen um sie herum aufgefallen wären – aber sie waren da. Ich war fasziniert von der Beobachtungsgabe meiner ›Kollegin‹.

Und schon waren wir am Franz-Josef-Strauß-Flughafen. Auch hier: keine Gefahr. Die Zeit verging mit den Reiseformalitäten schnell genug.

Im Flugzeug nach Brüssel konnten wir nicht alle drei zusammensitzen. Ich saß aber bei meiner Tascha und wiederholte Frau Liángs Bericht für sie, weil sie nur einen Bruchteil mitbekommen hatte.

In Brüssel verlief die Wartezeit weniger hektisch.

»Da ist etwas, das wir zusammen durchstehen müssen«, erklärte uns Lan – der Grund, warum sie mitgekommen sei. Kurz zuvor hatten wir uns auf das Du geeinigt. Bei den Chinesen wird der Vorname hinter den Familiennamen gestellt. Lan bedeutet Orchidee. Chinesische Eltern dürfen ihren Kindern jeden beliebigen Begriff als Namen geben. Beliebt ist unter vielen anderen Lóng. Das bedeutet Drache, und dieser ist ein Symbol für Glück.

»Und was soll das sein, was uns bevorsteht?«, bohrte ich nach. Das aber konnte mir Lan nicht sagen. Konnte sie es nicht, oder wollte sie nicht? Doch warum sollte sie mir etwas verheimlichen, nach alledem, was bislang passiert war?

Aber immerhin erfuhren wir, wie Lan ihre Fähigkeit entdeckt hatte.

Es war ihr etwas peinlich, darüber zu reden. Als Dame gehöre es sich nicht, sich zu kratzen. »Wisst ihr, ich schämte mich richtig für meine Krankheit. Ach was, Krankheit, es war ja nicht mal ein Wehwehchen.« Ich bewunderte ihren Wortschatz. »Ich dachte lange Zeit, nur ich hätte so etwas, habe versucht, mir selbst zu helfen, und hoffte, dass es nicht auffallen würde, wenn ich mich kratzte.«

»Was ist denn so schlimm dran, wenn man sich mal kratzt?« Tascha schien etwas genervt.

»Es gehört sich eben nicht, besonders das Kratzen an Händen und Füßen. Alle Leute denken, man hat Krätze oder Fußpilz.«

Eigentlich galt es schon als unschicklich, wenn überhaupt irgendetwas juckte.

Liáng Lan hatte ihre Begabung vor gut zehn Jahren festgestellt. Dabei war es ihr ähnlich wie mir gegangen. Ständig nervende Juckerei an Stellen, an denen man nicht so ohne Weiteres kratzen kann – wenn es die Situation überhaupt zuließ. Der Zusammenhang mit den Zahlen war ihr klargeworden, als sie ihrem Freund beim Roulette zugesehen hatte. Und sie stellte fest, dass die Voraussagen immer präziser wurden. Bei der 32 juckte der große Zeh am rechten Fuß, bei der 19 der zweite Zeh. Dann kamen die restlichen Zehen für die 21, 25, 34. Das waren der Reihe nach alle roten Zahlen des ersten Viertels des Kessels. Fünf Zehen, fünf Zahlen. Dazwischen, in den Zwischenräumen, lagen die schwarzen, zwischen erstem und zweitem Zeh die 15, im nächsten die 4, dann 2 und 17.

Das nächste Kesselviertel begann mit der schwarzen 6. Dabei juckte der Knöchel des kleinen Fingers der rechten Hand, das Grundgelenk, genauer gesagt. Auch hier folgten bis zum Daumen die schwarzen Ziffern 13, 11, 8 und 10. In den Zwischenräumen machten sich die roten Ziffern 27, 36, 30 und 23 bemerkbar.

Auf diese Art markierten die linke Hand das dritte Kesselviertel und der linke Fuß das vierte. Bei der Null juckte nichts. Auch das wiederholte sich sehr zuverlässig.

Das war also Liáng Lans System. Ich war schon etwas neidisch, das muss ich zugeben.

»Und du«, wollte Tascha von mir wissen, »warst du auch mit einer Freundin, die ich nicht kenne, im Casino? Und hast dabei gemerkt, dass dir die Zehen jucken?«

»Bei mir jucken nicht die Zehen, bei mir ist es die Kniekehle. Und in einer Spielbank war ich noch nie mit einer Freundin, außer mit dir.«

»Und wie hast du den Zusammenhang entdeckt?«

Ich erklärte recht kurz, dass mir das gedämmert war, als ich über Tier und Mensch und ihre Entstehung nachdachte. Über die Zweiteilung oben und unten, Arm und Bein, Kopf und Becken, Denken und Ahnen, Mund und Po.

Irritiert blickte Tascha mich an. »Über den Po bist du darauf gekommen? Sag mal, Ede, willst du mich verkohlen?«, fragte sie ungläubig.

Ich schüttelte kaum merklich den Kopf. Taschas fragende Gesichtszüge wandelten sich in Verblüffung. Dann verzog sich ihr Mund zu einem breiten Grinsen.

»Deinen Reichtum verdankst du deinem Arsch? Ich fass es nicht!«

Polternd lachte sie los. Bestürzt schaute ich zu Lan. Hoffentlich war ihr dieser Ausbruch nicht peinlich. Doch sie begann gerade, in das Gelächter einzustimmen. Einen derart ordinären

Ausdruck hatte ich noch nie von Tascha gehört, aber er passte genau zur Situation. Ich stimmte ins Lachen ein und fühlte mich erleichtert.

»Dein Freund hat dir noch nie davon erzählt?«, fragte Lan, als wir uns alle etwas beruhigt hatten.

Nun war ich es, der etwas peinlich berührt war.

* * *

Landung in Monrovia, Hotelsuche, Mittagessen und Besprechung: Was tun in Liberia?

»Ich kann ja Münzen suchen gehen«, schlug ich scherzhaft vor. Lan war sofort hellhörig und hakte nach, was ich meinte. Ich wiederum war erstaunt über ihre Neugierde, erzählte aber, wie ich über den koreanischen Münzhändler zum Sammler geworden war.

»Gut«, sagte sie, »dann sammelst du weiter.«

»Und warum?«, wollte ich wissen.

»Ich weiß es nicht, und du weißt es anscheinend auch nicht. Man muss nicht immer alles verstehen, was man tut. Wenn man Glück hat, erfährt man es noch in diesem Leben, wenn nicht, dann nicht. Damit muss man sich zufriedengeben.«

»Geheimnisse der chinesischen Philosophie«, äußerte ich scherzhaft.

»Ich glaube an das Dao, das stimmt«, bestätigte mir Lan.

»Und was heißt das?«, wollte Tascha wissen. Lan stöhnte nur kurz auf. Dann sagte sie, dass sie ihr Leben damit verbracht habe, das zu erfahren und es immer noch nicht wisse. Kein Mensch könne das ganz begreifen, man könne sich diesem Wissen nur nähern. Sie aber beobachte, was um sie herum geschehe, und ziehe ihre Schlüsse. Es sei kein Zufall, dass sie und ich diese Gabe hätten und dass wir uns gefunden hätten. Und mit der Münzsammlung, das sei auch kein Zufall. Ob ich sie denn bei mir hätte?

»Ich schleppe doch auf meiner Flucht keine Tasche mit Münzen mit mir herum«, schleuderte ich ihr fast schon etwas zu heftig entgegen.

»Schade«, meinte sie nur. »Mir ist aber auch etwas aufgefallen. Wieso hast du dich so genau danach erkundigt, wieso ich Liberia als Ziel ausgesucht hatte?«

Ich war mir nicht sicher, ob ich ihr von meiner Beobachtung mit den Telefon-Vorwahlen sagen sollte. Lan bemerkte mein Zögern.

»Was ist?«, hakte sie nach. Na gut – was hatte ich schon zu verbergen? Ich erklärte ihr das System und schrieb eine Liste der Länder, der Vorwahlen und der Roulettezahlen im Kessel auf. Tascha hörte und schaute zu und schien aus dem Staunen nicht herauszukommen.

»Was wird hier nur gespielt?«, fragte sie verstört. »Was soll denn das alles? Das ist ja unheimlich.«

»Mich wundert das nicht. Das ist das Dao«, erklärte unsere chinesische Freundin. »Vielleicht bleiben wir eine Weile zusammen. Dann werde ich ein paar Geheimnisse lüften, die ich kenne. Mir ist jetzt klar: Diese Münzen spielen eine Rolle.«

Konnte sein, konnte auch nicht sein. Ganz überzeugt war ich nicht. Es konnte aber nicht schaden, sich Münzen anzusehen und besondere Exemplare zu erwerben. Bei dem Gedanken fiel mir auf, dass ich in jedem Land jeweils nur eine einzige Münze gekauft hatte, niemals mehrere. Wenn auch nie wieder so stark wie bei dem Koreaner, hatte ich mich irgendwie doch von einer bestimmten Münze immer fast magisch angezogen gefühlt.

Ich betrachtete Lan versonnen. Was war das nur für eine Frau? Und was mochte sie eigentlich vorhaben?

Am nächsten Morgen zog ich los, streifte durch die Millionenstadt am Saint-Pau- und Mesurado-River mit den riesigen Mangrovenwäldern, die von den internationalen Naturschutzbehörden als besonders schützenswert deklariert worden waren. Dorthin zog es mich allerdings nicht, sondern in die Hafengegend, wo vor allem Gummi und Eisenerz verschifft werden. Ich ließ mich treiben durch diese schmucklose Stadt, teilweise durch die Slums. Vor den Bewohnern hatte ich allerdings Respekt.

Aber eigentlich entdeckte ich nur freundliche Gesichter. Dabei hatte ich im Netz Horrorgeschichten über diese Gegend entdeckt. War es nicht an der Zeit, einen Haufen Vorurteile abzulegen? Oder am besten alle?

Irgendwann stand ich an einem Kino in Logan Town. In der Nähe gab es einige kleinere Geschäfte, darunter auch einen Gebrauchtwarenhändler. Dort trat ich ein und wurde freundlich von einem jungen Mann begrüßt.

»What can I do for you?«, fragte er.

»Souvenir«, antwortete ich. »Let me have a look.« Ich schaute mich um, kramte in einigen Kästen und fand eine Münze. Meine Münze. Meine liberianische Münze. Nach etwas Handeln erfolgte der Kauf. Danach ließ ich mich mit einer Taxe zurückbringen ins Cave Hotel nahe am Atlantik und freute mich auf mein klimatisiertes Zimmer.

Dort riss ich mir die Kleider vom Leib, sprang unter die kalte Dusche und legte mich aufs Bett. Ich muss sofort eingenickt sein, denn Taschas Kuss auf die Stirn war es, der mich weckte. Ich hatte sie nicht kommen hören.

Die Einkaufstour der beiden Frauen war erfolgreich gewesen. Sie hatten sich etwas für die Hitze Geeignetes zum Anziehen ausgesucht. Am Nachmittag war es etwas bewölkt, ein frischer Wind wehte vom Meer her. Wir beschlossen, an den Strand zu gehen, nachdem wir uns gegenseitig unsere Schätze vorgeführt hatten. Lan betrachtete sehr interessiert meine Münze, eine abgegriffene, unregelmäßige byzantinische Kupfermünze von Justinian I., der von 527 bis 565 nach Christi Geburt regiert hatte.

Wir nahmen Decken vom Hotel mit und etwas Weißwein – Chenin Blanc Reserve. Er stammte aus Südafrika. Es würde nicht mehr lange dauern, dann konnten wir ihn dort, in seinem Ursprungsland, trinken. Doch das wussten wir in diesem Moment noch nicht.

Wir machten uns einen richtig schönen Lenz an diesem Nachmittag. Aus irgendeinem Grund schienen uns die Sorgen weit weg; in Brüssel, Leipzig oder Magdeburg geblieben. Ich ging ein paarmal ins Wasser. Einmal folgte mir Lan. Selbst hier am Strand zog sie ihre Handschuhe nicht aus, an den Füßen trug sie Schwimmschuhe. Sie musste sich für ihre entzündeten Hautstellen wirklich sehr schämen.

Mit Schuhen und Handschuhen näherte sich Lan, sie schubste mich und spritzte mir Wasser ins Gesicht. Ich versuchte, sie unterzutauchen. Wir lachten herzlich und schwammen dann ein Stück raus.

Als wir zurückkamen, wirkte Tascha etwas griesgrämig. Da es bereits zu dämmern begann, räumten wir unsere Sachen schnell zusammen. Obwohl wir uns beeilten, schafften wir es kaum – es wurde blitzschnell stockdunkel.

Wir gingen zum Hotelrestaurant. Ein großer, runder Tisch strahlte Gemütlichkeit aus. Ich setzte mich auf die gepolsterte

Eckbank, Tascha schob ihren Stuhl in meine Nähe. Lan setzte sich auf den anderen Schenkel der Bank.

Es gab Meeresfrüchte, fangfrisch und lecker. Wir unterhielten uns angeregt. Nach Ernstem war uns nicht zumute.

Ich hätte Lan nicht fragen sollen, wie ihr Leben als Casinofee weitergegangen war, nachdem sie ihre Begabung entdeckt hatte. Denn das drückte die Stimmung.

Ihre Eigenschaft als Glücksbringerin für ihren Vorgesetzten sei bald beendet gewesen, berichtete Lan. Nach wenigen Wochen habe der Geheimdienst sie von zu Hause abgeholt und in eine Art Haft gesteckt, eben ohne die Folter, der ich ausgesetzt war. Trotzdem waren ihr die Erinnerungen unangenehm. Auch sie sei ja ihrer Freiheit beraubt worden. Glücksspiel war verboten, aber dessen ungeachtet trieben sich Politiker in den illegalen Kaschemmen herum. Einem von denen sei sie aufgefallen, und der meinte, sie für seine Zwecke instrumentalisieren zu können.

Es sei ihm weniger um Geld gegangen, eher um politische Zukunftsdeutungen. Man habe sie medizinisch untersucht undgetestet, doch ihre Fähigkeiten bezogen sich nur aufs Geld. Na, dann eben Geld, muss sich der einflussreiche Mann gedacht haben. Wenn sie mehr nicht könne, dann sei das trotzdem besser als nichts. Und so sei sie benutzt worden, um vor allem aus kapitalistischen Ländern Devisen einzufahren. In China habe sie sich ziemlich frei bewegen können, im Ausland sei sie ähnlich streng bewacht worden wie ich.

Wie ich verriet Lan ihren Bewachern nicht die Stellen, die die Signale sendeten. Und erst recht verriet sie nicht die zusätzlichen Eigenschaften, die sie entdeckt hatte: das System der Warnhinweise.

»Und wie funktionieren die?«, wollte ich wissen. Doch Lan winkte ab.

»Ich bin müde. Morgen ist ja auch noch ein Tag, wie ihr in Deutschland gerne sagt.«

Da hatte sie recht. Wir verabschiedeten uns. Tascha war ebenfalls extrem müde, so kühl, wie sie wirkte. Sie hatte sich überhaupt nicht an dem Gespräch beteiligt.

Doch müde war sie ganz und gar nicht. Oben im Hotelzimmer machte Tascha mir eine gewaltige Szene. Was mir einfalle, so mit Lan zu turteln. Ich war gehörig überrascht. Doch Tascha bestand auf ihrer Vermutung, dass ich Lan anbaggere. Was ich ihr für Augen mache. Wie ich sie am Strand ständig angeglotzt hätte. Sie selbst sei mir wohl zu mager? Und dann diese Spielchen im Wasser. Ich hätte ja nicht mal meine Finger von ihr lassen können. Ich kam kaum dazu, etwas zu entgegnen. Mir fiel auch nichts besseres ein als zu fragen: »Warum bist du denn nicht mit schwimmen gekommen?«

»O, ich wollte das junge Glück doch nicht stören«, entgegnete sie schnippisch und setzte ihre Schimpfkaskade fort.

Die Krönung sei das Abendessen gewesen. Immer weiter sei ich ihr auf die Pelle gerückt. Hätte mich wohl am liebsten auf ihren Schoß gesetzt. Oder sie auf meinen gezogen.

Ich war baff. Tascha war eifersüchtig. Durfte das wahr sein? Ich konnte nicht anders, ich musste losprusten.

»Tascha, mein Täubchen«, begann ich zu beschwichtigen, »was ist nur in dich gefahren? Das ist doch alles harmlos. Wenn hier einer eifersüchtig sein dürfte, dann bin das doch wohl ich. Du hast doch bestimmt tausend Männer gehabt.«

»Gehabt, ja, gehabt. Ich habe sie gehabt. Aber jetzt habe ich sie nicht mehr. Ich habe dich, und ich will nur dich. Und ich habe gedacht, du willst auch nur mich. Und da kommt diese Frau und macht alles kaputt. Kaputt. Einfach kaputt.«

Tascha sank auf einen Sessel, verbarg ihr Gesicht in den Händen und begann leise zu schluchzen. Ich setzte mich auf die Lehne und schlang meine Arme um sie. Mir wurde schwer ums Herz und zugleich warm. Tascha liebte mich wirklich. Ich sagte nichts mehr, und Tascha beruhigte sich. Nach einer Weile schmiegte sie sich an mich. Und bald lagen wir vereint im Bett.

»Ich liebe dich«, sagte ich ihr. So wie sie sich daraufhin an mich presste, wusste ich, dass sie mir glaubte.

Es wurde eine schöne Nacht, aber auch eine kurze. Noch in der Dunkelheit klopfte es. Leise, aber eindringlich und unermüdlich. Ich schlich zur Tür und öffnete einen Spalt. Lan war draußen. Sie schlüpfte herein.

»Was ist los, Lan?«, fragte ich.

»Wir müssen weg. Ich spüre, dass unten Gefahr kommt – in zwei Stunden. *Gewalttätig* und *bewaffnet*. Ich denke, es ist der Russe.«

Mir blieb die Spucke weg. Wie konnte das sein? Wie sollte Alexander uns so schnell gefunden haben? Vielleicht waren es aber nicht die Russen, es konnten auch andere Gefahren lauern.

Ich überlegte nicht lange, sondern begann, Tascha vorsichtig zu wecken. Als sie Lan im Zimmer erblickte, versteiften sich ihre Züge. Ich erklärte, was los war, aber Tascha schien nichts zu glauben. Missmutig packte sie ihre Sachen ein. In einer halben Stunde waren wir fertig.

Der Nachtportier war überrascht und übermüdet. Im Zeitlupentempo erledigte er die Formalitäten fürs Auschecken. Dabei überlegten wir, was zu tun sei. Ich schlug vor, von einem anderen Flughafen aus wegzufliegen, nicht vom Roberts International aus Monrovia. Erst mal ein Stück weg über Landwege. Während Tascha die Hotelkosten beglich, googelte ich etwas und fand einen weiteren Flughafen in der Stadt Buchanan.

Lan wollte gerne überprüfen, ob sie recht hatte mit den Russen. Sie schickte Tascha und mich in ein Café nebenan. Es dauerte jetzt nur noch eine halbe Stunde bis zum Eintreffen der Gefahr. Sie nahm sich eine Zeitschrift und setzte sich in die Loggia. Wir beide warteten gespannt in unserem kleinen Café. Zur vorhergesagten Zeit fuhr ein Taxi vor. Drei Männer stiegen aus. Wir konnten es nicht genau sehen, aber von der Statur her passten sie zu Alexander, Dimitri und Boris. Sie verschwanden im Hotel. Tatsächlich, die Russen hatten uns entdeckt!

Zehn Minuten später trat Alexander wieder aus dem Eingang heraus und sah sich in alle Richtungen um. Er schien nicht zu finden, was er suchte, und trabte wieder zurück. Diesmal war er eindeutig zu erkennen gewesen.

Kurz darauf kam Lan ziemlich hektisch über die Straße gerannt.

»Sie sind es«, keuchte sie, »und sie haben mich erkannt!«

Das war nicht erfreulich. »Bist du dir sicher?«, fragte ich unsicher.

»Vollkommen. Ich erkannte euern Alexander. Zwei weitere Männer waren dabei. Zuerst hatte ich kein Gefahrensignal mehr. Dann plötzlich: *Gefahr von vorne*. Schon sprang ich auf und eilte zum Ausgang, da drehte Alexander sich um und erhaschte mich mit einem Blick.«

Lan berichtete, wie er aufgeregt Russisch mit seinen Begleitern sprach. Dabei hatte sie heftig *Gefahr von hinten* verspürt. Sofort war sie nach links in einen Gang abgebogen und hatte sich hinter einen Vorsprung gestellt. Neue Signale: *Gefahr von rechts*, wenig später: *Gefahr von vorne*. Dann nichts mehr. Das war wohl der Moment, in dem Alexander umgekehrt war.

Wir baten die Bedienung, uns ein Taxi zu rufen. Wenig später stand es vor der Tür. Der Fahrer, ein kleiner, gedrungener Mann, freute sich wie ein Kind, dass er eine Tour über hundertvierzig Kilometer weit fahren durfte. Er erzählte fast die ganze Zeit äußerst lebhaft Geschichten aus seinem Leben. Zizi hieß er, das verriet er uns schon in den ersten Minuten. Wie der Fußballer Zizi Roberts, ob wir den kennen würden. Wir mussten passen. Zizi, der Fahrer, war so klein, dass man meinte, er könne kaum über das Lenkrad schauen. Trotzdem wuselte er flink und geschickt durch den Verkehr. Die Straße wies außerhalb Monrovias reichlich viele Schlaglöcher auf. Dann meinte Zizi plötzlich, uns demonstrieren zu müssen, wie seine Schwester Auto fuhr. Sie sei einen Kopf kleiner als er. Deshalb rutschte er in seinem Sitz nochmals eine Etage tiefer, und ich konnte mir kaum vorstellen, dass er mehr sah als das Armaturenbrett.

Mir wurde heiß und kalt, als ein riesiger Laster auf uns zuschoss und nicht ganz die Spur zu halten schien. Mit einem eleganten Schlenker wich Zizi aus und lachte. Er quasselte, lachte, und wenn ihm nichts mehr einfiel, sang er vor sich hin.

Diese Fahrt war so aufregend, dass es keine Möglichkeit gab, sich zu unterhalten. Ich musste die Straße im Auge behalten und bremste und lenkte im Geiste mit – als ob das etwas genutzt hätte. Die Blechteile der Karosserie klapperten unentwegt, sodass man fast schreien musste, um sich zu verständigen. Anstrengend. Nur Zizi schien das nichts auszumachen.

Ein paarmal drehte ich mich um, um zu sehen, wie die Stimmung bei den Damen war. Meist sah ich Tascha angestrengt aus dem Fenster schauen.

Auf dem Flughafen in Buchanan stellten wir fest, dass es nur Inlandflüge gab. Mist, das hätte ich auch vorher herausbekommen können. Während wir an der Abfertigung noch rätselten, was nun zu tun sei, bekam ich mit, dass ein Geschäftsmann seinen Privatflug startklar machte. Er wollte nach East London in Südafrika und schien allein zu sein. Fast wie ein Anhalter fragte ich ihn, ob er drei Leute mitnehmen könne. Anders als ein Hitchhiker bot ich Bezahlung an. Bob, so hieß er, schien sogar erfreut, dass er nicht allein fliegen musste. Über unsere Reisekosten wurden wir uns schnell einig. Bob verlangte von uns eine Beteiligung an den Betriebskosten von zwölftausend US-Dollar.

Da brauchte man nicht groß zu verhandeln.

Wenig später saßen wir in seiner Citation Mustang, einer kleinen Cessna. Insgesamt sechs Leute passten hinein. Mit dem Piloten zusammen waren wir fünf. Bob machte in Computern, wie er es selbst ausdrückte. Er war gerade dabei, die Behörden Liberias zu vernetzen. Ähnliches hatte er bereits in einigen afrikanischen Staaten durchgeführt. Wir gaben uns als Touristen aus. Ich stellte mich als Inhaber einer Tierhandlungskette vor.

Bob wunderte sich, dass man mit so etwas Geld verdienen könne. Kein Afrikaner würde je Geld für ein Haustier oder Futter ausgeben. Einen Hund oder eine Katze, wenn man denn so was wolle, hole man sich von der Straße. Und die würden auch nur Abfälle bekommen.

Für die fast sechstausend Kilometer mussten wir zweimal zwischenlanden zum Nachtanken. Vierzehn Stunden dauerte der Flug insgesamt. Zum Glück waren die Sitze sehr bequem, man konnte sie fast bis in Liegeposition zurückklappen. Die meiste Zeit unseres Fluges war es Nacht, und es schlief sich fast so gut wie in einem Bett.

Bob war nicht aufdringlich, schwärmte aber am Morgen von Südafrika und East London. Diese Stadt östlich von Kapstadt habe enorme Wachstumsraten, eine regelrechte Boomtown sei das.

Auch Mercedes-Benz habe sich hier niedergelassen, baue Pkws und Lkws, sogar für den Export nach Australien. In den letzten zehn Jahren habe sich die Bevölkerung vervierfacht auf jetzt fast eine halbe Million Einwohner.

Bob ließ es sich nicht nehmen, uns zu sich nach Hause einzuladen. Der Pilot hatte Feierabend, seinen W 166, einen Geländewagen von Benz, steuerte Bob selbst. Die Gattin wurde per Handy informiert. Als wir ankamen, hatte die Köchin bereits ein Mittagessen mit allem Drum und Dran gezaubert.

Unser Gastgeber und seine Frau Mary gaben uns Tipps, was wir uns unbedingt ansehen sollten, vor allem das städtische Museum, die Ann-Bryant-Kunstgalerie und das Denkmal für die deutschen Siedler. Ich erfuhr, wo ich nach Antiquitäten schauen konnte, und ich fand die Vorwahl von Südafrika heraus, unserem 26. Land: +27. Das entsprach genau der 26. Ziffer im Kessel.

Wir machten uns drei schöne Tage mit Bob und Mary, die beide ausgesprochen gastfreundlich waren. Ich lud sie nach Magdeburg ein, wenn sie denn mal dort sein sollten – Lan machte ein entsprechendes Angebot für Shanghai.

* * *

Dann ging es weiter nach Kapstadt – mit Ausflug zum Tafelberg. Tascha wirkte inzwischen entspannter. Sie plauderte unbefangen mit Lan. Offenbar merkte sie, dass sie von ihr nichts zu befürchten hatte. Das stimmte aber nicht ganz. Lan interessierte mich stark, wenn auch ganz anders als Tascha. Es war durchaus auch eine erotische Note dabei, das hatte meine Freundin schon richtig gespürt. Deshalb hielt ich mich besonders kontrolliert von Lan zurück.

Am Abend an der Waterfront kamen wir nochmals auf die Warnungen zu sprechen, die Lan verspürte. Sie erklärte mir ihre Systematik, was die einzelnen Stellen an ihren Händen und Füßen und auch ihre Kombination bedeuteten. Vor allem die Verschlüsselung der Zeitdauer bis zu einem bestimmten Ereignis faszinierte mich, diese neunundneunzig Wochen, die damit als

Vorhersagezeit möglich waren, fast zwei Jahre also. Der längste Zeitraum bisher war aber nur vier Wochen.

Interessiert fragte ich Lan, ob sie mir nicht einmal ihre Hände zeigen wollte. Aber sie weigerte sich, die Handschuhe auszuziehen.

Obwohl ich selbst ähnlich gestrickt war, benötigte ich doch ein Weilchen, bis mir die Tragweite ihrer Schilderung einigermaßen klar war.

Lan verdeutlichte den Ablauf der Warnungen am Beispiel Budapests. Sie hatte die Meldung 31 bekommen – *Begegnung* – und schloss aus den Zeitangaben, dass die Begegnung bereits vor dem angestrebten Zeitpunkt im Casino stattfinden sollte.

Da die Zeitangaben immer präziser wurden, schloss sie, dass die Begegnung mit mir auf dem Flughafen stattfinden sollte. So war sie zwei Stunden vorher dort. Dann meldeten ihr Zehen und Finger *eine Stunde* und nach einiger Zeit *neunundfünfzig Minuten*. Die Minuten wurden von da ab heruntergezählt. Um 19:15 Uhr meldete das Jucken *dreißig Minuten*. Sie konnte auf die Ankunftszeit 19:45 Uhr schließen und schaute nach, welche Maschine zu diesem Zeitpunkt landete. Es war die aus Jamaika.

Doch Lan hatte sich die Begegnung mit mir anders vorgestellt. Ihre *Betreuer* hatte sie unlängst abgeschüttelt. Sie war davon ausgegangen, dass ihr Signal für Begegnung in die Öffnungszeiten des Casinos gefallen wäre. Dort hätte sie in einem günstigen Moment Kontakt zu mir aufgenommen. Es war ihr unglaublich wichtig, sich endlich mit einem Leidensgenossen auszutauschen. Stattdessen wartete sie im Ankunftsbereich des Flughafens und bekam meine Verhaftung mit. Bei den Russen, die sie sah, juckte *Gewalttätig*. Und sie wusste sofort, dass sie sie schon in Macao gesehen hatte.

Später las sie in der Presse von meinem Fall und verfolgte ihn weiter, das hatte sie mir ja schon berichtet. Sie las von meinem Freispruch und machte sich auf nach Magdeburg. Dort mietete sie einen Wagen mit Chauffeur und heuerte einen Privatdetektiv an, der ihr mitteilen sollte, wo ich wohnte und wo ich mich gerade befand. Sie wartete auf eine Gelegenheit, mich zu kontaktieren. Der Privatdetektiv sollte mich bis zu diesem Zeitpunkt beschatten. Ich hatte nichts davon bemerkt.

So wusste Lan, dass ich mit Tascha im Elbelandhaus essen war. Fast gleichzeitig erhielt sie die Warnung *Gewalttätig* und *Bewaffnet* für die Zeit, in der wir nach dem Lokal zu Hause eingetroffen wären. Sie beendete telefonisch den Überwachungsauftrag, bestellte den Detektiv zu sich und zahlte ihn bar aus. Dann wartete sie mit ihrem Chauffeur vor dem Elbelandhaus.

»Wo waren denn deine Betreuer?«, wollte ich jetzt doch wissen. Doch Lan winkte ab.

»Lass uns ein andermal darüber reden. Das ist eine lange Geschichte. Ich bin sie losgeworden, zum Glück, das ist die Hauptsache. Aber jetzt spüre ich Müdigkeit.«

Wir tranken aus, zahlten und gingen in unser Hotel.

Am nächsten Morgen beratschlagten wir, wie es weitergehen sollte. Lan spürte kein Anzeichen für Gefahr. Hatten wir die Russen endlich abgehängt?

Mir kam eine Idee, die Lan sofort interessiert aufnahm. Mein Vorschlag war, einfach das Land aufzusuchen, das zur Roulettescheibe passte.

»Dann wäre es ja das Land Nummer 27, das du bereist«, kombinierte sie. »Die 27. Zahl von der Null aus entgegen dem Uhrzeigersinn, das ist die 6. Wir sollten also ein Land finden, das in seiner Telefonvorwahl irgendetwas mit 6 hat.«

Ich benutzte wie bei meinen Vergleichen vorher das Internet und fand unter www.auslandsvorwahl.info alle Länder, die mit 006 begannen. Am nächsten kam gleich +60, Malaysia. Aber konnte es nicht auch zum Beispiel +61 sein, die Weihnachtsinseln, +63, die Philippinen, +65, Singapur, +66, Thailand, oder noch ein anderes Land? Es gab fünfunddreißig Möglichkeiten. Oder es konnte auch ein Land sein, dessen Vorwahl mit der Sechs endete. Wie konnten wir auf Nummer sicher gehen?

Nun hatte Tascha einen Geistesblitz. Meine geheimnisvollen Kräfte würden ja geschont, meinte sie, seit ich nicht mehr ins Casino ginge. Es könnte doch sein, dass meine Empfindungen für etwas anderes bereitstünden, so wie bei Lan die Warnungen.

Möglich war das schon. Aber wie sollten wir das herausbekommen? Bei mir hatte bisher noch kein Warnjucken eingesetzt, wenn *Gefahr* drohte.

»Es kann doch sein, dass das bei dir etwas vollkommen anderes ist«, meinte Lan. Auch sie war begeistert von der Idee, dass sich die Vorhersagen vielleicht wieder nutzen ließen.

»Hier hängt eine schöne große Weltkarte. Geh doch einfach mal hin, halte den Finger auf Malaysia und probiere aus, ob sich eine Ahnung bei dir aufdrängt.«

Gesagt, getan, ich ging hin und hielt den Finger auf Kuala Lumpur. Es dauerte nicht lange, da spürte ich tatsächlich ein Jucken, und zwar innen in der Kniekehle. Das bedeutete *Schwarz* – aber auch, dass *Passe* und *Pair* nicht anschlugen. *Manque*, *Impair* und *Schwarz*, schoss es mir sofort durch den Kopf. Sollte das das Signal sein, das das gewählte Ziel bestimmte? Das kam mir etwas einfach vor. Gleich der erste Versuch ein Volltreffer?

Manque, Impair und *Schwarz* entsprachen den Zahlen 11, 13, 15 und 17, der dritten Zahlengruppe. In der Spielbank hätte ich den Russen drei Finger signalisiert.

Ich setzte meinen Finger auf Kapstadt. Hier juckte nichts. Das sprach tatsächlich für die einfache Version. Nochmals Kontrolle: Finger wieder auf Kuala Lumpur – und das Signal in der inneren Sehne war wieder da. Es stimmte also. Gerade wollte ich den beiden Frauen vorschlagen, nach Malaysia zu reisen, fuhr aber mit meinem Finger nochmals tänzelnd über die Karte.

Jetzt geschah etwas Merkwürdiges: ein Feuer in der Kniekehle nämlich. Es juckte an allen möglichen Stellen, wie immer aber nur am linken Bein. Ich hielt meinen Finger an. Auch jetzt juckte es, aber außen an der Kniekehle. Der Finger befand sich in Japan. Sollte unser nächstes Ziel Japan sein? Vorwahl +81? Das hätte überhaupt nicht gepasst. Außerdem waren wir dort ja schon einmal gewesen, das war mir nur zu schmerzlich in Erinnerung.

Ich ließ den Finger nach Australien fahren. Die Positionen *Außen* und *Innen* schlugen an. Australiens Vorwahl: + 61, könnte passen. Es war zum Verrücktwerden.

Zum Spaß noch nach Sumatra: Reize bei Außen und Mitte. Vorwahl: + 62. Auch das konnte passen. Jetzt war ich es leid und setzte meinen Finger auf den Nordpol. Auch hier ein Signal, diesmal nur in der *Mitte* der Kniekehle. Was sollten wir auf dem Nordpol? Der hatte auch, soviel ich wusste, keine Vorwahl.

Südpol: Jucken *Außen* und *Mitte*. Wieder Nordpol. Die Mitte juckte wieder allein. Nun fuhr ich einfach nach Süden. Die Mitte juckte weiter. Ich näherte mich Malaysia, und bei Kuala Lumpur juckte wieder die *Innenseite*, wie ganz am Anfang. Ich hielt aber nicht inne, sondern wanderte weiter südlich. Mitten auf Sumatra waren es plötzlich Position *Mitte* und *Innen*, die anschlugen.

Ich hielt mich auf dem hundertsten Längengrad. Ein Stück tiefer, an der Küste von Sumatra zum Indischen Ozean hin, da setzte mein Signal aus.

Noch etwas weiter südlich, und es war wieder da. *Außen* und die *Mitte* feuerten. Das blieb so bis zum Südpol. Die Kombination hätte am Spieltisch *Passe*, *Pair* und *Rouge*, Rot bedeutet.

Und da dämmerte mir etwas. Ich stellte mir vor, wie es im Casino gewesen wäre, wenn ich den Russen diese Kombination hätte signalisieren müssen. Es wären acht Finger gewesen. Ich schob den Finger wieder nach Norden. An der Küste Sumatras juckte nichts. Im Casino hätte das die Kombination *Manque*, *Impair* und *Rot* bedeutet. Ich hätte einen Finger gezeigt. Auf Sumatra dann zwei Finger, von Kuala Lumpur aus drei und dann bis zur Arktis hoch vier Finger.

Ich drehte mich um und strahlte die Frauen an. Sie hatten mich schweigend auf der Karte herumfahren sehen. Meine angespannte Konzentration gebot ihnen, Ruhe zu halten.

Es war nicht Malaysia, das wusste ich jetzt. Meine sensiblen Stellen wiesen mir die Richtung wie auf einer Windrose. Vier Finger bedeuteten Süden, acht Norden, zwei Osten, sechs Westen. Drei Finger waren Südost und einer Nordost. Dabei juckte bei mir nichts. Beim Roulette wären das *Manque*, *Impair* und Rot, die Zahlen 1, 3, 5, 7 und die Null. Kein Jucken konnte also bedeuten: keine Richtung oder Nordost. Deshalb spürte ich von Kapstadt aus nichts, denn die grobe Richtung war von dort aus offenbar Nordost.

Nun wollte ich wissen, wo unser Ziel lag. Ich startete von der Mitte Afrikas, erhielt das Jucken Mitte der Kniekehle und Innen.

Das bedeutete *Manque*, *Pair* und *Noir*, *Schwarz*, das hieß zwei Finger und somit Richtung Osten. Ich wanderte genau in diese Richtung, immer am Äquator entlang. Als ich Sumatra passierte, setzte das Signal aus. Das konnte nun bedeuten: Sumatra ist unser Ziel, oder weiter nach Nordost. Das tat ich. Als ich Singapur passierte, juckte die Sehne wieder. Nur Außen: *Passe*, *Impair* und *Rot*. Das entspricht fünf Fingern und damit Richtung Südwest. Zurück zu diesem Stadtstaat.

Unser Ziel war Singapur. Die Vorwahl nachgeschaut: +65 – das passte.

Kleine Kontrolle: Ich hielt meinen Finger auf Bangkok. Dasliegt ungefähr fünfzehnhundert Kilometer nördlich. Das Jucken entsprach *Manque*, *Pair* und *Rot*, vier Fingern und damit Süden. Dann auf die Stadt Palembang auf Sumatra, südlich unseres Ziels – und das Signal für Norden tauchte auf.

Bei mir wiederum tauchte die Frage auf, was sich Pascal wohl vor gut dreihundert Jahren ausgedacht haben mochte, auf welche Art er Schwarz und Rot geraden und ungeraden Zahlen abwechselnd zuteilte. Darüber grübelte ich ein bisschen nach. Auf dem Tableau sind die Zahlen von 1 bis 9 rot, von 2 bis 10 schwarz. Dann erfolgt ein Wechsel, auch die 11 ist schwarz. Bis zur 17 bleiben die ungraden schwarz. Mit 18 und 19 folgen zwei rote Ziffern, und bis zur 27 sind die ungeraden Zahlen rot. Es folgt noch einmal ein Wechsel – 28 und 29 sind schwarz, und die ungeraden Ziffern bleiben es bis zum Ende. Die 35 ist die letzte, schwarze ungerade Zahl. Die 36 und die folgende 1, wenn man wieder von vorne beginnt, sind rot.

Die Reihenfolge der Farben für ungerade und gerade Ziffern wechselt als nach der 9, mit der 18, nach der 27 und letztlich mit der 36. Hätte Pascal eine andere Einteilung vorgenommen, wäre es mir nicht möglich gewesen, dass mir das Jucken die Richtung in Form einer abstrakten Windrose weisen konnte. Der Wechsel könnte genauso nach sechs oder sogar schon nach vier Ziffern erfolgen oder auch vollkommen unregelmäßig.

Ich schloss nicht mehr aus, dass Pascal damals schon mit mir und den derzeitigen Ereignissen in irgendeinem Zusammenhang stand. In welchem allerdings, darauf konnte ich mir keinen Reim machen. Ob es Pascal war, das war ja nicht einmal sicher. Doch das System blieb das gleiche und eine Verknüpfung über diese Zeitspanne hinweg konnte bestehen.

* * *

Am nächsten Morgen buchten wir einen Sechsundzwanzig-Stunden-Flug nach Singapur mit Zwischenstopps in Dubai und Colombo. Entsprechend geschafft waren wir bei der Ankunft. Wie in Trance gingen wir durch die imposanten Flughafenhallen mit einem fünf Meter hohen Wasserfall und einem künstlichen Flusslauf. Die Luft beim Gang zum Taxi erschlug uns zusätzlich. Dreißig Grad Celsius und fünfundneunzig Prozent Luftfeuchtigkeit waren einfach zu viel. Rettung erwartete uns in der klimatisierten Limousine. Doch schon nach fünf Minuten: Frösteln.

Das Gleiche passierte uns auf den paar Metern zu Fuß bis ins Hotel. Wie ein Faustschlag traf einen die heiße Luft. Luft fast wie Nebel – aber nicht wie bei uns im Herbst, sondern eher wie in einer Waschküche.

Beim Stöbern nach der Münze hatte ich es jetzt viel leichter. Die Richtungsweisungen funktionierten nicht nur auf der Karte, nein, sie geschahen live und sozusagen analog. Wenn ich eine Straße entlangging, wies mir das Knie die Richtung. Ich musste nur dem Jucken folgen, dann kam ich automatisch ans Ziel.

Vorbei wanderte ich an hinduistischen und buddhistischen Tempeln, an Moscheen und ab und zu an einer Kirche. Mir gefiel das friedliche Miteinander der verschiedenen Religionen. Geschäftiges, aber kein hektisches Treiben. Fleißige Menschen.

Eine Besonderheit prägte das Straßenbild in den Wohngebieten: Gewaschene Wäsche wurde an langen Stangen zum Trocknen aus den Fenstern gehängt. Eine Fassade sah deshalb so aus wie mit unzähligen Fähnchen geschmückt.

Meine Kniekehle führte mich zu einem kleinen Gässchen. Hier war es mit der Sauberkeit vorbei. Ich traute meinen Augen kaum, aber da huschte doch tatsächlich eine Ratte über den Bürgersteig und verschwand in einem Keller. Kurz darauf folgte eine

Rattenmutter mit drei Halbwüchsigen. Singapur – Stadt der Ordnung und er Sauberkeit!

In einem kleinen Laden saß der freundliche Inhaber, der mir Tee anbot, bevor ich überhaupt zu verstehen geben konnte, dass ich etwas kaufen würde. Kleinigkeiten hatte er gehortet, alte und neue, Kitsch und Kostbarkeiten.

Mein Blick fiel auf ein Käsch-Schwert, vielleicht zweihundert Jahre alt. Das war keine Waffe, sondern ein Glücksbringer, wie er gerne jungvermählten Paaren geschenkt wurde, damit sie vor feindlichen Geistern geschützt blieben. Hundertundacht ist eine heilige Zahl – hundertacht dieser Münzen werden kunstvoll zu einer Schwertform verknüpft, die in einer verzierten Scheide steckt. Das gelingt nur deshalb, weil jede dieser Käsch-Münzen ein quadratisches Loch im Zentrum hat.

Der Händler bemerkte sofort mein Interesse an dem Schwert, zog stolz die Scheide ab und präsentierte mir das Schmuckstück. Ich zeigte einen Daumen, und sofort verstand er, dass ich nur an einer einzigen Münze interessiert war. An die zweitausend Jahre gab es in China diese Münzform, den Namen allerdings hatten die Europäer erfunden. Für Engländer bedeutet er nichts anderes als *Cash*.

Der Händler zeigte mir gut ein Dutzend Münzen. Eine bestach durch ihre Schlichtheit. Ein breiter, glatter Rand, um die Öffnung ringsherum chinesische Schriftzeichen, auf der Rückseite nur oben und unten. Die Verständigung mit dem Händler klappte diesmal nicht so gut. Ich wollte Auskünfte zu der Münze. Er schrieb mir nur eine Zahl auf: 1789. Das war wohl das Prägejahr. Zweihundert Singapur-Dollar sollte ich zahlen. Schade, dass Lan nicht mit war. Sie hätte mir bestätigen können, ob der Preis angemessen war. Mit umgerechnet hundertvierzig Euro konnte er auf keinen Fall viel zu hoch sein.

Als ich zurückkam, waren die beiden Frauen höchst aufgeregt: Die Russen würden auftauchen. Lan spürte die Signale *Bewaffnet* und *Gewalttätig*, sie wusste, dass sie uns in zwei Stunden vor dem Hotel auflauern wollten. Wir checkten eiligst aus und zogen in die Grand Park City Hall, das Hotel gegenüber. Wir bekamen ein Zimmer, von dem aus wir den Eingang des Peninsula Excelsior einsehen konnten. Von irgendwoher näherten sich plötzlich die Russen. Abwechselnd beobachten wir, wie sie ihre Positionen bezogen und Ausschau nach uns hielten.

Geduld hatten sie schon, das musste ich ihnen lassen. Nach vier Stunden ging Alexander ins Hotel und kam nach zwanzig Minuten wieder heraus. Er gab ein Zeichen in die Luft, und zwei der Orang-Utans näherten sich ihm von den Seiten. Kurzes Palaver. Dann gingen sie zu einem dunkelblauen, fensterlosen Van. Die Tür wurde von innen geöffnet, nachdem Alexander geklopft hatte. Drinnen musste noch jemand gewartet haben. War Sergej wieder mit im Spiel? Die Kerle kletterten hinein. Das hätte wohl unser Entführungsfahrzeug werden sollen.

Wir hatten sie wieder einmal abgeschüttelt. Fragt sich nur, wieso die Russen uns schon wieder auf der Spur waren.

Am Abend fragte Lan nach meiner neuen Münze. Ich zeigte sie ihr, und sie entzifferte die chinesischen Zeichen. Sie stammte von Qianlong, dem vierten Kaiser der Qing-Dynastie. Porträts wurden damals noch nicht auf Münzen geprägt. Qianlongs Regierungszeit wurde zum Goldenen Zeitalter geadelt, in dem China seine größte Ausdehnung erreichte. Obwohl der Kaiser sich selbst als Dichter und Maler verstand, führte er zahlreiche Kriege. Im Prägejahr 1789 unternahm er einen Vietnamfeldzug, anfangs sehr erfolgreich, wurde bald aber wieder zurückgedrängt. Viertausend seiner Soldaten zahlten das mit ihrem Leben.

Einen weiteren Tag schlenderten wir durch die Stadt, diesmal über die Orchard Road, die Hauptgeschäftsstraße, und Umgebung. Sämtliche Güter aus aller Welt waren hier zu erhalten. Die Kaufhäuser waren extrem heruntergekühlt, draußen herrschte unerträgliche Schwüle. Der Mount Emily Park in der Nähe schien uns eine Oase für unsere müden Seelen zu sein. Nachts allerdings sollte es dort unheimlich sein. Die Füße würden zu frieren beginnen, so als hätte man keine Schuhe und Socken mehr an, und die Nasen fingen an zu bluten. Während Tascha und Lan sich darüber unterhielten, erfuhr ich mittels Google Maps und meinem Jucken das nächste Ziel.

* * *

An diesem letzten Abend vor unserer Weiterreise, die uns nach Spanien führen würde, fühlte Tascha sich müde. Sie ging voraus, um sich hinzulegen. Lan und ich blieben in der Loggia.

Was war eigentlich mit ihrem Freund von damals, der sie seine Glücksfee genannt hatte?

»Ach, Fang Yǒng meinst du?« Lan zögerte ein wenig. Es schien ihr peinlich zu sein, ihre eigene Regierung zu kritisieren. Nachdem ihre *Betreuer* sie für sich beansprucht hatten, hatte sie ihn nicht mehr gesehen. Aus der Zeitung hatte sie erfahren, dass er verhaftet worden war. Korruption war ihm angelastet worden. Mit dem Vorwurf wurden immer wieder unliebsame Staatsbürger beseitigt; er konnte viele Jahre Freiheitsentzug oder sogar die Todesstrafe nach sich ziehen. Doch Lan ging davon aus, dass sich Fang Yǒng einfach zu sehr für ihren Verbleib interessiert hatte. Ähnlich wie ich mir meine *Schul-* und *Pausenstunden* ausgehandelt hatte, konnte sie wenigstens erreichen, dass die Anklage gegen ihn fallen gelassen worden war und er sich beruflich rehabilitieren konnte.

»Aber eines muss ich dir schon noch sagen«, ergänzte Lan. »Mein Freund war das nie.«

»Er schien sich aber mächtig für dich zu interessieren.«

»Imponiergehabe. Klar, der Mann war damals Single, und er schien Gefallen an mir zu finden. Sicher hätte er gerne etwas mit mir angefangen.«

»Und was hat dagegen gesprochen?«

»Es war wie immer bei mir. Ich wartete ab, ließ geschehen, was geschah, und war überrascht, dass ich in seiner Gegenwart auf die Bedeutung meines Juckens gekommen bin. Das war eben nicht nur eine lästige Unpässlichkeit, sondern ein Signal.« Ich wunderte mich einmal mehr über Lans Wortschatz. »Es hatte seine Bedeutung«, fuhr sie fort. »Doch genauso wie ich mir dessen bewusst wurde, empfand ich sehr bald, dass Yǒng nicht der Mann war, der für mich bestimmt war.«

Welches Empfinden Lan bei mir wohl hatte? Ich fragte lieber nicht.

Gesprächsthema war bald der Taoismus, und Lan bereitete es großes Vergnügen, darüber zu reden. Der Taoismus oder auch

Daoismus ist die Lehre des Philosophen Laotse, der all seine Weisheiten vor zweieinhalbtausend Jahren in einem Buch niedergeschrieben hatte, im Daodejing. Es fordert ein harmonisches Zusammenleben und letztlich den Weltfrieden. Gewalt und Armut müssen dazu überwunden werden. Das Daodejing ist eine Heilige Schrift, wie die Bibel, die Thora oder der Koran. Dabei bedeutet *Dao* Weg oder Prinzip, aber auch Fluss und Sinn. *De* steht für Kraft, Tugend, Güte und Leben. Beide Begriffe sind eigentlich nicht übersetzbar, sie beinhalten etwas Großes. *Jing* ist die Lehrsammlung. Das Daodejing lehrt den Menschen den Weg, die Ziele zu erreichen.

Der Mensch kann das Dao kennenlernen, indem er entweder die Welt beobachtet und die Sinne schärft, dessen Wirkung zu beobachten. Oder er gibt sich der völligen Stille, der Versenkung hin und lässt das Dao geschehen. Laotse selbst habe die Weisheiten durch Rückzug in die Bergwelt erfahren.

Ist der Mensch sensibel genug, so erkennt er, dass das Dao einen ständigen Wandel bewirkt. In vielen Bereichen wechseln sich gegensätzliche Strömungen ab und gehen ineinander über. Dunkle, passive und weibliche Eigenschaften verändern sich in helle, aktive und männliche und wieder umgekehrt. Die Nacht wird zum Tag und wieder zur Nacht. Auf Ruhe folgt Aktivität. Frau und Mann sind Gegenpole, gehören aber zusammen. Eine Frau hat männliche Anteile, ein Mann weibliche. Yin steht für dunkel, kalt, weich, weiblich und die Ruhe, Yang für hell, warm, männlich und Aktivität. So ist in jedem Yin ein Kern Yang, und in jedem Yang ein Kern Yin. Das wird in dem wunderschönen Kreissymbol, dem Taijitu, dargestellt.

Es ist das Prinzip von Yin und Yang. Als Beispiel für die Lehre zitierte Lan den zweiten Abschnitt des Daodejing:

Das Offenbarwerden des Wesentlichen im Gegensatz

Wir wissen:
Schönheit wird als Schönheit nur erkannt,
wenn Nichtschönheit bewusst wird.
Das Gute wird als Gutes nur erkannt,
wenn Nichtgutes bewusst wird.
Sein und Nichtsein erzeugen einander;
Schweres kann nur sein, wo auch Leichtes ist;
Großes nur, wo Kleines ist;
Hohes dort, wo Tiefes ist.
Stimme und Ton bedingen die Klangwelt.
Vergangenheit und Zukunft bedingen die Zeit.
Darum
wirkt der Weise durch Nichtwirken;
lehrt durch Schweigen;
ist allem geöffnet, was auf ihn zukommt;
erzeugt und behält nichts;
schafft Werke und fragt nicht nach der Frucht der Werke;
vollendet und steht immer wieder am Anfang:
All sein Tun quillt aus Herzensgründen.

Ich ließ die Verse auf mich wirken. Lan hielt inne mit ihrem Vortrag.

Tascha kam in die Loggia. Sie schien sich über meinen verklärten Blick zu wundern.

»Ede«, sagte sie, »ich bin schon eingeschlafen. Und bin wieder aufgewacht. Und du bist noch nicht da. Besprecht ihr etwas Wichtiges?«

»Wie man's nimmt. Wir philosophieren. Oder besser: Lan philosophiert. Ich höre zu. Aber du hast recht – ich komme jetzt.«

Ich verabschiedete mich von Lan und gab ihr einen Kuss auf die Wange. Der schien sie nicht zu stören. Tascha tat so, als wäre er ihr egal.

* * *

28. Land: Spanien.
28. Ziffer auf dem Kessel: 34.
Vorwahl: +34 – genaue Übereinstimmung.

Wir besuchten Málaga, ich kaufte meine Münze, wir besichtigten die Stadt. Wieder einmal konnten wir die Russen beobachten, wie sie versuchten, uns zu erwischen. Wir fühlten uns so sicher durch Lans Voraussagen. Wir konnten sogar den Frust unserer Verfolger sehen, weil sie uns verfehlten. Oder bildeten wir uns das nur ein?

Ich hatte ein Gefühl von Leichtigkeit, in mir ging etwas vor sich. Lans Erläuterungen gingen mir wieder und immer wieder durch den Kopf. Geschehen lassen, annehmen, was auf mich zukommt, waren das nicht schöne Ziele? Mir schien, dass mich allein schon die Beschäftigung mit diesen Gedanken in die richtige Richtung führte.

Nach dem Abendessen saß ich mit Tascha auf der Aussichtsterrasse des AC Palacio Hotel mit wunderbarem Blick über den Hafen und die Bucht. Ich sprach mit Tascha über Alex – so nannte sie ihn manchmal, meist aber Alexander. Schon als sie ein kleines Mädchen war, hatte er sie gedrängt, seine Kumpane unter ihren Rock schauen zu lassen für ein paar Kopeken. Später musste sie ihre Brüste betasten lassen.

»Das Schwein«, entfuhr es mir – vorbei war es mit der Gelassenheit.

»Das habe ich ihm verziehen«, entgegnete Tascha. »Er hat auch immer gerecht mit mir geteilt. Und es tat mir ja nicht weh.«

»Hat er dich auch auf den Strich geschickt?«, wollte ich wissen.

»Nein, das hat er nicht. Aber durch diese Spielereien habe ich gemerkt, wie wild die Jungs auf die Mädchenteile sind. Und dass sie dafür Geld ausgeben. Auf die Idee mit dem Strich kam ich selber. Habe mich nicht dafür begeistert, fand es aber auch nie sonderlich schlimm.«

Dann schmiegte sie sich an mich. »So wie mit dir, das ist mir aber viel, viel lieber«, gestand sie. Und mir war es das auch.

Am nächsten Gespräch mit Lan beteiligte sich Tascha lebhaft. Sie wollte wissen, wieso man einmal Dao sagt, dann wieder Tao.

»Das liegt an den chinesischen Schriftzeichen. Jeder Buchstabe bedeutet ein ganzes Wort – eher wie ein Symbol oder Bild. Deshalb gibt es Tausende von Buchstaben in China.« Lan zeichnete das Symbol für Dao auf:

道

Sie erklärte, dass China ein riesiges Reich sei, in dem es Hunderte von Dialekten gebe. Der Ede könne ja auch statt Tascha Dascha schreiben, als Sachse.

»Sachsen-Anhalter!«, verbesserte ich. Alle lachten wir.

»Aber in China geht das noch viel weiter. Viele Landesteile haben eigentlich ganz andere Sprachen, es sind nicht nur Dialekte. Die Menschen können sich nicht mehr untereinander verstehen. Aber sie benutzen dieselben Schriftzeichen. Jeder versteht, was mit 道 gemeint ist, mag er es nun Dao oder Tao aussprechen. Selbst wenn es in irgendeiner Gegend Ota gesprochen würde, das Schriftzeichen wäre das gleiche.

Nur so konnten die alten Kaiser ihr Riesenreich zusammenhalten. Ihre Erlasse konnten in allen Landesteilen gelesen werden«, erklärte Lan weiter.

Die westlichen Sinologen seien zu bedauern. Die Umsetzung der Zeichen in lateinische Buchstaben, das sei schon eine Herausforderung. Die meisten Sprachwissenschaftler hätten China bereist. Sie hätten sich die Worte angehört und sie wie eine Lautschrift umgesetzt. Die einen seien mehr in Gegenden gewesen, wo sie ›Dao‹ hörten, die anderen hätten eher ›Tao‹ verstanden. Und genau so hätten sie es in Lateinisch aufgeschrieben.

Obwohl Tascha langsam auch Gefallen an Lans Ausführungen fand, sagte sie mir am Abend doch, es nerve sie langsam, dass wir immer zu dritt mit ihr herumhingen.

Uff. Mir war ja genau das eine Wonne. Zwei so tolle Frauen an meiner Seite. Meine Fantasie war eher die, dass sie beide dicke Freundinnen würden und wir wie unzertrennliche Drillinge alles zusammen machten – vielleicht sogar im Bett. Aber die Idee hatte Tascha eher nicht. Und ich musste schauen, wie ich damit klarkam. Aber vielleicht sollte ich einfach täglich etwas mit Tascha allein unternehmen. Lan würde das verstehen. Sie konnte sich schließlich auch einen Freund suchen.

29. Land: Lettland.
29. Ziffer auf dem Kessel: 17.
Vorwahl: +371 – von rückwärts.

* * *

Auch in Riga hatten wir bald die russischen Männer auf den Fersen und führten sie erneut an der Nase herum, indem wir die Hauptstadt bald verließen und uns nach Liepāja begaben, Libau zu Deutsch. Eine Hafenstadt an der Ostsee, nordisch ruhig, ein schöner Sandstrand, schöne Jugendstilhäuser neben hässlichen Klötzen in sozialistischem Einheitsbrei. Beeindruckend die Dreifaltigkeitskirche mit ihrer prächtigen Grüneberg-Orgel.

Nach einem Rundgang sprach ich Lan darauf an, dass ich gerne mehr mit Tascha allein wäre. Sofort war sie damit einverstanden, dass wir öfter getrennte Wege gingen. Nur bei der Münzsucherei wolle sie mitkommen, denn sie könne Betrüger entlarven.

Und trotzdem saß ich schon an diesem Abend wieder allein mit Lan in der Kaminecke. Ich hatte gar nicht richtig mitbekommen, dass Tascha bald nach dem Essen verschwunden war – oder wollte es nicht merken.

Lan trug ihr langes, türkisblaues Gewand. Die Seitenschlitze gaben den Blick auf Wade, Knie und ein Stück Oberschenkel frei.

»Ein wunderschönes Kleid, das du heute anhast«, sagte ich.

»Ich kann mich erinnern, du hast es getragen, als ich dich zum ersten Mal gesehen habe – in der Spielbank auf Macao.«

»Stimmt«, bestätigte Lan. »Es ist ein Cheongsam. Das gibt es schon seit dem 17. Jahrhundert, es heißt eigentlich nur *langes Kleid*. Die moderne Form kommt aus meiner Heimatstadt. Aber auch die ist ziemlich aus der Mode gekommen. Ich habe mir eines nachschneidern lassen, weil ich es so liebe.«

Unangenehm schien ihr mein Kompliment nicht gewesen zu sein. Bald aber kamen wir wieder auf den Taoismus zu sprechen. Lan berichtete, ich lauschte fasziniert, hakte nach und versuchte zu begreifen. Es dauerte nicht lange, und ich ging auf in Begeisterung.

Unglaublich, ihr Heimatland. Was hat China nicht alles hervorgebracht! Da können sich all unsere westlichen Philosophen eine Scheibe abschneiden. Mag sein, dass das alles auch deshalb besonders faszinierend klang, weil die Schilderung aus Lans Munde kam. Wie sie erzählen konnte! Ruhig, sachlich und trotzdem eindringlich. Es war Verbundenheit zu spüren zwischen ihr und dem, was sie sprach. Die Verbindung erfüllte den Raum, und sie griff auf mich über. Ich fühlte mich zum Dao hingezogen, und ich fühlte mich zu Lan hingezogen.

Wie selbstverständlich wanderte ich zu ihr aufs Sofa. Das störte sie nicht. Nein, ich hatte das Gefühl, auch sie verspüre die Einheit und wolle sich ihr hingeben. Sie erzählte weiter.

Dass das Dao das alldurchdringende Prinzip allen Seins ist, meinte ich schon verstanden zu haben. Es ist die höchste Wirklichkeit, das höchste Mysterium und die Ureinheit, woraus die *zehntausend Dinge* entstehen, also der Kosmos mit allem, was in ihm ist. Gleichzeitig stellt es die Ordnung dar, die darin herrscht. Es ist Ursprung und Vereinigung aller Gegensätze und wird damit undefinierbar.

Das All ist stetig in Bewegung, nichts ist fest. Aus den Wandlungen und Wechselspielen geht die Welt hervor. Konkret wird das in der Fünf-Elemente-Lehre und ihren Wandlungen sichtbar.

Diese Elemente sind Holz, Feuer, Erde, Metall und Wasser. Wie in einem Kreis nähren sie sich gegenseitig. Holz ernährt brennend das Feuer, dessen Asche die Erde, indem sie sie mit Nährstoffen anreichert. Die Erde wiederum bringt als Erz Metall hervor. Seine Spurenelemente bereichern das Wasser, und dieses lässt Bäume wachsen und Holz entstehen.

In die Gegenrichtung schwächt jedes Element seinen Vorgänger: as Feuer braucht das Holz auf, dieses entzieht Wasser, das wiederum lässt Eisen rosten. Metall zieht Mineralien aus der Erde, und diese kann Feuer ersticken. Der Wandel vollzieht sich gleichzeitig in beide Richtungen.

Und dazu gibt es noch gegenseitige Kontrollprozesse, quasi über Eck. Wunderbar lässt sich das in einem Kreis mit einem Fünferstern darin darstellen. Wasser löscht Feuer, Feuer verdampft das Wasser. Feuer schmilzt Metalle, ein Eisenofen hält das Feuer in Schach. Die metallene Axt spaltet das Holz, dieses lässt die Axt stumpf werden. Ein Staudamm aus Erde hält das Wasser auf, dafür verschmutzt die Erde das Wasser. Und zuletzt entziehen Pflanzen und damit das Holz der Erde die Nährstoffe. Dafür halten die Wurzeln sie zusamm易.

In diesem Wandel, dem yì , verwirklicht jedes Ding seinen eigenen Weg, entwickelt sein eigenes Dao. Deshalb tut der Mensch gut daran, sich zurückzuhalten, geschehen zu lassen, Nicht-Handeln zu praktizieren. Wünsche und Begierden soll er ausblenden, einfach geschehen lassen.

Dem praktizierenden Dao-Schüler helfen Meditation, Qigong, Konzentration, Atemübungen und viele andere Verfahren. Das Streben geht nach Erleuchtung und ewiger Glückseligkeit als Unsterblicher. Dabei geht dies Streben zurück zum Ursprung, und Unsterblichkeit bedeutet nicht ewiges Leben hier auf Erden.

Fragen wollte ich Lan, wie sich die griechische Lehre der vier Elemente hierzu verhalte. Das waren Feuer, Erde, Wasser und Luft. Metall und Holz kamen nicht vor, dafür aber die Luft. Wer hatte recht? Beide? Oder niemand?

Ich legte meinen Arm auf Lans, vielleicht würde sie innehalten, um mir eine Denkpause zu gönnen. Sie blickte mich nur kurz an, lächelte und sprach weiter. Die Berührung tat mir gut. Ich nahm ihre Hand in meine. Sie lächelte und sprach weiter. Das war, glaube ich, der Punkt, an dem ich mehr vom Hautkontakt mit ihr berührt war als von ihrem Vortrag. Ja, von da ab bekam ich den Sinn ihrer Rede nicht mehr richtig mit.

Lans Cheongsam fiel mir ins Auge. Das enge Oberteil wirkte heute alles andere als mütterlich, es schien die weiblichen Formen kaum bändigen zu können.

Ich legte meinen Arm um Lans Schultern. Sie drehte sich zu mir um und lächelte ihr geheimnisvolles Lächeln. Begierde ausschließen oder geschehen lassen?

Ich dachte nicht mehr nach, ich küsste Lan, sie entgegnete meinen Kuss. Ich versank in meinen Gefühlen, nahm den Kopf zurück, und Lan strich mir zart über meinen Schnäuzer. Ich zog sie an den Schultern wieder an mich heran und drückte den nächsten Kuss auf ihre Lippen. Der Bart kitzelte sicherlich ihre zarte Nase.

»Merski!« – fast ein Kreischen. Erschrocken fuhr ich herum. Gerade noch konnte ich erkennen, wie Tascha zur Tür hinaushuschte und sie hinter sich zuknallte. Eine Schrecksekunde lang blieb ich sitzen. Ich hatte sie nicht kommen hören, Lan ebenso wenig. Wieso hatte bei ihr keine Warnung eingesetzt? Nach der kleinen Verzögerung sprang ich auf, rannte in den Flur.

»Tascha!«, rief ich meiner Freundin hinterher. Der Fahrstuhl fuhr gerade ab. Ich drückte wie wild auf alle Knöpfe, aber es dauerte, bis der nächste kam. Ich fuhr in den Eingangsbereich, rannte zur Tür, sah ein Taxi wegfahren und war mir sicher, dass ich Tascha an ihrer Frisur erkannte.

Ich fuhr wieder nach oben zu Lan. Sie wirkte sehr aufgeräumt. »Soll ich mich bei dir entschuldigen?«, fragte sie.

»Quatsch«, entgegnete ich, »da kann ich mich genauso entschuldigen. Die Frage ist nur, was machen wir jetzt?« Am liebsten hätte ich Lan gesagt, wie stark sie mich faszinierte. Doch das schien mir jetzt unpassend.

Ich wählte Taschas Handynummer. Sie ging natürlich nicht ran. Ich kam mit Lan überein, dass wir erst mal warten sollten. Sie ging in ihr Zimmer hinüber, ich in unseres. Hier übersprudelte mich ein wilder Mix an Gefühlen. Ich war in *unserem* Zimmer, Tascha gehörte mit hier hinein. Furcht beschlich mich, dass ich vielleicht nie mehr mit ihr zusammen in einem Raum sitzen würde. Wie tief war sie getroffen? War sie schon auf dem Weg nach Russland?

Dann wieder ärgerte ich mich, dass sie genau in dem Moment ins Kaminzimmer gekommen war, in dem ich mich Lan so nahe gefühlt hatte wie nie zuvor. Verdammt noch mal. Ein paar Minuten früher oder ein paar Minuten später – und nichts wäre passiert. Oder musste das so kommen? Geschehen lassen? Ich war unsicher. Wenig später war es Trauer – was wäre, wenn Tascha wirklich wegbliebe? Angst – Angst wovor? Vor dem Alleinsein? Das war ich doch gewohnt, daraus bestand doch fast mein ganzes Leben. Es wäre kaum anders als vorher.

Ich grübelte und grübelte. Bald hielt ich es im Sitzen nicht mehr aus, sondern lief im Zimmer umher. Lan war eine tolle Frau, aber Tascha war es auch, beide aus sehr unterschiedlichen Gründen. Gerne hätte ich mit beiden hier gesessen, möglichst in der Mitte zwischen ihnen, auf dem kleinen Sofa. Das Sofa so eng, dass wir richtig aneinandergepresst würden. Ich musste mich von dieser wohligen Vorstellung losreißen. Eine Dreiecksbeziehung, das konnte ich mir abschminken. Aber schön wäre es schon.

Dann hoffte ich, dass sich die Situation von selbst klären möge. Ich wollte mich nicht zwischen Tascha und Lan entscheiden müssen. Aber war es nicht vielleicht besser, ich würde es?

›Geschehen lassen‹. Wenn Tascha nicht zurückkäme, dann hätte sie entschieden – für sich und für mich gleich mit. Sollte ich dann weiter Lan den Hof machen? Wollte ich das? So mit ihr zusammenleben wie mit Tascha? Ging das überhaupt mit ihr? Oder war ich nur in dieser denkwürdigen Situation, in der wir uns hier befanden, so begeistert von ihr?

Stumpf und ratlos versank ich in einem Sessel, hockte da und hoffte, dass die Tür aufginge und Tascha hereinkäme. Ich würde mich bei ihr entschuldigen und erklären, dass ja nichts passiert war. Ich war mir nicht sicher, wieweit sie mir glauben würde, nachdem sie in Liberia schon einmal vor Eifersucht getobt hatte.

Der Wunsch wurde stärker, ich spürte Sehnsucht nach Tascha. Ich brauchte Tascha, ich wollte nicht mehr allein sein.

Doch Tascha kam nicht. Es kam der Zeitpunkt, da verspürte ich Hunger. Es wurde schon dunkel. Ich klopfte vorsichtig bei

Lan und fragte, ob wir etwas zu Abend essen sollten. Sie hatte keinen großen Appetit, begleitete mich aber in den Speiseraum. Tascha legte ich einen Zettel hin. Vergebliche Liebesmüh – das sollte ich zwei Stunden später erfahren. Der Zettel würde unverändert an seinem Platz liegen, von Tascha keine Spur.

Dafür, dass Lan ›keinen großen Appetit hatte‹, aß sie im Laufe des langen Dinners doch ganz ordentlich. Wir unterhielten uns erst über Tascha, ihr Wegrennen, was sie wohl tun würde. Ich versuchte, mich in ihre Lage zu versetzen. Leider kam mir kein anderer Gedanke als der, dass ich mich, wäre ich Tascha, von dem Wüstling Ede trennen würde. Wir beratschlagten, was wir tun konnten, um sie zu finden, kamen aber zu keinem vernünftigen Schluss. Bald drehte sich die Unterhaltung aber um uns beide, um Lan und mich. Ich gestand ihr jetzt meine Faszination, sagte aber auch, dass ich Tascha sehr gerne habe. Das Wort *Liebe* wollte ich nicht in dem Mund nehmen, in mir sträubte sich etwas dagegen. Ich sagte Lan, dass ich allein dort im Zimmer begriffen hätte, dass ich mir ein Leben ohne Tascha kaum noch vorstellen konnte.

Lan lächelte wieder. Nicht verführerisch, sondern verständnisvoll. Dann sagte sie: »Ede, auch ich bin ziemlich aufgeregt. Das merkt man mir vielleicht nicht an. Irgendetwas ist da zwischen uns. Noch weiß ich auch nicht, was es ist. Doch will ich mich nicht zwischen Tascha und dich drängen. Auch ich habe vorhin nachgedacht und in mich hineingehört. Und habe eher das Gefühl, erotische Anziehung ist es nicht.«

Sie sagte das sehr bestimmt. Und obwohl ich gerade erklärt hatte, dass es Tascha war, mit der ich zusammenbleiben wollte, versetzte mir dieser Satz doch einen kleinen Stich.

Tan schlug vor, dass wir uns ausruhen sollten. Wir kämen jetzt doch auf keinen vernünftigen Entschluss. Damit war ich einverstanden, denn ich fühlte mich allmählich sehr müde.

In meinem Zimmer legte ich mich hin, schlafen konnte ich aber nicht. Ich klopfte nochmals leise bei Lan, und sie antwortete sofort. Ich sagte, ich wolle Tascha suchen gehen, und fragte, ob sie mitkommen wolle. Sie meinte, falls ich sie wirklich fände, sei es vielleicht besser, ich sei allein.

Das leuchtete mir ein. Ich machte mich also auf den Weg in die Nacht hinein, suchte alle Restaurants und Bars ab, in denen wir zusammen gewesen waren, und auch viele, in denen wir nicht waren. Ich ließ mich mit einer Taxe zu den angesagtesten Clubs bringen. Doch hätte Tascha Lust, sich zu betrinken, ihren Frust in einer Disco wegzutanzen oder sofort Trost in einem neuen Flirt zu suchen?

Meine Suche blieb erfolglos. Ich hatte es kaum anders erwartet. Schade, das Knie wies mir keine Richtung.

Den folgenden Tag, es war ein Mittwoch, durchlebte ich in einer Art Trancezustand. Ich lief herum, fuhr herum und suchte nach Tascha. Lan tat das Gleiche, für sich allein. Am Abend trafen wir uns und beratschlagten. Morgen wollte ich zur Polizei gehen, suchte aber in der frühen Nacht nochmals einige Örtlichkeiten ab. Wieder erfolglos. Meine Anrufe und SMS blieben ohne Antwort.

Trotz dieser Aufregung kehrte allmählich ein Gefühl innerer Ruhe ein. Es ist schwer zu beschreiben: Ich war aufgeregt und ruhig gleichzeitig. Man muss mich doch für schizophren halten, wenn ich das sage. Vielleicht kann ich es so sagen: Tief in mir hatte ich Vertrauen – das Gefühl, dass alles richtig war, so wie es war. Für mich war das eine vollkommen neue Haltung, hatte ich doch früher eher mit Skepsis in die Zukunft gesehen.

Doch stimmte das eigentlich? Hatte ich je mit Sorgen in die Zukunft geschaut? Eigentlich war ich doch immer schon so gelassen. Ob das nun die Gefangenschaft bei den Russen war oder die Einbuchtung in den Knast. Eher trifft zu, dass ich recht wurstig war, was die Zukunft betraf. Traurigkeit, Freude und Angst hatte ich mit Milva hinweggesungen. Trotzdem war da eher kein Gefühl großer Erwartungen an das Leben. Nicht einmal mein ungeahnter Reichtum hatte in der Anfangszeit daran etwas geändert, in der Zeit, als ich noch nicht in die Mühlen der russischen Mafia geraten war. Nicht einmal mein Wunsch, Tierarzt zu werden, war von wirklicher Begeisterung getragen. Es war eher eine Entscheidung vom Kopf her – weil man doch mit seinem Leben etwas machen musste.

Taschas Weglaufen hatte etwas anderes bewirkt. Ich hatte viel nachgedacht in diesen beiden Tagen, trotz der Suche nach ihr. Und mir wurde eindeutig klar: Ich wollte Tascha wiederhaben und wollte mit ihr zusammenleben. Ich würde alles daransetzen, sie zurückzuerobern, zumindest, es zu versuchen. Ich würde um sie kämpfen. Ich gab mir noch drei Tage hier in Riga. Sollte auch die Polizei meine Freundin nicht finden, würde ich zurück nach Magdeburg fliegen – gleichgültig, welche Vorwahl-Länder wir noch abzuklappern hätten. Wenn das nicht sowieso alles vollkommener Stuss war. Ich konnte mir vorstellen, dass meine Geliebte in ihre Heimat zurückkehren würde. Doch musste sie vorher in Magdeburg verschiedene Dinge regeln.

Meine innere Ruhe hatte eine andere Qualität als die Wurstigkeit von früher. Sie war nicht mehr Ausdruck von Passivität. Jetzt hatte ich innerlich eine Entscheidung gefällt. Die Gelassenheit kam durch meinen Entschluss, aktiv zu werden. Sicher hatte Lans Kurzunterweisung im Taoismus dazu beigetragen, mir die Zuversicht gegeben, dass es gut werden würde. Selbst wenn ich nur das von ihr gelernt hatte, dann hätte sich die gesamte Odyssee schon gelohnt.

Ich freute mich über diese meine neue Einstellung.

Am nächsten Morgen nahm ich nur ein kurzes Frühstück zu mir und fuhr mit der Taxe zur Polizei. Der Beamte, an den ich nach langer Warterei verwiesen wurde, schien nicht sonderlich interessiert. Suchmeldungen wie die meine waren für ihn pure Langeweile. Nachdem ich mein Anliegen ziemlich radebrechend auf Englisch geschildert hatte, schickte er mich wieder in den Flur. Wieder ewiges Warten. Dann rief er mich nochmals herein. Ich musste ein Protokoll unterschreiben – auf Lettisch. Er hätte mir wer weiß was zum Unterschreiben vorlegen können – aber ich unterschrieb.

Dann notierte er sich meine Nummer und meinte: »I call you when we find her. You call us when she's back.« Ich nickte und trollte mich Richtung Hotel. Ob er und seine Kollegen wirklich suchen würden? Wo sollten sie suchen? Wenn Tascha ihnen wirklich über den Weg laufen sollte, dann würde er mich anrufen – das glaubte ich ihm.

Nach ein paar hundert Metern hielt ich das nächste Taxi an und ließ mich zu meiner Unterkunft bringen.

Ich war kaum ausgestiegen, als ein Mann auf mich zutrat und fragte: »Sind Sie Herr Nitschke?« Ich bejahte.

»Dann habe ich eine Botschaft für Sie – von Alexander. Er sagt, Sie kennen ihn.« Ich erschrak heftig. Aber auch das bejahte ich.

»Er sagt, wenn Sie Natalja sehen wollen, müssen Sie ihn treffen.« So war das also! Erst hatten sie mich gekidnappt, jetzt hatten sie Tascha in ihrer Gewalt. Der Fremde merkte, dass ich nachdenken musste, und wartete geduldig ab. Schon bald dämmerte mir, dass mir nichts anderes übrig blieb, als auf seine Forderung einzugehen. Deshalb sagte ich:

»Gut, wo soll denn der Treffpunkt sein – und wann?«

Der Fremde nannte mir das Barons Bumbier's, ein Lokal in der Innenstadt. Das beruhigte mich etwas. In der Öffentlichkeit konnte mir nicht ganz so schnell etwas passieren. Noch einmal wollte ich mich von den Russen nicht entführen lassen. Um sechs Uhr abends sollte ich dort sein.

»Sie sollen allein kommen, ohne die Chinesin, soll ich noch ausrichten. Sie wüssten schon, wer gemeint ist.«

»Ja, mir ist klar, wer gemeint ist. Richten Sie Alexander aus, dass ich komme. Aber nur, wenn er allein ist und unbewaffnet. Die Chinesin wird mich bis zum Lokal begleiten. Sollte er bewaffnet sein, verschwinden wir. Alexander wird schon verstehen, wie das gemeint ist.« Der Fremde nickte und wollte gehen. »Wie viel bekommen Sie eigentlich für Ihren Botendienst?«, wollte ich noch wissen. Doch darüber durfte er nicht reden.

Oben erklärte ich Lan, was passiert war. Sie war einverstanden, mich zum Lokal zu begleiten, und sagte auch, dass sie in der Nähe bleiben werde. Falls mir Gefahr drohe, werde sie das schon spüren. Bisher sei aber noch keinerlei Warnung aufgetreten.

Der Tag schien überhaupt nicht vergehen zu wollen. Aber irgendwann war es doch so weit. Um viertel vor sechs stiegen wir in die Taxe, kurz vor sechs Uhr am Nachmittag waren wir vor dem Lokal. Lan meinte, sie spüre *Gewalttätigkeit*, aber keine *Be-*

waffnung. Nun, das war ein bisschen beruhigend. Doch ich wusste, wie einen Alexander und seine Orang-Utans auch ohne Waffen quälen konnten. Dimitris Erbarmungslosigkeit hatte ich ja auf Aruba live miterlebt, als er mich von dem Räuber befreit hatte.

Alexander saß tatsächlich allein an einem Tisch. Er strahlte mich überlegen an und wies mir mit einer generösen Handbewegung den Platz ihm gegenüber zu.

»Meiner Schwester geht es gut«, sagte er in seinem vertraulichen Tonfall. »Gut, dass ihr euch gestritten habt, sonst wären wir immer noch hinter euch her. Natalja hat mir viel erzählt. Sie sagt mir, dass ihr nicht mehr spielen geht. Schade eigentlich.«

Nach der Schlappe im Casino, als ich vor Gericht beweisen sollte, dass ich durch Glücksspiel zu meinem Reichtum gekommen sei, hatte ich es tatsächlich nicht noch einmal probiert. Hätte ich Alexander gesagt, dass mir mein Reichtum reiche, hätte er mich nur abfällig angeschaut. Stattdessen fragte ich gereizt: »Was willst du?«

»Nun, Natalja konnte mir nicht genau sagen, was ihr vorhabt. Sie weiß nur, dass es etwas überragend Großes sein muss. Was ich will, ist denkbar einfach. Wir wollen dabei sein.«

Ach du Schreck, das hatte mir gerade noch gefehlt. Diese Typen wieder an der Backe. Doch hatte ich wohl kaum eine Wahl. Trotzdem machte ich einen Versuch: »Keiner von uns weiß, um was es geht. Wir haben nur die Ahnung, dass hinter den Reisen ein gewisser Sinn steht. Es kann sein, dass wir einem Phantom nachjagen. Aber sicher wird es nicht um Geld gehen.«

»Faule Ausrede. Ich sag's noch mal: Was immer es ist, wir wollen dabei sein.«

»Und wie soll das gehen?« Ich wollte Details wissen. Alexander bestand darauf, dass sie mit uns reisen würden, ganz einfach. Es wäre fast wie früher. Wir würden alles zusammen machen. Ich dürfte auch wieder mit Tascha zusammen sein. Wenn sie das überhaupt noch wolle. Aber er oder einer seiner Freunde sei eben immer in meiner Nähe. Und in Frau Liáng Lans ebenso.

Das konnte ja heiter werden. Gab es wirklich keinen Ausweg? Auf mein Zögern versprach mir Alexander, dass uns allen nichts passieren würde – wenn wir teilten. Gerecht. Egal, was wir finden würden, halbe-halbe. Für jedes Team die Hälfte. Er ging also davon aus, dass wir irgendetwas finden würden – etwas Wertvolles, da schien er sich sicher zu sein.

Ich handelte Bedenkzeit für mich und Lan aus. Sie müsste sowieso ihre eigene Entscheidung treffen, ich könnte hier nicht für sie reden. Zu dritt hatten die Bande so oft ausgetrickst mit ihrer Hilfe. Vielleicht würde es uns noch einmal gelingen. Wir verabredeten ein neues Treffen an gleicher Stelle um zehn Uhr abends.

Ich ging und rief Lan an. Sie saß in einem Café gegenüber. Sonderlich überrascht schien sie nicht von Alexanders Forderung. Sie sagte, dass sie immer noch keine Signale für *Gefahr* empfangen habe. Wir beratschlagten, überlegten Alternativen.

Der springende Punkt war der, dass Tascha in Alexanders Gewalt war und wir keinen Schimmer hatten, wo er sie versteckte. Wir mussten uns eingestehen, dass sich das Blatt zugunsten der Russen gewendet hatte. Deshalb stimmte Lan ihrer eigenen Beaufsichtigung durch die Bande zu. Das hätte ich so schnell gar nicht erwartet.

»Und du meinst, das wird dir nichts ausmachen?«

»Wie du hatte ich schon einmal meine *Betreuer*. Ich bin sie losgeworden. Jetzt sind es eben andere. Kein Zwang kann ewig bestehen, jeder Druck hat einmal ein Ende.«

»Wieder so eine chinesische Weisheit?«

»Sie stammt aus dem *Buch der Wandlungen*. Und sie stimmt. Ganz ohne Ausnahme. Das weißt du selbst aus deinem Leben. Und das siehst du in der Politik. Das lehrt dich auch die Geschichte, die Politik von früher.«

»Es gäbe ja auch noch die Möglichkeit«, unterbreitete ich Lan, »dass du dich einfach von uns verabschiedest. Du hast es doch eigentlich gar nicht nötig, dir den ganzen Stress anzutun.«

»Ich habe mich mit euch auf den Weg gemacht, und ich werde diesen Weg mit euch zu Ende gehen. Egal, wohin er führt.« Das war ein klares Wort in diesem unklaren Geschehen. Ich war froh, dass Lan bei uns blieb.

Um zehn Uhr waren wir wieder am Treffpunkt, diesmal gemeinsam. Lan war der Meinung, die ›Einladung‹ hätte auch für sie gegolten. Lan spürte kurz vor dem Eintreten *Bewaffnung*, aber keine *Gewaltbereitschaft*.

Die drei Russen saßen schon an einem runden Tisch, Tascha in der Mitte. Sergej war nicht dabei. Als wir eintraten, rannte sie auf mich zu und fiel mir um den Hals. Ich drückte sie an mich. Sie weinte, und mir stiegen Tränen in die Augen. Am liebsten hätte ich losgeheult – aber nicht vor den russischen Männern! Jetzt war ich erst einmal froh, dass ich sie wieder bei mir spürte. Ihre Eifersucht schien verflogen.

»Haben sie dir etwas getan?«, flüsterte ich ihr ins Ohr.

»Alles okay«, entgegnete sie.

Inzwischen waren die Männer aufgestanden und umringten uns. »Lasst uns ins Hotel fahren«, schlug Alexander vor. Nein, es war eher ein Befehl.

Ich schaute mir Boris und Dimitri mit widerstrebenden Gefühlen an. Ich hasste sie dafür, dass sie mich, oder besser uns, wieder in ihrer Gewalt hatten. Aber sie konnten uns nicht so beherrschen, wie sie es mit mir allein getan hatten. Sie waren in dieser Sache, von der wir alle nicht wussten, worum es sich eigentlich handelte, von uns abhängig. Das schien auch dem Chef klar zu sein. Er benahm sich zumindest einigermaßen freundlich.

Liáng Lan gegenüber stellte er sich ausgesprochen charmant und verbindlich vor und entschuldigte sich für alle Unannehmlichkeiten. Lan wirkte, als stünde sie vollkommen über alledem. Alexander stellte ihr dann seine Männer vor.

Meine Güte, hatte ich viel erlebt mit diesen Russen zusammen, das war nicht zu leugnen. Tief in mir spürte ich eine gewisse Spannung, wie es mit ihnen weitergehen würde.

Erst einmal teilten wir uns auf zwei Taxen auf. Tascha und ich durften zusammenbleiben. Der Chef wollte uns begleiten. Dimitri und Boris sollten mit Lan fahren.

»Frau Liáng, ist Ihnen das recht so?«, fragte Alexander wieder einmal ausgesprochen höflich. Lan nickte.

»Ich denke, die Herren wissen sich einer Dame gegenüber zu benehmen?«, fragte sie skeptisch.

Alexander lächelte. »Ja, das wissen sie«, bestätigte er mit Nachdruck und warf seinen Kumpanen einen auffordernden Blick zu. Pflichtschuldigst lächelten die jetzt auch mit einem angedeuteten Nicken. Wenig später schmunzelte Lan und mit einer kleinen weiteren Verzögerung Tascha und ich. Die Chinesin hatte es mit ihrem Satz geschafft, die Spannung ein deutlich zu mindern.

Im Hotel buchten wir die Zimmer um, Tascha und ich kamen mit Dimitri zusammen in eine Suite – ein Zimmer mit Doppelbett und ein kleines Einzelzimmer, dazu Wohnzimmer und Bad. Lan, der Chef und Boris bewohnten eine ähnliche Suite, wobei sich, wie wir hörten, die Männer das Doppelbett teilten. Es hätte mich schon interessiert, wie die darin zurechtkamen.

Bevor wir aber unsere Betten aufsuchten, fragte Alexander uns aus und übersetzte seinen Kompagnons alles, was sie nicht verstanden. Sehr zufrieden war er nicht mit unserer vagen Ahnung, dass die Reisen nach dem System des Roulettekessels und das Münzensammeln eine Bedeutung haben könnten. Ich hatte die leise Hoffnung, er könne uns als hoffnungslose Spinner abtun und uns allein unserer Wege ziehen lassen. Es bestand doch wirklich keine große Wahrscheinlichkeit, dass wir am Ende im Reichtum schwimmen würden. Das versuchte ich auch vor Boris und Dimitri nochmals klarzumachen. Und dass ich im Casino keine Inspiration mehr hatte, das wusste Alexander aus der Zeitung. Er hatte in der Presse meinen Prozess genau verfolgt.

Doch die Vorstellung, dass alles nur Zufall sein sollte, schien dem Chef genauso unbehaglich. Ich malte mir aus, was in seinem Kopf vor sich ging. Er würde sich schließlich sagen, er habe ja nichts zu verlieren, wenn er sich uns anschloss, aber vielleicht doch eine Menge zu gewinnen.

Jedenfalls gab Taschas Bruder uns nicht frei. Fortan bestand unsere Reisegesellschaft aus sechs Personen.

* * *

30. Land: Kenia.
30. Ziffer auf dem Kessel: 25.
Vorwahl: +254 – die ersten beiden Ziffern.

Die Aussprache mit Tascha war schwierig, da Dimitri oder Boris immer in Hör- und damit auch in Sichtweite waren. Doch hatte ich das Gefühl, wir mussten gar nicht viel reden. Schon beim Wiedersehen im Barons Bumbier's war der Bann ein Stück weit gebrochen.

31. Land: Niger.
31. Ziffer auf dem Kessel: 2.
Vorwahl: +227 – die erste Ziffer.
32. Land: Tunesien.
32. Ziffer auf dem Kessel: 21.
Vorwahl: +216 – die ersten beiden Ziffern.

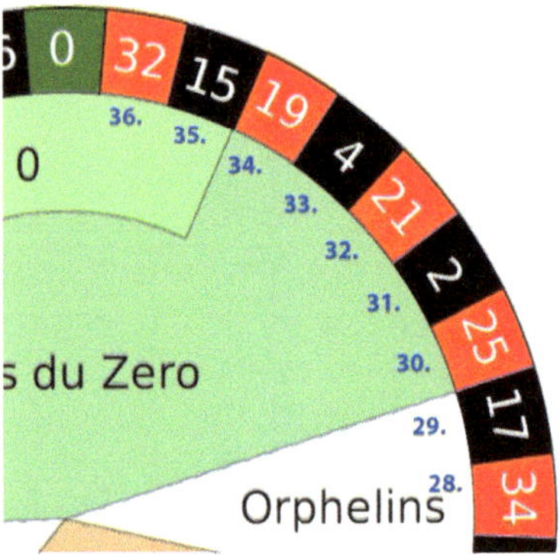

In Tunesien unterbreitete ich Alexander einen Vorschlag, nachdem ich mich zuvor mit Tascha und Lan besprochen hatte: Ich versicherte den Russen, wir würden freiwillig mit ihnen zusammenarbeiten, und sie sollten die Überwachung bleiben lassen.

Alexander lachte los: »Du spinnst ja, ihr seid doch dann sofort weg.«

»Ich weiß, dass wir euch nicht entkommen können«, erklärte ich. »Wir sind euch ja ein paarmal entwischt, aber ihr habt uns immer wieder eingeholt. Leider muss ich zugeben, dass euch das wahrscheinlich wieder gelingen wird, wenn wir abhauen.«

Alexander dachte nach. »Ihr habt es uns ganz schön schwer gemacht. Ich weiß, eure Chinesin, die hat noch mehr Fähigkeiten als nur Roulettezahlen zu erkennen. Die spürt Gefahren, das habe ich gemerkt. Genau wie du immer die Richtung kennst. Also, sie macht uns doch neue Probleme, wenn ihr erst mal wieder weg seid. Und nochmals bist du bestimmt nicht so blöd und verärgerst

Natalja so, dass sie von euch abhaut.« Seinen Akzent, sein Zungen-R, das hörte ich schon gar nicht mehr.

Ich versicherte, dass es auch Lan lieber wäre, wir fügten uns freiwillig, als ewig unter dieser Vormundschaft zu stehen. Auch ihr sei klar, dass wir, wenn überhaupt, dann nur kurz entkommen könnten.

»Auch für euch kann es doch nicht so erfreulich sein, wenn zwei Mann immer damit eingespannt sind, uns unter Kontrolle zu halten.«

Das fand Alexander anscheinend plausibel. »Gut«, sagte er schließlich. »Wir probieren das. Aber die Pässe, die behalte ich.«

Damit konnte ich leben. Tascha und Lan waren begeistert über das Ergebnis der Verhandlung. Nicht sicher war ich mir, wie Dimitri und Boris es auffassen würden. Die nächsten Tage wirkten sie aber entspannter. Wir hatten mehr Freiheiten, sie aber auch. Tascha und ich hatten wieder unser eigenes Zimmer, die übrigen fortan Einzelzimmer. Nach ein paar Tagen nahmen aber Dimitri und Boris doch wieder Doppelzimmer.

»Der Wodka dann schmeckt besser«, erklärten sie. *Soso.*

Endlich konnte ich mich mit Tascha ungestört unterhalten. Ich entschuldigte mich aufrichtig bei ihr und erklärte, dass mein männlicher Größenwahn mit mir durchgegangen sei. Ich schilderte, wie mir durch ihr Weggehen ganz klar geworden war, wie sehr ich sie brauchte und dass ich mit ihr zusammenbleiben wolle. Und ich hätte alles darangesetzt, sie zurückzugewinnen. Ich erzählte von meinem Plan, nach Magdeburg zu fliegen, weil ich gehofft hatte, sie in ihrer Ikonenhandlung anzutreffen.

Ich hatte den Eindruck, Tascha glaubte mir. Trotzdem fragte ich: »Kannst du mir verzeihen?«

»Ich habe dir längst verziehen«, war die wunderschöne Antwort. »Trotzdem will ich wissen, was mit dir und Lan ist.«

»Darüber habe ich viel nachgedacht. Eins kann ich nicht leugnen, ich finde, dass sie eine attraktive Frau ist. Und sie ist eine intelligente Frau, und geheimnisvoll noch dazu. Das war es wohl, was mich verrückt gemacht hat, die Sinne hat es mir getrübt.«

Nach einer Pause fuhr ich fort: »Wir haben uns ausgesprochen. Auch Lan meinte, ihre Gefühle hätten sie in eine falsche Richtung gezogen. Nach deinem Verschwinden sei ihr aber auch klar geworden, dass das nichts Erotisches ist, was da zwischen uns entstanden ist.«

»Was ist es denn?«

»Freundschaft. Gute, tiefe Freundschaft. Und eine Aufgabe.«

»Was für eine Aufgabe?«

»Das weiß sie nicht, oder sie sagt es nicht. Doch sie ist überzeugt, dass wir eine Aufgabe zu lösen haben. Das sagen ihr ihre Anzeichen, die sie mithilfe des Taoismus deutet. Denen vertraut sie. Deshalb bleibt sie ja auch bei uns und lässt die Aufsicht durch Alexander und seine Helfer über sich ergehen.«

Das leuchtete Tascha ein.

Nun war ich an der Reihe zu fragen. Wie sie es erlebt habe, als sie Lan und mich erwischt hatte. Für Tascha war schlagartig eine Welt zusammengebrochen, als sie mich mit Lan eng umschlungen und küssend auf dem Sofa entdeckt hatte. Enttäuschung und Wut stiegen in ihr auf. Sie war nicht fähig zu denken, konnte nur rausrennen aus dem Zimmer, aus dem Hotel, und wollte weg, nichts wie weg, weit weg. Tatsächlich war ihr erster Impuls, mit ihrem ganzen Reichtum in die Heimat zurückzukehren, weit weg von mir.

Aber weit kam sie nicht. Wenige Schritte, nachdem sie aus ihrem Taxi ausgestiegen war, umringten sie plötzlich Alexander und die beiden Männer. Sie hatten sie schon im Hotel ausfindig gemacht, sie dann herausrennen sehen und waren der Taxe gefolgt.

Alex fragte sie aus, behandelte sie anständig. Doch er sagte ihr klipp und klar, dass sie so lange seine Gefangene bleibe, bis er uns auch in seiner Gewalt habe. Danach wolle er sehen. Sie wollten mich aber noch ein bisschen schmoren lassen und beschatteten mich. Dabei begriffen sie schnell, dass ich auf der Suche nach Tascha war, dass ich sogar die Polizei bemüht hatte.

»Und wann ist dein Zorn verflogen?«, wollte ich wissen.

»Da ist ja so viel auf einmal passiert. Ich erwische meinen Liebsten mit einer anderen. Und dann kidnappt mich mein eigener Bruder. Erst einmal habe ich nur geflucht über dich. Sagte Alex, er könnte dich ruhig abknallen, und die Tussi gleich mit. Damit würde er mir einen Riesengefallen tun. Ich habe getobt, geschrien und dich verflucht. Und dann geheult. Und dann bin ich heulend eingeschlafen. In der Nacht habe ich schon gemerkt, dass ich dich vermisse. Beim Aufwachen habe ich dich wieder gehasst, und Lan mit. Und so ging das hin und her, aber die Sehnsucht kam immer wieder durch. Als Alex mir am nächsten Abend sagte, du hättest ganz Riga nach mir abgesucht, da war es vorbei mit meinem Hass. Der galt dann nur noch Lan. Die wollte ich umbringen, wenn sie sich zwischen uns stellt. Na ja, das nimm jetzt mal nicht so ernst.«

Ich nahm das nicht so ernst, stattdessen nahm ich meine Tascha in die Arme und drückte sie so fest an mich wie lange nicht.

* * *

33. Land: England.
33. Ziffer auf dem Kessel: 4.
Vorwahl: +44 – die erste oder die letzte Ziffer.

Am Nachmittag kamen wir in London an, unser Courthouse Hotel lag in der Nähe der Oxford Street, der Haupteinkaufsstraße. Tascha war meine Sammelleidenschaft zu langweilig. Sie erkundete lieber die Umgebung, während ich mich zu meiner Münze dirigieren ließ. Lan durfte mich begleiten, Tascha hatte nichts mehr dagegen. Das war auch bitter nötig, denn gerade hier im altehrwürdigen England versuchte ein Händler, mich übers Ohr zu hauen. Die Silbermünze Abbas' I. aus Persien von 1587 löste bei ihr das Anzeichen *Betrug* aus. Sie sollte 1999 Pfund kosten. Die zweifelnde Nachfrage brachte den Verkäufer erheblich in Verlegenheit. Er entschuldigte sich tausendfach, versehentlich habe er uns die Replik gezeigt. Das Original, das er dann herbeiholte, sah tatsächlich nicht viel anders aus, Avers und Revers voller unbekannter, verschnörkelter Schriftzeichen. Da keine Warnung mehr auftrat, ließ ich mir diese Münze einpacken. Als Wiedergutmachung gab der Händler zehn Prozent Rabatt.

Mit Tascha machte ich vor dem Abendessen einen kleinen Rundgang. Sie zeigte mir Hanover und Cavendish Square, zwei kleine Parks in der Nähe, selbstverständlich angereichert mit Statuen. Nach dem Supper setzten wir uns auf die Dachterrasse mit ihrem futuristischen Mobiliar, gingen aber früh ins Bett, weil wir doch recht müde waren.

Am nächsten Morgen schaute mich Tascha beim Frühstück schelmisch an. »Ede, tust du mir einen Gefallen?«, leitete sie ihren Angriff auf mein Äußeres ein.

»Und der wäre?«

»Ich habe einen tollen Friseur entdeckt, den Fish Salon. Du musst an deiner Erscheinung mal was tun. Nicht, dass ich dich nicht liebe. Aber du kannst mehr aus dir machen.«

Ich musste erst mal meinen Kaffee austrinken. Dieses Ansinnen hätte ich vor Kurzem noch rundweg abgelehnt. Warum aber nicht? War nicht die Zeit für Veränderungen?

»Mal sehen«, probierte ich einen Aufschub.

»Du alter Feigling«, war ihre kurze Entgegnung. Damit hätte ich schon leben können, besonders bei meiner neuen Gelassenheit. Doch Tascha schien es wichtig zu sein. Für sie wollte ich es tun, und Haare wuchsen nach, falls das nichts wurde.

Wenig später saß ich im Barbierstuhl. Schöne Einrichtung, alles auf alt getrimmt. Mir einfach so die Haare abschneiden zu lassen, das war Tascha zu wenig. Ich musste versprechen, die Augen zu schließen und sie erst zu öffnen, wenn alles fertig war, wenn sie es erlaubte. Denn sie wollte die ganze Zeit dabei sein.

So gab ich mich dem Meister hin. Der junge Mann sah nicht aus wie ein Vertreter seiner Zunft, hatte eher struppige Haare, Sechstagebart und bunt tätowierte Unterarme. Bald hörte ich seine Schere klappern und die Schneidemaschine brummen. Ich merkte, wie meine Seitenhaare fielen und die übrigen ausgedünnt wurden. Die Prozedur dauerte. Fast hätte ich die Augen doch aufgerissen, als der Figaro seinen Apparat an meinen Augenbrauen ansetzte. Tascha muss das geahnt haben, denn ihr Befehl »Augen zulassen!«, kam im selben Moment.

Na gut, was soll's? Ich hatte mich auf das Experiment eingelassen. Auch die Brauen könnte ich schließlich nachwachsen lassen.

Endlich war es so weit. »Augen auf!«

Und was sah ich? Keinen Ede mehr, nicht den alten. Gekürzte Haare, kein Kasten mehr, der mein Gesicht umrahmte. Das sah jetzt eher V-förmig aus. Die Brauen dünn, die Augen verschwanden nicht mehr in der Tiefe. Sie leuchteten viel heller. Und was das Beste war: Eine Haarsträhne war derart raffiniert ein Stück weit in die Stirn gezogen, dass kaum noch etwas vom Schiefstand meiner Augen zu sehen war. Wahnsinn. Der Meister war ein Meister; ein Könner, ein Künstler. Er hatte offensichtlich eine klare Vorstellung davon gehabt, wie er meine Frisur gestalten musste, damit zumindest optisch alles Schiefe kaschiert wurde.

Ich strahlte Tascha und den Master an. Beide strahlten zurück – beide mit Stolz. Tascha, weil sie die Idee gehabt hatte, der Stylist vollkommen berechtigt über sein gelungenes Werk.

Später gestand sie mir, dass sie schon am Vortag meinen ›schwierigen‹ Fall mit ihm besprochen habe.

Ein Bummel durch London mit ganz neuen Empfindungen. Die Ohren waren frei, ich spürte jeden kleinen Luftzug – und meinte, besser zu hören. Die Leute schauten mich freundlich an, weil mein Blick nicht mehr so finster war. Zumindest kam mir das so vor.

Westminster Abbey und Buckingham Palace, Tower und St. Paul's Cathedral schafften uns – am Nachmittag waren wir rechtschaffen müde. Wir tranken einen Kaffee am Trafalgar Square und fuhren in unser Hotel.

Tascha legte sich schon mal hin zu einem Nickerchen. Ich ging zur Toilette. Der Spiegel zeigte mir einen Ede, an den ich mich erst noch gewöhnen musste. Das wollte ich auch liebend gerne tun. Doch war da noch ein Störfaktor, der Schnäuzer nämlich. Der durchtrennte mein Antlitz in zwei Teile. Kurzentschlossen ließ ich warmes Wasser ein, machte ihn nass und drückte Rasiercreme auf den Pinsel. Ich seifte diesen Balken ein und schabte ihn herunter.

»Ede, wann kommst du?«, hörte ich Tascha rufen.

Ich war fast fertig. »Gleich!« Den Pinsel abgespült. Die Tube Rasiercreme war fast leer, ich warf sie in den Abfall. Was sollte ich mich mit diesem Rest abquälen?

Nochmals ein prüfender Blick in den Spiegel: Hell und freundlich lachte mich mein Gegenüber an.

Als Tascha hörte, dass ich die Badezimmertür schloss, blickte sie zu mir herüber. Ihr Blick wandelte sich von *genervt* über *verblüfft* in *glücklich*.

»Endlich!«, rief sie aus.

* * *

34. Land: Indien.
34. Ziffer auf dem Kessel: 19.
Vorwahl: +91 – von rückwärts.

35. Land: Peru.
35. Ziffer auf dem Kessel: 15.
Vorwahl: +51 – von rückwärts.

Selbstredend hatte ich in jedem der bereisten Länder meine Münzen gekauft, brauchte mich ja nur vom Knie zu meinem Geldstück dirigieren zu lassen. Das war ja der Zweck der Reise. Ein Zweck, den ich nur noch nicht kannte. Hier in Peru erstand ich ein Zwanzigmarkstück des letzten deutschen Kaisers, um sein Profil auf dem Avers der Schriftzug ›WILHELM II DEUTSCHER KAISER KÖNIG V. PREUSSEN‹, auf dem Revers der Reichsadler, darüber ›Deutsches Reich 1914‹, darunter ›20 MARK‹.

* * *

36. Land: Belgien.
36. Ziffer auf dem Kessel: 32.
Vorwahl: +32 – genaue Übereinstimmung.

Die linke Kniekehle dirigierte mich nach Antwerpen und dort in einen kleinen, aber feinen Münzhandel. Ich ließ meinen Blick über die Vitrinen schleifen und blieb bei Adolf Hitler hängen. Einer Münze mit Adolf Hitler. Mich schauderte, trotzdem betrachtete ich sie genauer. ›Adolf Hitler‹ stand am Rand, ›1889 bis 1945‹ daneben. Klar hatte es im Dritten Reich Münzen mit dem Führer aufgeprägt gegeben. Aber da konnte nicht das Sterbejahr stehen. Das hier war also eine Gedenkmünze. Wer hatte denn wann eine Gedenkmünze für diesen Massenmörder herausgebracht? Ich konnte mir das nicht erklären. Spinner gab es aber genug auf dieser Welt. Angewidert wendete ich mich ab. War der Kerl doch schuld an meinem diffus schlechten Gewissen, dass mein Land ihn unterstützt und all seine Verbrechen möglich gemacht hatte. Obwohl das lange vor meiner Geburt geschehen war.

Weit kam ich nicht. Es war, als ob Hitler mich zurückzöge.

Warum auch nicht? Warum nicht die ›Hitler‹ kaufen, diese absonderliche Münze? Ich fragte den Händler nach dem Preis und war erstaunt über die zwanzig Euro, die er lediglich dafür verlangte. Wahrscheinlich wollte niemand ein solches Schandmal in seiner Sammlung haben. Der Händler wirkte aber in keiner Weise verwundert über meine Wahl. Woher die Münze stamme, wer sie wann geprägt habe, darüber konnte er mir nichts sagen.

Im Hotel waren die anderen sehr erstaunt über den Erwerb. Besonders die Russen, Tascha eingeschlossen, wirkten befremdet. Nur Lan blieb gleichgültig. Merkwürdig kam es mir zudem vor, dass die letzten beiden Münzen mit den großen deutschen Kriegstreibern zu tun hatten.

Wie dem auch sei, mit diesem Kauf waren der Roulettekessel abgereist und die Münzen eingesammelt. Wir saßen zusammen. Alle sechs Personen. Brainstorming – wie sollte es weitergehen?

»Den Finger auf die Karte«, schlug Alexander vor.

»Du hast mir nichts zu sagen«, wehrte ich schnippisch ab. Aber schlecht war die Idee nicht. Ich schaute zu Lan, und die nickte.

Ich rief Google Earth auf. Wie immer, wenn man es eilig hat, braucht der Laptop ewig lange. Aber hatten wir es überhaupt eilig?

Schließlich hatte ich es auf dem Bildschirm. Europa herangescrollt. Finger auf Brüssel. *Manque*, *Impair* und *Schwarz*, drei Finger, Südosten also. Mit dem Zeigefinger fuhr ich bis Süditalien. Dort Richtungsänderung: Osten. Ich ging bis zum Kartenrand nach Griechenland. Anzeige weiterhin: Osten. Also den Bildschirm nach rechts gescrollt und das Ziel weiterverfolgt – Richtung Istanbul. Auf halber Strecke Richtungswechsel, wieder Südost. Der Finger landete auf Izmir. Kein Signal mehr. Das konnte das Ziel sein oder Nordost bedeuten. Probe aufs Exempel. Ich fuhr ein Stück gen Nordost und bekam die Anweisung: Südwest.

Izmir in der Türkei war unser Ziel.

* * *

TEIL V – LYDIEN

Bevor wir aufbrachen, bestand Lan darauf, dass ich auch den ersten Teil meiner Münzsammlung mitnehmen müsse. Sie war überzeugt davon, dass zwischen der Roulette-Reise und den Münzen ein Zusammenhang bestand. Außerdem hakte sie nach, wann ich mit dem Sammeln begonnen habe. Ich musste nachdenken, aber bald fiel mir ein, dass das in Korea gewesen war – bei diesem alten, beeindruckenden Händler. Das war die fünfte Station gewesen.

»Hast du vorher auch etwas eingesammelt, ein Souvenir oder so etwas Ähnliches?«

»In Rom habe ich eine Perle gefunden, die habe ich mitgenommen. Aber sonst?« Ich überlegte weiter. Unsere erste Station war Namibia gewesen. Tatsächlich, dort hatte ich meine Veldskoene kurz vor dem Abflug gekauft. Das waren die Schuhe aus Antilopenleder.

Dann kam Italien und als Nächstes Portugal. Von hier stammte der Emailhahn. In Marokko hatte ich mir definitiv nichts gekauft. Doch dann fiel mir der Ring aus dem Bordell in Tanger ein. Das alles sollte ich mitnehmen, schlug Lan vor. Nein, es war kein Vorschlag, sondern wieder eine dringliche Bitte – ein Befehl eigentlich.

»Wieso das alles?« Ich wollte wenigstens den Grund wissen.

»Den kann ich dir nicht sagen. Es ist ein Gefühl«, entgegnete sie. Ich machte eine kleine Handbewegung zum Knie, die den anderen nicht auffiel. Sie nickte fast unmerklich mit dem Kopf.

Also fuhren wir mit dem Zug nach Magdeburg. Alle zusammen rückten wir in meiner Wohnung ein. Frau Harder war zufällig im Treppenhaus und strahlte über das ganze Gesicht. Ehe ich michs versah, fiel sie mir freudig um den Hals. Die bunt gemischte Truppe in meiner Begleitung musterte sie, sagte aber nichts dazu.

Dann gingen wir in meine Wohnung. Frau Harder kam herauf und brachte mir einen Stapel Post.

Ich zog zuerst mein Münzsammelalbum aus der Wohnzimmerschrankschublade. Alexander nahm es sofort an sich und blätterte darin herum. Ich begann die Post durchzusehen und sah aus dem Augenwinkel, dass er eine Münze aus ihrem Fach fingern wollte. Ich schritt sofort ein, weil er mit seinem Schweiß die Münze beschädigt hätte. Man glaubt kaum, wie empfindlich diese Dinger sind, selbst wenn sie aus Metall bestehen. Doch der Sammlerwert fällt bei einer frisch geprägten Münze bei der allerersten Berührung durch Menschenhand. Sie dürfen nur und ausschließlich mit Münzpinzetten angefasst werden, die mit weichem Plastik überzogen sind.

Genauso waren die Alben eine Zeit lang vollkommen verpönt, weil die Weichmacher in den Plastikfächern die Münzen beschädigten oder gar zerstörten. Diese Gefahr besteht heute nicht mehr, trotzdem verstaut man wertvolle Münzen am besten in speziellen Kapseln.

Alexander gab sich erstaunlich einsichtig. Er betrachtete mein Album mit Respekt, während ich die Briefe durchsah.

Mein Gott, war da viel Reklame dabei.

Tascha organisierte derweil unseren Flug nach Izmir. Ich ärgerte mich, dass wir die Russen an der Backe hatten. Mir war klar, dass vielleicht der spannendste Abschnitt unserer Reise begann. Viel lieber wäre ich den ohne diese Kerle angegangen, auch wenn sie uns kaum noch drangsalierten.

Den anderen Krimskrams zu finden, das dauerte etwas länger. Aber Lan bestand darauf, dass jedes einzelne Stück mitkam. Während ich noch wühlte, entdeckte sie einen Stapel alter Papiere. Sie fragte mich, was das sei.

»Och, das sind die Permanenzen von Pascal«, erklärte ich.

»Die kommen mit!«, entschied Lan.

»Wieso denn das?«

»Nicht viel fragen, einfach geschehen lassen.«

»Das Dao, verstehe … es kommt mir aber gerade so vor, dass nicht Dao bestimmt, sondern eine gewisse Frau Liáng«, sagte ich grinsend.

Die Situation war richtig entspannt. Die Russen quasselten auf Russisch, genehmigten sich den einen oder anderen Wodka. Einer von ihnen hatte anscheinend immer einen kleinen Vorrat bei sich.

Sie schienen völlig abgelenkt und achteten nicht auf uns. Da verriet mir Lan, ohne besonders leise zu reden, dass in zehn Tagen *Dunkelheit*, *Nässe*, *Hunger* und *Durst* anstünden. Damit konnten weder Lan noch ich etwas anfangen, aber wir hatten einen zeitlichen Anhaltspunkt, wann etwas geschehen würde. Der Chef und seine Mannen bekamen es tatsächlich nicht mit.

Der nächste Flug ging erst am nächsten Morgen – über Dresden und Frankfurt am Main. Ich wollte gerne in der eigenen Wohnung übernachten, zusammen mit meiner Tascha. Nach kurzer Überlegung buchten Lan und die Russen ein Zimmer. Das Hotel in der Grünen Zitadelle war seit Anfang des Jahres schon wieder geschlossen. Sie kamen im Maritim Hotel unter.

Auch der Aufenthalt in Izmir begann mit der Hotelsuche. Wir landeten im Hotel Palas im Süden der Bucht von Izmir, am Küstenabschnitt Kordon. Kordon, nicht Kolon, und doch ähnlich in der Aussprache. Das Hotel war ein großer Kasten, hatte aber sehr ruhige Zimmer, trotz der Lage an der befahrenen Strandstraße. Was hatten wir für einen überwältigenden Blick über die Bucht von Izmir.

In Alexanders Zimmer wollten wir unser nächstes Ziel suchen. Wieder bemühten wir Google Maps. Ich ging mit dem Finger auf unsere Stadt. Es kam kein Signal. Das bedeutete einen einzigen Finger und damit Nordost. Ich fuhr nach Nordost. Es kam kein Signal. Mein Finger schob sich immer weiter. Ich war schon in Russland – immer noch nichts. ›Das ist doch widersinnig‹, dachte ich mir. ›Wieso schickt uns das Prinzip, das uns steuert, nach Izmir, und wir sollten von hier aus nach Russland fahren?‹

In der Arktis angekommen gab ich diese Richtung auf und probierte andere Positionen aus. Finger links und rechts von Izmir, darüber und darunter. Kein Signal … kein Signal … kein Signal. Diesmal bedeutete das ausbleibende Jucken nicht Nordost, sondern ganz und gar: nichts.

Wir machten allesamt etwas dumme Gesichter. Lans hellte sich nach einer Weile auf.

»Gib doch mal die alten Zettel her.«

»Was meinst du?«

»Na, die Bögen da, von deinem Pascal.« Ich kramte die Zettel aus dem Koffer hervor, legte sie vor mich und starrte darauf. Was sollte ich denn mit diesen Zahlenreihen anfangen?

»Sieht aus wie vom KGB, ein alter Geheimcode«, meinte Boris plötzlich. Nun ja, Text wurde schon oft in Zahlen verschlüsselt. Es ließ sich aber mit Sicherheit nicht einfach jeder Zahl ein Buchstabe zuordnen. Dann müsste ja im Durchschnitt das X genauso oft vorkommen wie das E. Wieso aber überhaupt ein Code in einer Permanenz? Das waren doch alles Zufälle, und Pascal hatte versucht, Gesetzmäßigkeiten im Zufall zu finden.

So hätte ich noch vor einem halben Jahr gedacht. Aber es lagen ja Welten zwischen meinem Denken von vor einigen Monaten und dem jetzigen. Ein bisschen Wissen um das Dao – und Boris' Idee schien mir nicht mehr so abwegig.

Wie aber den Schlüssel finden? Einfach geschehen lassen. Lan musste das gar nicht aussprechen, ich hörte den Satz als innere Stimme.

»Gut, Leute«, sagte ich, »ich brauche Ruhe.« Ein magisches Wort. Alle verfielen in Schweigen. Ich breitete die Blätter auf dem Tisch vor mir aus, setzte mich davor und sinnierte vor mich hin. Nach einigen Minuten tauchte eine Idee auf. Die Abstände wischen den Zahlen konnten die Buchstaben sein. Ich probierte ein bisschen herum.

Nehmen wir an, ich habe eine 33, und es folgt die 34. Dann bedeutet das den Buchstaben A. Folgt stattdessen die 35, hätte ich ein B, bei 36 ein C. Folgt eine Null, handelt es sich um das D, eine 1 würde E codieren. Also über die Null hinweg, im Kreis immer weiter.

Ich probierte die Zahlen aus.

Die erste Ziffer der aufgeschriebenen Permanenz war die 17. Es folgten 1, 6, 18, 35, 19, 16.

Die allererste Ziffer, die 17, könnte, mit etwas Glück, ein Q sein, der 17. Buchstabe im Alphabet. Es folgte die 1. Bis zur Null wäre die Differenz 20, eins dazu, der 21. Buchstabe ist das U. Dann die 6, 6-1=5, ein E also. 18, 18-6=12, das L und nun

die 35 – die Differenz von 17 entspricht wieder dem Q. Eine 19 über die Null hinweg sind 21, also nochmals ein U, und dann folgt eine 16. Über die Null hinweg komme ich auf 34. Einen 34. Buchstaben gibt es nicht, ich ließ einfach eine Lücke und arbeitete mich weiter vor. Bei einer Null musste sich der letzte Buchstabe verdoppeln.

QUELQU UN QUI LIT CELA DEVRAIT FAIRE TRES ATTENTION

stand schließlich auf dem Zettel.

Alle starrten gebannt darauf, und Alexander sagte: »Jemand, der das liest, soll sehr aufmerksam sein.«

Wir hatten es. Es ergab einen Sinn. Die 34 stand für einen Apostroph. Bald hatte ich heraus, dass einige Zahlen für Satzzeichen und die französische Sonderzeichen É, È, Ê, OE usw. standen. Für einige allerdings reichten offensichtlich die siebenunddreißig Zahlen nicht aus, beispielsweise für Í, Ì und Î. Hier stand einfach nur ein I. Aber damit konnte man leben, das ließ sich dechiffrieren.

Geschrieben war der Text in einem altertümlichen Französisch. Zum Glück kam Alexander gut damit zurecht, wenn er auch nicht perfekt Französisch sprach. Aber wozu gibt es denn Internet und Online-Wörterbücher?

Nach drei Stunden hatten wir es. Der Text lautete vollständig:

ER BEGEBE SICH MIT SEINEN GEFÄHRTEN NACH PHILADELPHIA UND NEHME SÄMTLICHES MIT, DAS ER AUF SEINEN REISEN GESAMMELT.
ER SCHAUE GEN SÜDEN UND WANDERE IN DAS BREITE TAL IN DEN TMOLOS.
ER FOLGE LANGE DEM FLÜSSCHEN, BIS ES ZUM BACHE WIRD.
ER ERREICHT EINE KASKADE.
ER TAUCHE HINEIN IN DIE ÖFFNUNG UND WANDERE DURCH DIE HÖHLE.
DORT WIRD ER DAS ZIEL FINDEN.

Dreihundertsiebenundneunzig Zahlen waren das. Das war die Permanenz, die Pascal vor dreihundertfünfzig Jahren aufgeschrieben hatte. Und diese Permanenz teilte uns mit, wo unser Ziel sein sollte. Wer schickte uns nach Philadelphia? Ich glaube, ich hätte wieder an meinem Verstand gezweifelt, ohne das Wissen über das Dao. Eine ordnende Macht schien es wichtig zu finden, dass wir uns auf den Weg machten. Mitsamt meinen Münzen und den Souvenirs. Ich hatte also die ganze Zeit für diesen Zweck gesammelt. Lan hatte vollkommen recht gehabt.

Sehr lange schon schaute ich versonnen auf die Übersetzung, das merkte ich mit einem Male. Auch die anderen sprachen kein Wort. Alle waren wir beeindruckt von diesem Phänomen, nicht nur ich.

»Was wird denn unser Ziel wohl sein?«, brach Tascha das Schweigen.

»Permanenz, Roulette, Glück und Reichtum – Gold und Silber wir werden dort finden.« Wladimir war sich da ganz sicher.

Ich nicht. Aber das war ja auch egal. Geschehen lassen. Ich entgegnete also nichts, wunderte mich nur, dass mir immer noch der Name Wladimir in den Sinn kam.

»Und kannst du mir auch sagen, wieso wir nach Amerika sollen?«, fragte ich. »Haben wir nur deshalb nach Izmir fliegen müssen, um das zu erfahren?« Darauf hatte Alexander keine Antwort parat. Aber Tascha hatte sie. Sie tippte eine Weile auf dem Laptop herum und verkündete dann:

»Philadelphia, das liegt hier ganz in der Nähe. Das ist eine uralte türkische Stadt. Heute heißt sie Alaşehir. S mit Häkchen. Früher wohnten dort die Lyder.« Sie hatte im Internet recherchiert. Durch ihren Ikonenhandel war sie oft mit Geschichte in Berührung gekommen. Sie wusste, dass viele amerikanische Städte nach europäischen benannt worden waren.

Die Russen waren jetzt ganz aufgekratzt. Nach Alaşehir fuhr ein Zug. Alexander wäre am liebsten gleich gestartet. Ich handelte aber noch einen Abend in Izmir aus. Wir fanden ein bezauberndes Restaurant am Ende der Bucht. Beim Essen hatten wir einen tollen Blick auf die Uferpromenade, die in Tausenden und Abertausenden von Lichtern flimmerte, je dunkler es wurde.

Am nächsten Tag kauften wir unsere Tickets. Fast drei Stunden brauchten wir für die hundert Kilometer gen Osten, weil der Zug an vielen Orten lange Aufenthalte hatte. Fünfzigtausend Einwohner hat die Stadt, die 1969 von einem Erdbeben heimgesucht worden war. Und es gibt sogar Aufzeichnungen von einem Erdbeben siebzehn nach Christus. Wir kamen im Hotel Benan unter. Bei der Stadtbesichtigung sahen wir normale Wohnblocks, einiges an moderner Architektur, ein paar Moscheen, Alleen, kleine Parks und immer wieder römische Ruinen.

Im Norden lagen die Hänge des Uysal Dağı, im Süden die des Bozdağ-Gebirges. Es hieß in der Antike Tmolos – das sollten wir also erwandern.

Heiße Diskussionen, wie wir vorgehen sollten, entbrannten. Alexander wollte gleich einen Geländewagen kaufen. Das hielt ich für Quatsch.

»Lange dem Flüsschen folgen, das zum Bache wird«, zitierte ich. »Wie sollen wir denn da mit einem Geländewagen durchkommen? Lass uns lieber einen Führer suchen«, schlug ich vor.

Alexander fasste sich an den Kopf. Er würde doch unser Ziel nicht irgendeinem Fremden mitteilen.

So mieteten wir einen Land Rover für Erkundungstrips. Und das war wirklich nicht schlecht. Von Alaşehir aus konnte man drei Einschnitte sehen, die in die Berge hineinführten. Welcher der richtige war, konnten wir nicht wissen. Alle lagen sie in südlicher Richtung. Unklar war, von welcher Stelle aus wir genau nach Süden schauen sollten. In der Beschreibung war von einem *breiten Tal* und vom *Flüsschen* die Rede. Wir fuhren also so weit wie möglich mit dem Wagen in die Täler hinein, mussten aber jeweils nach spätestens zwanzig Kilometern umkehren, weil auch mit dem Land Rover kein Durchkommen mehr war.

Nach sechs Stunden waren wir völlig geschafft. Fast vierzig Grad Celsius im Schatten, und Schatten gab es kaum. In den Bergen war es zwar etwas kühler. Aber wir hatte nicht genug zu trinken dabei, der Durst war bald nicht mehr auszuhalten.

Wir hatten genug gesehen und gemutmaßt, welches *unser* Tal sein könnte. Aber zuerst fuhren wir ins Hotel zurück, ließen uns im klimatisierten Speisesaal nieder und bestellten Mineralwasser – hektoliterweise.

Das östlichste Tal war das breiteste, jedenfalls am Anfang. Dort floss auch noch am meisten Wasser. Die Bächlein in den beiden anderen waren nach kurzen Strecken nur noch Rinnsale, und schließlich sah man nur noch ein trockenes Bett.

Eigentlich war die ganze Exkursion überflüssig. Bei mir hatte das Jucken wieder eingesetzt. Ich sagte aber nichts davon. Beim östlichen Tal bekam ich die Richtung in das Tal hinein vermittelt, bei den anderen beiden zeigte das Signal nach Osten.

Aber auch ohne mein Wissen waren wir uns einig, und alle waren wir vollkommen ausgelaugt.

»Wir machen eine Pause, dann treffen wir uns wieder«, sagte Wladimir … nein, Alexander. Schon wieder! »Aber nur eine Stunde«, bestimmte er. »Das wird sonst zu teuer.«

Wir blickten ihn verständnislos an. »Ja«, erklärte er. »Eine Stunde ist hier kostenlos, im Hotel Benan. Dann kostet's zwanzig Lira jede halbe Stunde.«

Wir müssen ziemlich belämmert dreingeschaut haben. Alexander klopfte sich auf die Schenkel und prustete los: »Hornochsen, ihr!« Niemand stimmte ein in seinen Ausbruch.

Im Zimmer erklärte ich Tascha, dass mein Knie mir wieder die Richtung signalisiere. Ihre Landsleute brauchten das aber erst mal nicht zu wissen. Konnte uns vielleicht nutzen. Nur mit Lan hätte ich mich gerne darüber verständigt. Aber das war vorerst nicht möglich.

»Und warum hat das ausgesetzt in Izmir?«, fragte Tascha.

Zuerst hatte ich keine Idee dazu, doch dann vermutete ich: »Durch Jucken allein hätten wir nicht alles herausgefunden. Die Richtung allein hätte vielleicht nicht genügt. Es schien mir, als wären die Richtungshinweise nur deshalb unterbrochen worden, damit wir die Permanenzen dechiffrierten. Ganz wichtig war außerdem, dass wir meine Souvenirs mitnehmen mussten, wofür auch immer. Da hatte Lan vollkommen recht gehabt.

Zum Abendessen gab es ein fantastisches Büffet, überbordende Tische mit Leckereien, wie so oft in der Türkei. Zum Nachtisch: ein riesiger Kuchen mit dem türkischen Halbmond in Form von rotem und weißem Zuckerguss, ansprechend für Auge und Gaumen gleichermaßen.

Beim Schlemmen besprachen wir, wie es weitergehen sollte. Wir wussten nicht, was auf uns zukäme, wie lange wir in dasTal hinein und wieder heraus wandern müssten. Und nicht, wie lange wir uns im *Ziel* aufhalten würden.

»Drei Tage, mehr nicht«, sagte Alexander. »Den einen Tag hin, einen Tag Gold und Silber einsammeln, soviel wir tragen können, und dann einen Tag zurück. Wir fahren mit dem Land Rover so weit ins Tal, wie's geht.«

Gegen Letzteres war nichts zu sagen. Nur die drei Tage schienen uns, dem gemischten Team, doch etwas kurz. Nach vielen Diskussionen ließ sich Alexander auf vier Tage ein.

Am nächsten Tag tätigten wir die notwendigen Einkäufe. Unbemerkt konnte ich Lan zuraunen, dass ich die Richtung wieder spürte. Sie antwortete: Ungemach in drei Tagen. Wir wären also wahrscheinlich erst in drei Tagen am Wasserfall. Dann einen Tag am Ziel und drei Tage zurück. Wir sollten uns besser für eine Woche eindecken.

Wir fanden einen Outdoor Shop. Der Besitzer freute sich über unseren Großeinkauf. Sechs voluminöse Rucksäcke, dazu für jeden Wanderschuhe, einen Schlafsack, eine Isomatte, eine Taschenlampe und ein Messer. Weiterhin ein Kocher, zwei Töpfe und Campinggeschirr. Regenumhänge sollten auch noch mit, meinte Lan. Alexander wollte das nicht, das sah er nicht ein. Regen war nicht zu erwarten. Der Verkäufer brauchte eine Weile, bis er drei Umhänge fand. Denn Lan ließ sich nicht davon abbringen. Alexander verdrehte nur die Augen.

Im Supermarkt kauften wir viele Konserven, Brot, Gebäck, Kaffee, Tee – und Wodka durfte nicht fehlen. Alexander begrenzte ihn aber auf drei Flaschen. Er schimpfte, dass Lan viel zu viel zusammenklaube. Als er merkte, dass sie sich nicht beirren ließ, stellte er die Bedingung, dass wir das alles selbst tragen müssten. Es war ein riesiger Berg, den wir dann im Hotel auf unsere Betten stapelten. Die Rucksäcke wurden bepackt bis obenhin. Meiner wog über zwanzig Kilo, die der Damen kaum weniger. Die Russen kamen nur auf fünfzehn Kilo, trotz des Wodkas.

Wir setzten unser Gepäck probeweise auf, im Spiegel sahen wir aus wie gestandene Alpinisten.

Wir starteten früh am nächsten Morgen, acht Uhr, aber es fühlte sich an wie sechs. Es begann jedoch schon warm zu werden, kühlte sich dann aber etwas ab, als wir uns den Trampelpfad in das Tal hinaufschraubten. Als kein Weiterkommen mehr war, stellte Alexander den Motor aus und sicherte den Wagen mit der Handbremse. Zusätzlich mussten wir Steine suchen, die wir unter jeden Reifen legten.

Dann ging es los, immer das Flüsschen aufwärts. Mein Knie signalisierte mir, dass wir richtig lagen. Es dauerte nicht lange, da drückte der Rucksack. Es gab so manches Gestöhne, und es war so manche Pause nötig. Die Sonne brannte am wolkenlosen Himmel. Es wurde nur unwesentlich kühler in der Höhe, denn die Sonne kletterte aufwärts, genau wie wir. Wasser hatten wir keines mitgenommen. Wir gingen ja an einem Fluss entlang. Oft mussten wir daraus mit unseren Alubechern schöpfen. Das Wasser war erfreulich klar. Einige leere Flaschen waren in unserem Gepäck, die hätten wir jederzeit füllen können falls wir uns von dem Fluss entfernt hätten.

Zur Mittagspause lagerten wir im Schatten eines Felsens, erwärmten zuerst eine Suppe und kochten dann Kaffee und Tee.

Das war alles gar nicht schlecht. Selbst ein Nickerchen gestand der Chef uns zu. Bald dösten wir alle vor uns hin.

Dann begann die zweite Etappe. Wir stiegen weiter bis zur Erschöpfung. Erst am Abend gab es nochmals Verpflegung. Die Russen tranken eine Flasche Wodka leer und verlangten nach mehr. Alexander ließ sich zu einer weiteren halben Flasche überreden.

Er meinte, der Vorrat werde zwar nicht reichen. »Aber wenn nichts mehr da ist, ist nichts mehr da«, stellte er hoch philosophisch fest. Dass sein Zeitplan nicht zu schaffen sein könnte, störte ihn nicht sonderlich.

»Wenn wir morgen nicht an der Höhle sind, kehren wir um und kaufen mehr Proviant«, erklärte er. »Es läuft uns ja nichts weg.« Dann bereiteten wir unser Nachtlager.

Endlich waren alle anderen eingeschlafen. Ich selbst musste wach bleiben. Das fiel mir nicht sonderlich schwer. Denn der Plan, den ich hatte, war ziemlich aufregend. Ich weckte Tascha und Lan, legte meinen Finger auf die Lippen und bedeutete ihnen zu schweigen. Im Mondlicht konnten sie die Geste sehen.

Wir rollten leise und vorsichtig unsere Schlafsäcke und Isomatten zusammen und stopften unsere Utensilien in die Rucksäcke. Ein paarmal drehte sich einer der Russen um oder ließ einen unregelmäßigen Schnarcher los. Doch sie bemerkten unsere Flucht nicht.

Als wir außer Hörweite waren, konnte ich den Frauen erklären, worum es ging. Eine halbe Stunde etwa vor unserer Raststelle hatte der Bach einen Bogen nach links gemacht. Von geradeaus sickerte ein unscheinbares Rinnsal in ihn hinein, teilweise durch Steinplatten verdeckt.

Als wir daran vorbeigekommen waren, hatte ich ein Signal für die Richtung dieses Miniaturbaches gespürt. Das hatte ich aber für mich behalten. Wenn die Russen am Morgen unsere Flucht bemerken würden, sollten sie eher denken, wir seien weiter geradeaus geflohen, weil wir vor ihnen am Ziel sein wollten.

Ich fragte Lan, ob sie eine Gefahr verspüre, und sie verneinte. So fühlten wir uns sicher. Der kleine Bachlauf führte steiler bergan. Der Mond war noch im Westen zu sehen, als die Sonne aufging. Es war frisch, wir gingen trotz der Müdigkeit weiter.

Als die Sonne hoch am Himmel stand, waren wir erschöpft und hungrig. Zeit für eine Rast. Wir öffneten eine Konservendose und verschlangen den Inhalt. Den Kocher hatten wir nicht mitgenommen. Er war schwer, besonders wegen der Gaskartuschen. Wir hatten schon genug zu schleppen. Und eine Suppe schmeckt auch schon mal kalt.

Dann ein Nickerchen und weiter. Je höher wir kamen, desto mehr Wasser führte das Bächlein. Es war jetzt kein Rinnsal mehr, schon ein richtiger Bach. Offensichtlich versickerte weiter unten das Wasser teilweise in dem lockeren Gestein.Gegen Abend hörten wir ein Rauschen, dem wir uns näherten. Wir nahmen noch eine kleine Biegung um einen Felsvorsprung herum und sahen einen kleinen Wasserfall eine Wand herunterplätschern. Er schoss direkt aus dem Felsen, rechts daneben befand sich eine kleine Nische. Von unten war nicht zu erahnen, ob eine Möglichkeit bestand, dort irgendwie einzudringen. Aber es begann zu dunkeln, und wir errichteten ein Nachtlager, aßen Brot, Gebäck und löffelten Konserven.

Lan schief erstaunlich schnell ein. Tascha und ich waren ziemlich aufgekratzt. Wir tuschelten. Tascha hatte Bedenken wegen ihres Bruders und seiner Kumpane. Wenn die uns aufspürten, meinte sie, dann gehe es uns schlecht. Ich beruhigte sie. »Wir haben doch Lan. Ihre Warnungen funktionieren.«

Wir kamen allmählich etwas zur Ruhe, doch hatte ich nicht das Gefühl, dass ich eingeschlafen wäre. Plötzlich aber schreckte ich hoch. Es dämmerte. Bergziegen sprangen über die Felsen. Ihr Meckern hatte mich geweckt. Also hatte ich anscheinend doch tief und fest und ausreichend geschlafen.

Ich wollte schon mal Wasser heiß machen, kramte nach Tee und Kaffee und ließ meinen Blick in die Umgebung schweifen, um zu erkennen, wo ich den Kocher abgestellt hatte. Wie in Zeitlupe begriff ich, dass wir den nicht mithatten.

Ein bisschen wartete ich noch, streckte mich ein paarmal, ging in Richtung Wasserfall, suchte mit den Augen den Fels nach einem Aufstieg ab und fand ihn. Zumindest einen Bereich, in dem es klappen konnte. Risse im Fels rechts neben dem plätschernden Nass konnten ausreichend Halt für Hände und Füße bieten. Hier war die Wand trocken. Oben neben der Wasseröffnung trat die Wand etwas zurück.

Ich ging zurück und weckte die Frauen. Wir aßen Gebäck, leerten Konserven und schöpften Wasser. Was das Schönste war: Alexander und seine Bande waren wir los!

Den Frauen erklärte ich, wie ich mir den Aufstieg vorstellte, und bald machten wir uns daran. Ein bisschen kraxeln mussten wir, aber es waren nur fünf Meter. Mit Händen und Füßen gelang es.

In die kleine Nische neben dem Wasseraustritt passten wir drei gerade so hinein. Vor uns sprudelte das Wasser aus einer großen Öffnung. Dahinter lagen mehrere Felsbrocken in fast völliger

Dunkelheit. Wir leuchteten alle drei hinein. Das Wasser schoss über eine Stufe, die man von unten nicht sehen konnte. Sie wich nach hinten zurück, darunter entstand ein schmaler Tunnel. Er war klein, aber wenn man kroch, bekam man vielleicht nicht zu viel Wasser ab. Auf der anderen Seite schienen Lücken zwischen dem Gestein zu sein.

Ich wollte es versuchen – ich musste es. Ich packte meinen Regenponcho aus, zog ihn über und begann auf allen Vieren zu kriechen. Mit dem Rücken an die Felsstufe gequetscht, spürte ich das Wasser an meiner Schulter vorbei in die Tiefe plätschern. Manchmal klatschte mir ein Schwall auf die Schulter, und Wasser lief die Kapuze herunter.

Geschafft! Ich war auf der anderen Seite. Und fast trocken; nur Waden, Socken und Schuhe, die aus dem Poncho herausragten, hatten einige Spritzer abbekommen.

Ich richtete mich vorsichtig auf und konnte gebückt zwischen die Felsen treten. Eine sehr enge Stelle – und dann öffnete sich eine riesige Höhle. Ich wollte meinen Augen kaum trauen. Ich leuchtete hinein und konnte die gegenüberliegende Wand fast nicht erkennen.

Ich zwengte mich zurück durch den Spalt und brüllte den Frauen auf der anderen Seite des Wasserfalls zu: »Kommt rüber, hier ist eine Höhle.« Trotz des Rauschens schienen sie mich zu verstehen. Tascha deutete auf ihren Rucksack. Klar, der musste auch mit. »Schieb ihn durch«, brüllte ich nochmals nach drüben.

Die beiden hüllten sich in ihre Ponchos, dann schob mir Tascha ihren Rucksack unter dem Wassertunnel durch, so weit wie sie konnte. Das reichte für mich, um ihn herauszuangeln. Wir wiederholten die Prozedur mit Lans und meinem Gepäck. Ich schaffte es in den vorderen Teil der Höhle. Tascha kroch durch den Wassertunnel. Ich half ihr Lan hoch, wenig später Lan ebenso.

Die beiden Frauen waren genauso überwältigt von dem Anblick wie ich. Sprachlos leuchteten wir herum, sahen uns um und gingen dabei weiter in die Höhle hinein. Die Luft war kühl und feucht, und von der Decke tropfte es unentwegt. Wie ein Nieselregen. Gut, dass wir unsere Regenkleidung hatten! Mich wunderte, dass es hier keine Tropfsteine gab, aber es war wohl nicht das richtige Gestein.

Verrückt. Der Eingang war so gut versteckt. Trotzdem musste er schon einmal entdeckt worden sein – vor Jahrhunderten oder vor Jahrtausenden. Es gab Wandgemälde.

Der Boden war leicht abschüssig. Am Ende der Höhle führten drei Öffnungen weiter. Welche war die richtige? Ich konzentrierte mich auf meine Kniekehle. *Süden* war die Meldung. Das war jetzt etwas schwierig. Wir waren ursprünglich nach Süden marschiert, dann nach Südwest abgewichen. Rechts war die Felswand, der Wasserfall kam also von Nordwest. Der Kriechgang unter dem Wasser mochte wieder Richtung Südwest verlaufen, um die Felswände herum musste sich die Höhle ziemlich genau nach Westen erstrecken. Also mussten wir nach links. Der Gang bog sich, schlängelte sich, wurde schmaler und tiefer, dann wieder breiter und höher, es ging auf und ab. Bei der nächsten Verzweigung hatte ich keinerlei Ahnung mehr, in welche Richtung wir uns bewegten.

Das Knie gebot mir *Osten*, aber wo war das? Was wäre, wenn wir den falschen Gang nahmen? Ich schritt in den linken hinein, das Jucken hörte auf. Ich ging zurück und machte ein paar Schritte in den anderen. Auch hier hörte das Jucken auf. Wahrscheinlich würde ich erst am nächsten Abzweig eine weitere Information bekommen. Wenn wir dann zurück mussten, dann hatten wir Zeit verloren. Da fielen mir die Mitbringsel ein. Die hatte ich in die eine Seitentasche gesteckt. Ich kramte den Galo de Barcelos hervor, den Kompass mit dem portugiesischen Hahnendeckel. Jetzt gab er mir Orientierung, er zeigte mir den Norden, und ich konnte den Gang nach Osten nehmen. Wir zogen weiter.

Ich zählte nicht mit, wie oft wir abbogen. Ich vertraute darauf, dass auch beim Rückweg Knie und Kompass uns die Richtung weisen würden. Lan aber hatte begonnen, mit herumliegenden Steinen Markierungen zu legen. Konnte sicher nicht schaden.

In einem Gang entdeckten wir etwas Merkwürdiges. Der Stollen war im Querschnitt fast kreisrund. Im rechten Winkel ging eine Nische ab, und darin steckte ein riesiges, massives Steinrad. Der Durchmesser musste fast so groß sein wie der ganze Gang. Die gegenüberliegende Wand wies eine Einkerbung auf, an Boden und Decke waren Führungsschienen in den Fels gehauen.

Die Steinscheibe war anscheinend in die Nische hineingerollt worden, aber nicht einfach nur zur Seite. Die Unterlage stieg leicht an. Die schwere Scheibe konnte also in den Durchgang hineinrollen. Ein Balkenstück stützte sie ab.

Das konnte nur eines bedeuten: Wenn man den Balken wegzog, rollte der Stein in den Gang, und Verfolger waren ausgesperrt. Wenige Schritte weiter lag ein Pfahl. Der konnte dazu dienen, den Sperrbalken wegzuhebeln. Raffiniert! Aber man sperrte sich auch ein. Möglich, dass es noch einen anderen Ausgang gab.

Wir tasteten uns weiter vor, jetzt in südliche Richtung. Der Stollen war zu Ende. Fehlgeleitet. Rückmarsch. Doch nach wenigen Schritten die eindeutige Meldung des Pos: Süden. Sollte das Ende des Ganges unser Ziel sein?

Die Wand vor uns war glatt, sehr glatt. Tascha betrachtete sie genau. Dann entdeckte sie ein Loch. Kreisrund und tief. Wir leuchteten hinein – es klappte nicht besonders gut, die Taschenlampe so zu halten, dass sie nicht störte, und gleichzeitig nah genug mit den Augen heranzukommen.

»Was ist mit deiner Perle?«, fragte Lan. »Vielleicht passt die hinein.« Ich kramte die römische Perle heraus, die ich sorgsam in ein gepolstertes Tütchen gepackt hatte, und hielt sie an die Öffnung. Keine Frage, sie passte hinein. Aber sollte sie auch hinein? Vielleicht war sie für etwas anderes noch viel wichtiger.

Ich beratschlagte mit Tascha und Lan. Beide waren dafür, sie hineinzustecken.

Gut. Ich nahm die Perle zwischen Daumen und Mittelfinger und spürte, dass mein Herz anfing zu pochen. Als ich die Perle vor die kleine Öffnung hielt, wurde die Anspannung noch stärker.

»Na, mach schon!«, befahl jetzt Tascha. Klar, sie hatte ja recht. Es nutzte überhaupt nichts zu zögern. Ich ließ los und gab der Perle noch einen kleinen Schubs mit dem Zeigefinger.

Wir waren mucksmäuschenstill. Selbst das Tropfen von der Decke verharrte in diesem einen Moment. Wie in einer Murmellaufbahn hörte sich das Rollen an, wurde immer schneller. Ich hielt mein Ohr an das Loch in dem Felsen und hörte ein Klicken. Ein paarmal klickte es. Dann kein Rollgeräusch mehr, den Bruchteil einer Sekunde später ein kleiner Plumps. Dann nichts mehr.

Tascha und Lan lauschten ebenfalls gespannt. »Habt ihr das gehört?« Sie nickten. Der Fels hatte die Geräusche laut genug weitergeleitet. Enttäuschung machte sich breit. Die Perle war weg, ein abschließender Aufprall, und das war's.

»Wir können unseren Rückzug antreten«, äußerte ich resigniert. Tascha blickte ebenso ernüchtert drein. Lan aber spitzt die Ohren. »Moment«, gebot sie Einhalt.

Jetzt ertönte ein Rumpeln und Schaben, das hinter dem Fels hervorkam. Mir wurde ein bisschen schwindelig, weil meine Augen den Halt verloren. Das Loch wich ein wenig zurück. Dann wich die ganze Wand von mir. Es war wie in einem Bahnhof. Man kann am Anfang nicht erkennen, ob der eigene Zug schon fährt oder der am Nebengleis. Ich hatte das Gefühl, nach hinten wegzukippen, suchte instinktiv Halt und griff Taschas Arm.

Doch mit mir war alles in Ordnung. Die Steinwand wich tatsächlich zurück, ein paar Zentimeter. Sie hielt kurz inne, dann gab es ein mahlendes Geräusch, und die Wand schob sich nach links weg und gab einen Durchgang frei. Wir standen vor einem schmalen, niedrigen Eingang.

Erleichtert sahen wir uns an. Ich zog Tascha jetzt ganz zu mir und drückte sie. Dann umarmten wir Lan gemeinsam.

»Habt ihr vorher irgendwo eine Fuge in dem Felsen gesehen?« Beide schüttelten den Kopf.

Wir traten einzeln durch die Felsenlücke. Was folgte, kannten wir schon. Wieder Gänge, wieder Abzweigungen. Weiter führten uns Kniekehle und Galo-Kompass. Und wieder ein blindes Ende. Diesmal zweifelten wir nicht am richtigen Standpunkt.

Der Raum war größer als vor dem ersten Durchgang. Und in der Mitte stand ein riesiger Trichter, oben fast zwei Meter Durchmesser. Er war nach innen vorgewölbt und verjüngte sich nach der Mitte zu. Ein Gravitationstrichter, wie er mancherorts als Spendensammler aufgestellt ist. Man steckte eine Münze in einen schrägen Schlitz am Rand.

Unglaublich, wie fein die Oberfläche gearbeitet war. Wenn man mit der Hand darüberstrich, spürte man keine Unebenheit. Und nicht einmal ein Staubkörnchen schien sich hier abgelagert zu haben. Ein Schlitz war auch hier angebracht. Ganz eindeutig, ich sollte eine Münze opfern. Dann hätte ich noch 31 aus meiner Sammlung. Komische Zahl. Primzahl zwar, aber sie behagte mir nicht. 32, die zwei hoch fünf, die war mir sympathischer, die wollte ich zusammenlassen.

»Da will ich nicht so gerne eine Münze reinstecken«, eröffnete ich den Frauen. »Aber ich habe ja noch den marokkanischen Ring. Damit sollte es genauso gehen.«

Ich holte den Ring aus dem Rucksack hervor und zog ihn ebenfalls aus seinem gepolsterten Etui. Noch einmal betrachtete ich ihn im Strahl der Taschenlampe. Über die seltsamen Punzen hatte ich mir nie Gedanken gemacht. Vielleicht hätte ich sie fotografieren sollen. Dafür war es jetzt zu spät.

Nun reichte ich den Ring zum Trichter hinunter und setzte ihn am Schlitz an. Ich weiß nicht, was passierte. Irgendwie verhaspelte ich mich, der Ring fiel über den Rand des Schlitzes und glitt in den Trichter – senkrecht nach unten.

Schockstarre bei mir – nicht so bei Lan. Sie klatschte auf den Ring, so als wollte sie eine Fliege erschlagen. Dann zog sie die Hand mit dem Schmuckstück nach oben und reichte es mir. Ich atmete auf und schüttelte den Kopf. »Mach du«, stieß ich hervor.

Lan setzte den Ring in den Schlitz ein. Er rollte die schräge Bahn auf den Rand zu und zunächst außen entlang. Die Schwerkraft zog ihn nach unten. Dabei wurde der Durchmesser immer kleiner und der Ring schneller. Er rollte immer weiter nach unten und raste schließlich im Kreis herum. Der Ausgang des Trichters war beinahe zylindrisch, und der Ring schien fast darin zu stehen. Dort würde er auch auf Ewigkeiten weiterrasen – wenn es nicht Schwerkraft und Reibung gäbe. Der Ring sank langsam weiter in die Tiefe und machte sein rollendes, sausendes und rauschendes Geräusch. Wie ein Motor, bei dem man ganz langsam Gas gibt.

Es war, als ob der Ring nur noch vibrierte. Der ganze Trichter vibrierte. Wir starrten wie Schulkinder auf den Ring und vibrierten mit. Dann war der Ring weg. Kein Surren mehr, wie wenn der Ton abgeschaltet wird. Ein letztes Klicken und dann absolute Stille. Es tat sich sekundenlang nichts. Aber ich behielt die Ruhe.

Dann der gleiche Vorgang wie im Raum zuvor. Die Felswand vor uns wich zurück, und der Durchgang in den nächsten Raum wurde frei.

Erleichtert traten wir hindurch. Wir kamen wieder in eine größere Höhle. Hier gingen drei weitere Gänge ab. Doch wir verschnauften erst einmal und schauten uns um. Es gab hier einige Besonderheiten. An mehreren Stellen waren Stufen in den Fels geschlagen, an einer Wand war ein Becken eingelassen. Ein Rinnsal hatte es mit Wasser gefüllt.

Der Raum lud zum Verweilen ein. Und plötzlich verspürten wir alle drei Hunger, Durst und Müdigkeit. Die Armbanduhr zeigte elf Uhr nachts. Das war ja wohl spät genug.

Wir mussten uns nicht absprechen. Jeder packte seinen Becher aus und schöpfte aus dem Becken. Köstlich! ›Felsenwasser,‹ ›Naturreines Quellwasser‹, etwas in der Art hätte man auf Flaschen mit diesem Wasser schreiben können. Von diesem Rinnsal, das das Becken füllte, abgesehen, war der Raum vollkommentrocken. Das Becken lief über, aber der Überlauf versickertezwischen den Steinen.

Wir packten die Lebensmittel aus und füllten uns die Mägen.Es war kein Festmahl, aber uns schmeckte es. Dann rollten wirdie Isomatten aus und kuschelten uns in die Schlafsäcke. AbsoluteDunkelheit umhüllte uns, als die Lampen aus waren. Und absolute Stille. Ich begann zu schlummern.

Lan hatte anscheinend die besten Ohren von uns. Sie stieß mich an und flüsterte: »Da sind Stimmen.« Sofort war ich hellwach und lauschte. Ja, weit, weit weg hörte man Leute reden. Das konnten nur die Russen sein. Sie waren uns auf der Spur.

Es gab vielleicht eine Rettung – mir fiel die Verschlussscheibe ein. »Vielleicht kann ich den Stollen noch verschließen«, sagte ich, nahm eine Taschenlampe und hastete los. Alexander und seine Helfer konnten leicht zu uns vordringen. Sie brauchten keine Perle, und sie brauchten keinen Ring. Denn die Durchgänge waren offen. Wir mussten einfach hoffen, dass es einen anderen Ausgang gab, um selbst wieder hinauszukommen; oder die schwere Scheibe irgendwie zurückzudrängen.

Zum Glück hatte Lan konsequent die Steinmarkierungen gesetzt. Ich bog um die letzte Kurve und sah weiter hinten das Flirren von suchenden Taschenlampen. Die Russen mussten auch meine entdeckt haben, denn sie fingen an zu schreien, und das Flackern näherte sich schnell.

Ich raste ihnen entgegen. Im Vorbeirennen schnappte ich mir den Pfosten, der noch an Ort und Stelle lag. Bald sah ich die Nische, in der der Verschlussstein stand. Die drei flackernden Strahlen waren nicht mehr weit weg, dreißig, vierzig Meter allenfalls.

Deutlich höre ich jetzt Alexanders Stimme:

»Wer von euch ist da? Ede, bist du's?«

Ich antwortete nicht, sondern setzte den Hebel an. Ich drückte gegen das lange Ende, aber es tat sich nichts – ich musste mich mit voller Wucht gegen den Pfosten werfen. Mist, das Ding knackte, gab nach. Im letzten Moment flog der Balken raus, und ich knallte gegen die Wand, weil mein Ende so plötzlich nachgab.

Mit mahlendem Poltern rollte die Steinscheibe in den Gang und rumste gegen die andere Wand. Der Gang war versperrt.

»Du verfluchtes Arschloch!«, hörte ich Alexander von der anderen Seite her schreien. Ich grinste, sagte aber nichts, sondern zog mich langsam zurück und hörte noch eine ganze Weile die drei Männer in ihrer Landessprache zetern.

Auch auf dem Rückweg halfen mir Lans Markierungen, denn ich hatte in der Eile meinen Galo nicht mitgenommen. Es waren wohl aber auch diese Steinchen gewesen, die die Russen so schnell auf unsere Fährte gebracht hatten. Aber die waren wir jetzt los. Zum zweiten Mal.

Ich musste jetzt nicht mehr eilen und merkte, dass ich an der linken Stirn, an der Schulter und am Ellenbogen ziehende Schmerzen hatte. Ich krempelte einen Ärmel hoch. Abgeschabte Haut, unangenehmes Brennen; der heftige Kontakt mit der Wand! Ich fasste mir an die schmerzende Stelle am Kopf, drückte mit der Hand darauf. Das linderte den Schmerz etwas. Im Schein der Lampe sah ich mir dann die Hand an. Blut klebte daran. Aber alles nicht so schlimm, wenn man bedenkt, dass wir beinahe wieder unter der Fuchtel von Taschas Bruder gestanden hätten. Und falls es bei denen so etwas wie Freundlichkeit gab, die würden sie diesmal vollkommen unterdrücken.

Auch die beiden Frauen freuten sich über meinen Erfolg. Tascha betupfte meine Blessuren mit einem feuchten Taschentuch. Als sie mir einen vorsichtigen Kuss gab, waren die Schmerzen fast verschwunden. Wir quatschten eine Weile sehr aufgeregt, und bald war bei uns allein die Müdigkeit verflogen. Wir konnten den Weg gleich weiter auskundschaften. Sollte uns die Müdigkeit doch wieder überkommen, konnten wir uns immer noch hinlegen oder hierher zurückkehren.

Wir schalteten die Taschenlampen wieder an – meine begann zu flackern. Mist, die Batterie gab ihren Geist auf. Taschas und Lans Taschenlampen leuchteten noch hell. »Ich glaube, wir benutzen besser immer nur eine Lampe«, schlug ich vor. »Wer weiß, wie lange das hier noch dauert.« Die Damen stimmten zu. Trotzdem reichte mir Lan zwei neue Batterien herüber. Gewarnt vor *Dunkelheit*, hatte sie Ersatzbatterien besorgt, ohne etwas davon zu erzählen.

Wir stillten unseren Durst noch einmal mit Wasser aus dem Becken und füllten anschließend die leeren Flaschen. Dann durchwanderten wir, wie wir es schon gewohnt waren, die Gänge.

»Hier gibt es gar keine Wandmalereien mehr«, fiel mir auf.

»Nein, seit unserem Ruheraum nicht mehr.« Auch Tascha hatte es gemerkt. »Es hat mich ohnehin gewundert, wie sie die ganze Feuchtigkeit überstanden haben. Das müssen ganz besondere Farben gewesen sein.«

»Die Archäologen werden einiges zu tun haben«, sinnierte Lan.

Nach einer Stunde kam wieder ein blindes Ende. Davor befand sich ein Steinblock, nicht unähnlich einem Altar. Darauf wiederum ein Block aus sechs Strichen, sie waren leicht erhaben, vielleicht zwei Millimeter hoch.

»I Ging«, sagte Lan sofort. »Wir sollen hier ein I Ging legen.«

I Ging, das chinesische Orakel! Vor langer Zeit, als Schüler noch, hatte ich das kennengelernt. Ixo hatte es mir beigebracht. Und doch hatte ich das meiste darüber wieder vergessen.

Entweder über Teilung eines Häufchens Schafgarbenstängel oder den Wurf dreier Münzen kommt man auf die Zahlen sechs, sieben, acht oder neun. Die beiden geraden Zahlen sechs und acht stehen für *Yin* und markieren eine unterbrochene Linie: **--**; die ungeraden Ziffern sieben und neun stehen für *Yang* und bedeuten eine durchgezogene Linie: –. Auf diese Weise werden sechs Linien gelegt, die entweder durchgezogen oder gebrochen sind. Die sechs Linien ergeben ein Bild, das eine bestimmte Bezeichnung hat. Oft ist dieses Wort die Antwort auf eine wichtige Frage.

Schmerzhaft erinnerte ich mich an mein erstes und einziges chinesisches Orakel. Es hatte mich dazu verleitetet, die Bee-Gees-Platte mit *Stayin' Alive* zu kaufen. Zeichen vierzehn war herausgekommen, das wusste ich noch, *Besitz von Großem.* Ich teilte Lan meine Skepsis aufgrund dieser Erfahrung mit.

»Besitz von Großem, das ist doch nur die Oberfläche des Zeichens. Für jedes Zeichen gibt es sechs Zusatzhinweise. Die hättet ihr bedenken müssen. Und dann kann jede Linie durch Wandlung in die andere übergehen. Bei jedem Zeichen gibt es vierundsechzig Deutungsmöglichkeiten. Man muss sich schon sehr gut auskennen, um die richtigen Schlüsse zu ziehen.« Mir wurde klar, wie naiv wir gewesen waren.

Und Lan ergänzte: »Das Dao lehrt auch folgende Weisheit: *Reichtum und Überfülle ziehen von selbst das Unglück an. Erzeugen und nicht besitzen ist das kraftvolle Geheimrezept.*« Irgendwie fühlte ich mich an den Spruch *Wie gewonnen, so zerronnen* erinnert.

Hier ging es aber um etwas ganz anderes als um eine Schallplatte. Es ging darum, das Tor vor uns zu passieren – und damit vielleicht sogar um unser Überleben.

»Münzen haben wir ja ausreichend bei uns«, sinnierte ich. »Drei genügen, was ist mit den neunundzwanzig übrigen? Oder sollen wir für jede Reihe drei neue Münzen nehmen? Dann kämen wir auf achtzehn. Das stimmt doch alles irgendwie nicht.«

»Ich glaube, du sollst die Reihen mit deinen Münzen legen«, überlegte Lan. »Und wahrscheinlich müssen wir die Münzen gar nicht werfen, sondern einen bestimmten Begriff legen.«

Das schien mir mehr als wahrscheinlich. Sechs Linien. Wenn ich alle Linien mit Münzen füllen würde, hätte ich bei fünf in einer Reihe zwei übrig, bei sechs würden mir vier fehlen. Ich vermutete, dass wir sechs Münzen in eine Reihe legen mussten, und einige Reihen hätten die unterbrochene Linie. Ich sprach das aus, und Lan sagte fast im selben Moment das Gleiche.

»Dann bleibt die Frage, was wir legen sollen«, überlegte sie.

»Und ob die Reihenfolge der Münzen eine Rolle spielt«, ergänzte ich.

»Kann ja nicht schaden, wenn wir sie in der Reihenfolge legen, wie du sie gesammelt hast«, schlug Tascha jetzt vor. Nein, das konnte es wirklich nicht.

Nun war Lan an der Reihe. Sie kannte die Zeichen und ihre Bedeutung.

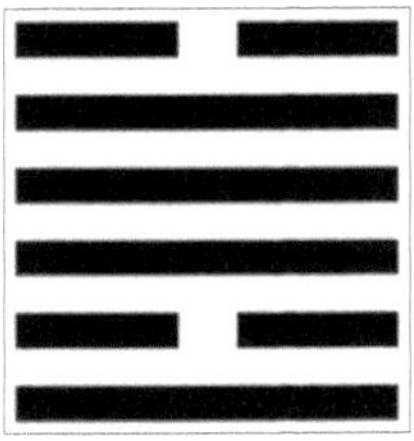

»Vielleicht *Die Umwälzung*, Zeichen 49.

Da haben wir die erste und vorletzte Linie unterbrochen. Umwälzung bedeutet eigentlich etwas anderes«, ergänzte sie. »Aber es kann sein, dass hier gemeint ist, dass der Stein sich wegwälzt.«

Gut, das wollten wir probieren. Eine Münzpinzette steckte mit im Münzalbum. Ich wusste nicht, ob es notwendig war, aber es war mir lieber, die Münzen weiter schonend zu behandeln. Zur Sicherheit pustete ich den Staub weg. Ich beugte mich herunter und blies – aber wieder war nicht ein Staubkörnchen im Schein unserer Taschenlampen zu sehen, die jetzt alle drei an waren.

Ich belegte zunächst die vollen Reihen zwei, drei, vier und sechs mit je sechs Münzen und hatte acht übrig. Die verteilte ich auf die erste und fünfte Reihe, indem ich je zwei Geldstücke nach außen legte und die beiden in der Mitte wegließ.

Die Umwälzung war gelegt, aber es wälzte sich nichts um.

»Vielleicht stimmt die Reihenfolge nicht«, überlegte Tascha. »Du hast ja die letzten Münzen dazwischengeschoben. Die erste

Münze aus deiner Sammlung liegt ja jetzt in der zweiten Reihe. Es kann sein, dass sie nach oben muss.«

Ja, das konnte sein. Ich legte also die ersten vier Münzen zur Seite und gruppierte die zweite Reihe nach oben um. Dafür musste ich jede Münze einzeln umsetzen. Auch die fünfte Reihe nahm ich heraus und setzte die Münzen in der richtigen Reihenfolge ein. Eine lange und umständliche Prozedur. Dann war sie geschafft.

Wir warteten gespannt. Wir warteten und warteten – und wussten nicht, wie lange wir würden warten müssen.

»Ich glaube, es war falsch«, sagte Lan nach einer Weile. »Wir könnten natürlich die vierundsechzig Zeichen durchprobieren. Doch für *Das Schöpferische*, das erste Zeichen, hätten wir nicht genügend Münzen. Das sind ja sechs vollständige Striche.«

Das Zeichen war dieses:

»Was schlägst du vor?«, fragte ich.

»Ich glaube, ich schlage nichts mehr vor. Ich bin sehr müde. Ich kann kaum noch denken.«

»So geht es mir auch«, sagte Tascha.

»Lasst uns ein bisschen ruhen.«

Auch ich spürte jetzt die übergroße Erschöpfung. So legten wir die Isomatten in eine Ecke und wickelten uns in die Schlafsäcke. Noch ein Blick auf die Uhr: bereits sieben Uhr morgens. Kein Wunder, dass wir uns kaum noch auf den Beinen halten konnten und uns nichts mehr einfiel.

Es dauerte kaum zehn Sekunden, da war ich in tiefen Schlaf versunken.

Seltsam, in absoluter Dunkelheit wach zu werden. Ich hatte keine Orientierung, wie spät es sein könnte. Ein Blick auf die fluoreszierende Armbanduhr ergab: neun Uhr morgens. Meine Güte, das war ja nicht lange gewesen. Trotzdem fühlte ich mich erstaunlich frisch.

Meine vorsichtigen Bewegungen reichten, um Tascha zu wecken. Sie reckte sich, fragte leise nach der Uhrzeit und wollte es kaum glauben – auch sie kam fühlte sich ganz ausgeruht.

Ich knipste die Taschenlampe an und sah Lan bereits auf ihrer Matte sitzen.

»Lasst uns Zeichen 43, *Durchbruch*, probieren«, schlug sie vor, als hätte es unser Nickerchen überhaupt nicht gegeben. »Das hat oben die unterbrochene Linie, alle anderen sind durchgezogen.«

»Hast du denn die ganze Zeit gegrübelt?«, wollte Tascha wissen.

»Nein. Im Gegenteil, ich war sofort weg. Aber irgendetwas machte mich unruhig, und plötzlich fühlte ich mich hellwach. Ich habe ein paarmal in die Dunkelheit geblinzelt, mich gereckt und gestreckt. Da merkte ich auch schon, dass Ede sich ebenfalls rührt. Und dann tauchte *Durchbruch* in mir auf.«

Zeichen 43, Durchbruch:

Ließ sich das machen? Ich bräuchte für die fünf kompletten Linien dreißig Münzen. Es blieben nur zwei übrig. Die konnte ich oben je links und rechts als Symbol für die unterbrochene Linie setzen. Wir diskutierten das kurz und futterten dabei ein paar Kekse. Doch konnten wir es sowieso nur ausprobieren.

Ich schichtete die Münzen um, die noch in Umwälzung lagen. Damit ich gleich die richtige Reihenfolge einhielt, verschob ich alle der Reihe nach zur Seite. Nur die allererste, oben links, ließ ich liegen.

Münze für Münze setzte ich auf die Linien. Ein buntes Bild – Gold, Silber, Messing und Kupfer. Die letzte Reihe. Niger, Tunesien, England, Indien und Peru, schoss es mir durch den Kopf.

Und, als letzte, die Hitler-Münze aus Belgien.

Kurz darauf setzte ein Grollen im Fels ein, wie wir es schon zweimal gehört hatten. Tatsächlich, die Wand vor uns wich einige Zentimeter zurück und rollte zur Seite. Was war das für ein ausgeklügelter Mechanismus! Den würden Historiker und Techniker untersuchen müssen, wenn wir unsere Mission beendet hatten.

Unsere drei Lampen leuchteten in den Raum vor uns. Ein schmaler Gang, flacher Boden, glatt, wie poliert. Und darin drei Vertiefungen, wie von Schuhsohlen in nassen Zement gepresst. Eine kurze Spur aus recht schmalen Sohlen. Sollten wir einfach darüber laufen? Unsere Wanderschuhe passten nicht in diese Vertiefungen, nicht einmal die von Lan, die die kleinste Größe hatte.

»Drei Schritte«, sagte sie. »Die Drei ist eine heilige Zahl bei uns. Sie steht für die Drei Reinen. Das sind der *Himmelswürdige des Uranfangs*, der *Himmelswürdige des übernatürlichen Schatzes* und der *Himmelswürdige des Weges und der Tugend* – Yuánshǐ Tiānzūn, Tàishàng Dàojūn und Dàodé Tiānzūn heißen sie.«

»Weg und Schatz, das leuchtet mir sofort ein«, sagte ich.

»Und vielleicht kommen wir hier wirklich zum Uranfang.« Lan entgegnete nichts, und Tascha zuckte die Schultern. Na wieauch immer, wir mussten da rüber. Mit einem großen Schritt oder kleinen Sprung wäre es zu schaffen gewesen. Es schien aber eher so zu sein, dass die Spuren betreten werden sollten.

War es Zufall, dass wir ebenfalls drei Personen waren?

Die Veldskoene fielen mir ein, diese weichen Schuhe aus Namibia. Ziemlich hastig zupfte ich sie aus dem Rucksack. ›Ruhig Blut‹, gemahnte ich mich selbst. Es bestand kein Grund zur Eile.

Oder doch?

»Ich spüre *Gewalttätigkeit* und *Bewaffnung*«, sagte Lan plötzlich. »In zwei Stunden.«

»Großer Gott«, entfuhr es mir. Es war sofort klar, Wladimir würde es durch das Steintor schaffen. »Wir müssen uns beeilen.«

Jetzt verfiel ich wirklich in Hektik. Aber trotz allem, wir mussten weiter bedacht und wohl überlegt vorgehen.

Ich gab Lan die Veldskoene. Sie zog die Wanderstiefel aus, die weichen Lederschuhe waren ihr viel zu groß. Aber sie passten genau in die Spuren. Lan packte ihre Sachen, schritt hinüber und sagte noch: »Ede, hol mal die Münzen.« Gute Idee. Das tat ich, und bald stellte sich heraus, dass wir sie wirklich wieder brauchten. Tascha und ich folgten Lan, nachdem sie die Veldskoene zurückgeworfen hatte.

Weiter hinein ging es in das Labyrinth aus Höhlengängen. Wir ließen alle Lampen an. In zwei Stunden mussten wir am Ziel sein. Wir konnten keine Verzögerung riskieren, indem wir irgendetwas übersahen.

Galo und Kniekehle wiesen uns die Richtung. Weiter, immer weiter führten sie uns in den Bozdağ hinein, wie schon erwartet bis zu einem neuen blinden Ende.

Hier fanden wir erneut einen Altar wie im Raum zuvor – mit den sechs Linien. Nun war Lan wieder an der Reihe.

»Ich denke, es wird nicht mehr viel kommen«, überlegte sie. »Es gibt ein Zeichen *Vor der Vollendung* und *Nach der Vollendung*. Vollendet haben wir noch nichts. Ich denke, du legst *Vor der Vollendung*, Zeichen 64. Dabei sind der zweite, vierte und sechste Strich unterbrochen.«

»Gut«, sagte ich und stellte mir vor, wie das Zeichen aussah.

»Und ich glaube, du musst dich beeilen. Die Gefahr nähert sich uns – noch zehn Minuten!«

»Auch das noch! Wie soll ich die Münzen denn verteilen? Ich brauche achtzehn für die drei vollen Reihen, dann sind vierzehn übrig. Die kann ich ja gar nicht auf drei unterbrochene Linien verteilen.«

»Lass doch die letzten beiden weg«, schlug Tascha vor.

»Dann hast du dreimal vier, wenn du die mittleren zwei weglässt für die Unterbrechung.«

»Ich probier's«, stimmte ich zu. Was sollten wir auch sonst tun? Münze für Münze legte ich die Striche entlang. Spürte meine Hektik. Und die ließ nicht nach, als ich im Gang hinter uns

Schritte hörte. Dann auch Stimmen. Klack, klack, klack. Klickendes Metall auf dem Stein. Alles lag fertig, das Zeichen *Vor der Vollendung* war vollendet. Die beiden letzten Münzen legte ich links und rechts neben die Linien. Man hörte die Russen, klar und deutlich.

»Da ist Licht, hat Alex gerade gesagt«, übersetzte Tascha. Verdammt, warum tat sich nichts? Musste ich die beiden Münzen doch noch irgendwo anlegen? Ich zermarterte mir das Hirn. Wohin, ja, wohin nur? Oder hatte Lan sich geirrt? Krumm und schief lag sie da, meine Münzsammlung. In der Eile war mir die Ausrichtung nicht so wichtig gewesen.

»Da hinten sind die Taschenlampen der Männer«, warnte Lan. Ich rückte die Münzen zurecht, schob sie ganz an die Linien heran. Alexander rannte in den Raum, griff mich von hinten, als ich die letzte Münze, den Hitler, ausrichtete. Er hielt mir die Pistole an die Schläfe. Dimitri und Boris schnappten sich Tascha und Lan.

»Mistkerl!«, schrie er. »Du denkst wohl, ihr könntet uns entwischen?«

Das konnten wir anscheinend nicht. Bevor ich etwas entgegnen konnte, grummelte es im Fels vor uns. Der Druck der Mündung ließ nach. Gebannt schauten wir alle sechs zur Wand. Sie wich zurück, wie drei von uns das schon kannten. Dann schob sie sich polternd nach rechts zur Seite.

Es war aber nicht nur die rollende Felswand, die polterte. Auch der Untergrund zitterte. So muss sich ein Erdbeben anfühlen, dachte ich, obwohl ich noch nie eins erlebt hatte. Es war nicht sonderlich stark, aber deutlich genug. Es vibrierte in der Tiefe, die Fußsohlen konnten es spüren.

Ein riesiger Saal tat sich vor uns auf. Und in den strömte von irgendwoher Licht, eine Quelle war nicht zu erkennen. Säulen schmückten die Wände, in jeder Säule steckten waagerechte Platten.

Das war der erste Eindruck. Wir kamen nicht dazu, den Raum in Ruhe zu betrachten. Das Zittern hatte aufgehört. Jetzt setzte hinter uns ein Krachen ein, ohrenbetäubend wie ein einstürzendes Gebäude. Erschrocken drehten wir uns um. Der Druck der Pistole war weg. Jetzt könnte ich versuchen, sie Alexander wegzunehmen. Aber ich rannte lieber in den Saal hinein. Denn der Gang, aus dem wir gekommen waren, stürzte zusammen. Es lösten sich Brocken von der Decke, nur der neu entdeckte Saal schien stabil.

Alle anderen hatten den gleichen Gedanken. Wir retteten uns in die neue Höhle. Der Vorraum krachte in sich zusammen. Einzelne Steinbrocken rollten bis zu uns herüber.

»Kein Rückweg mehr!« Alexander war der Erste, der sprach. Die Pistole steckte er weg. Er merkte wohl, dass es keinen Sinn hatte, mich weiter zu bedrohen. Er sagte etwas auf Russisch zu seinen Kumpanen, und Tascha forderte:

»Sprecht doch Deutsch! Du hast ja recht, Alex. Wir sitzen jetzt im gleichen Boot.«

Es war fast so, als wäre damit ein Bann gebrochen. Wir blickten uns um. Unzählige Säulen standen da mit diesen Platten, wie ein Wald mit lauter Bäumen und ihren Zweigen. Und auf jeder Platte lagen Münzen.

Ich sah, wie Alexanders Augen aufleuchteten. Er ging auf die nächste Säule zu und starrte auf die Münzen. Er wollte die erste greifen. Dann hielt er mitten in der Bewegung inne. Hatte er sich erinnert, dass man gefälligst seine nackten Finger von Münzen lassen sollte?

Sei Blick war leer, irgendwie resigniert. »Was soll das alles?«, stieß er hervor. Boris und Dimitri ging es anscheinend ganz ähnlich. Auch sie waren zu den Säulen und den Münzen geeilt, auch sie schienen damit nichts anfangen zu können. Endlich hatten sie das erträumte Gold und Silber vor sich liegen und wirkten nun wie gelähmt. Mit welcher Wonne hatten sie in den Casinos die Jetons eingesammelt, wie begierig in Geld umgetauscht. Und hier standen sie herum wie betreten und fingen nicht damit an, ihre Rucksäcke vollzustopfen.

»Habt ihr etwas zu essen?«, fragte Boris plötzlich.

Ich musste lachen, und bald lachten wir alle.

Ja, wir hatten noch etwas. Zum Glück waren wir mitsamt unseren Rucksäcken in den Saal geflüchtet. Und jetzt spürte ich auch Hunger.

Wir öffneten die Dosen, verteilten die Reste an Brot und Gebäck. Bald war alles aufgegessen. Wir wussten nicht, was werden würde. Wenn wir hier nicht mehr herauskamen, dann war es sowieso egal, ab wann Hunger und Durst einsetzen würden.

»Liebe Lan«, fragte ich, »spürst du *Hunger* oder *Durst* in naher Zukunft?«

»Nein, ich spüre nichts. Ich spüre auch nicht mehr *Gewalttätigkeit* und *Bewaffnung*.« Das war ja äußerst beruhigend. Aber funktionierten die Warnungen hier überhaupt noch? Kaum war mir der Zweifel bewusst geworden, fragte ich mich, warum sie es nicht sollten. Ich wusste nicht, auf was ich mich noch verlassen konnte, schob aber diese Gedanken beiseite.

Als wir den letzten Krümel vertilgt hatten, trat ich die Konservendosen zu schmalen Blechklumpen zusammen und packte sie in meinen Rucksack. Etwas Ordnung sollte schon sein. Dabei dachte ich an die Erdbeben, hier im Tmolos. Wie vielen mochten diese Gänge schon widerstanden haben? Gab es sie bei dem Beben von siebzehn nach Christus überhaupt schon? Und wieso war der Saal nicht auch eingebrochen? Hatten wir nur Glück, oder war das auch Teil unseres Schicksals?

Ich fand keine Antworten auf diese Fragen. So betrachtete ich die Säulen und die Schätze, die darauf gelagert waren. Münzen über Münzen. Abertausende von Münzen. Die uns am nächsten lagen, die kannte ich alle nicht. Sie waren aus Bronze – Kühe, Ziegen und Schafe waren als Relief abgebildet.

Meine Münzen, die lagen jetzt im Schutt. Viele tausend Euro, die dort vergraben waren. Nur die Münzpinzette hatte ich noch in der Jackentasche.

Ich hob die allererste Münze an. Das Licht, ja, das Licht. Ich sah mich um. Es war Licht im Raum. Nicht sehr hell, aber man konnte Umrisse erkennen, konnte erahnen, wie weit die Höhle sich in die Ferne erstreckte. Es war eher ein Dämmerlicht. Um die Münze zu untersuchen, benötigte ich meine Taschenlampe.

Es war eine gegossene Münze, keine geprägte. Schrift oder Zahlensymbole waren nicht zu erkennen. Ich konnte mich nicht erinnern, eine solche Münze schon einmal in einem Katalog gesehen zu haben. Sie kam mir so vor, als wäre sie in einem Museum ausgestellt. Nur ohne Vitrine darum herum.

Ich untersuchte die Nachbarsäulen. Bald stieß ich auf Gold- oder Silbermünzen. Die waren geprägt und auch beschriftet und mit Zahlen versehen. Schrift, die ich nicht kannte. Später kamen Säulen mit eindeutig griechischen Buchstaben. Alle Münzen wirkten erstaunlicherweise prägefrisch. Deshalb nahm ich nicht eine in die Hand, sondern fasste sie nur mit der Pinzette an.

Und ich wunderte mich über die Zurückhaltung der Russen. Alexander hatte ja recht behalten. Wir hatten hier einen riesigen Schatz gefunden. Aber weder er noch Boris oder Dimitri berührten auch nur eine Münze. Sie betrachteten sie genau, aber das Edelmetall schien sie nicht mehr zu reizen. Auch sie liefen herum wie Museumsbesucher.

Bald schälte sich mir die Systematik heraus. »Die Münzen sind nach Ländern und Epochen aufgeteilt«, erklärte ich den anderen. »Alle die, die zusammengehören, liegen auf einer Säule oder auf mehreren Säulen nebeneinander.«

Ich hatte inzwischen einige Münzen aus meiner eigenen Sammlung erkannt und arbeitete mich weiter in der Höhle nach vorne. Nach den ersten Säulenreihen, auf denen ich nicht eine einzige erkannte, kamen die antiken Münzen aus Griechenland, Persien, Ägypten, Mesopotamien und so weiter. Auf die römischen folgten germanische der verschiedenen Völker. Abgelöst wurden diese durch Münzen des Mittelalters und schließlich der Neuzeit.

Bei den chinesischen Münzen lagen auch Geldscheine, wie frisch aus der Notenpresse. Sie lagen zusammen mit Münzen aus der Song-Dynastie, zirka tausend Jahre nach Christus.

Bei spanischen Münzen tauchten ebenfalls Geldscheine auf, zusammen mit Münzen aus dem 15. Jahrhundert. Von da ab wechselten sich Münzen und Scheine auf den Scheiben ab.

»Mir scheint, in dieser Höhle ist alles gesammelt, was je an Geld hergestellt wurde«, gab ich meine Überlegungen bekannt. »Die ersten Münzen, ganz vorne in der Halle, die habe ich selbst noch nie gesehen. Die sind wahrscheinlich so alt, dass sie überhaupt nicht im Handel sind. Wer weiß, ob überhaupt irgendein Museum solche besitzt.«

»Und wie kommen die hierher?«, wollte Tascha wissen.

»Da muss ich passen«, war meine ehrliche Antwort.

Wir waren fast am Ende der Halle angelangt. Hier fanden wir die modernen Währungen. Eine Abteilung war Europa gewidmet, andere präsentierten die Münzen und Scheine der übrigen Kontinente.

Gespannt suchte ich Deutschland auf. Die Russen gruppierten sich indessen um die Säulen ihres Landes und fingen laut an zu reden. Sie machten einander auf die verschiedensten Rubel und Kopeken aufmerksam. Lan blieb in der Abteilung China zurück, ebenfalls angetan von dem, was sie zu Gesicht bekam.

Ich betrachtete die alten Pfennige und Markstücke. Alt? Von wegen, sie sahen nagelneu aus, glänzten und strahlten. Wie gerne hätte ich noch einmal so ein Fünfmarkstück in die Hand genommen. Aber ich beherrschte mich. Und diese Geldscheine, der Zehnmarkschein – wie viele davon mochte ich in meinem Leben im Portemonnaie gehabt haben, erst recht die Zehn Mark der DDR!

Dann war die Ära der Ost- und Westmark vorbei, all der europäischen Währungen. Ab einer bestimmten Stelle gab es in jedem Land Euro-Münzen und Euro-Scheine. Und die waren vollständig. Auch die vom Vatikan, von Malta, den kleinen Staaten also, waren hier. Damals hatte ich es nicht geschafft, meine Euro-Sammlung zu komplettieren. Selbst bei Polen lag schon der Euro, obwohl er dort noch gar nicht eingeführt war. Mag sein, dass er aber schon in den Prägeanstalten für die Herausgabe hergestellt wurde.

Die Halle war zu Ende. Nein, zu Ende war sie nicht, sie war nur nicht weiter zu passieren. In diesem Dämmerlicht war kein Ende zu erkennen. Der Säulenwald setzte sich fort, die Steinplatten aber waren leer. Ich versuchte, in die Richtung zu den leeren Säulen zu gehen, wurde aber festgehalten wie von einem Gummiband.

»Wir kommen hier nicht weiter!«, rief ich.

»Kann doch nicht sein«, entgegnete Alexander. »Die Höhle ist doch längst nicht zu Ende.«

Er kam mit seinen Kumpels angelaufen, sie wollten schnurstracks zur leeren Seite hinüberschreiten. Aber auch diese kräftigen Kerle vermochten die unsichtbare Grenze nicht zu passieren.

Wir mussten einen Ausgang finden, vielleicht gab es einen zweiten. Oder wir mussten zurückgehen und versuchen, uns durch den Schutt einen Weg zurück zu bahnen. Das schien aber schier unmöglich, es käme einer Verzweiflungstat gleich.

Wir befanden uns am linken Teil der unsichtbaren Wand. Hier war definitiv kein Ausgang. So tasteten wir uns wie im Gänsemarsch zwischen den Säulen mit Münzen und denen ohne zur gegenüberliegenden Seite der Höhle hinüber. Die mysteriöse Wand hielt uns überall davon ab, zu einer der leeren Säulen zu gehen, es gab keine Lücke.

»Eigentlich ist ja alles klar«, sinnierte ich beim Weitergehen. »Was wir hier haben, das ist fast alles Vergangenheit. Das sind alle alten Münzen und Papiergeld. Hier rechts neben uns, das ist die Gegenwart. Das ist das Geld, das heute überall auf der Welt benutzt wird. Und links, das ist die Zukunft. Da kommen die Münzen hin, die noch geprägt werden.«

»Das stimmt«, pflichtete Lan mir bei. »Das ist ein mystischer Raum. Etwas passiert hier, und etwas ist passiert. Es hat sich schon etwas verändert.«

»Was soll sich denn verändert haben?«, fragte ich.

Statt meine Frage zu beantworten, wendete sich Lan an Taschas Bruder. »Was ist denn mit dir, Alexander? Warum stopft ihr euch nicht die Taschen voll?«

»Kein Interesse mehr«, sagte er einfach. »Weiß nicht, was ich damit soll. Weiß ganz und gar nix damit anzufangen.«

Boris nickte. »Ja, ist wie mit schöne Frau. Du siehst sie dir an, aber wenn du bist Eunuche, nix kannst du anfangen mit ihr. Komm mir vor wie Geld-Eunuch.«

Wir waren an der anderen Seite. Hier stand ein halbhoher Steinquader. Einer, wie wir ihn schon kannten, mit den sechs Strichen obenauf.

Das Schlüsselloch zum Öffnen der Wand. Nur mein Schlüssel, der war verschüttet am anderen Rand der Höhle, gut einen Kilometer weit weg.

»Pech gehabt«, stieß ich resigniert hervor.

»Gib doch nicht auf«, ermutigte mich Tascha. »Hier ist doch alles voller Münzen. Nimm doch einfach neue. Mehr als schiefgehen kann es doch auch nicht.«

Wie recht sie hatte. »Was meinst du, Lan? Welches Zeichen sollen wir legen?«

»*Nach der Vollendung*«, antwortete sie, ohne zu zögern. »Das gleiche Zeichen wie Vor der Vollendung, nur umgekehrt. Zeichen 63. Oben die unterbrochene Linie.«

Das war das Zeichen:

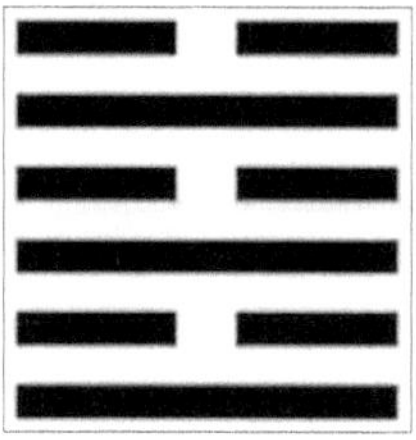

Ich klaubte dreißig Münzen von der erstbesten Säule zusammen. Es waren ecuadorianische Sucre und einige US-Dollar-Münzen. Im Jahr 2000 war die alte Währung Ecuadors abgeschafft worden, der Dollar galt seitdem als einziges Zahlungsmittel in diesem Land.

Ich baute Reihe für Reihe auf. Natürlich hatte ich die Münzen nicht zusammengeklaubt. Fein säuberlich hatte ich Münze für Münze einzeln mit Pinzette von der Säule auf die Linien gesetzt. Und pingelig genau auf gerade Ausrichtung geachtet.

Die letzte Münze lag. Wir warteten auf das erlösende Grummeln. Es grummelte nichts. Minutenlang warteten wir. Die Hoffnung, die in unseren Gesichtern gewesen war, erlosch. Ich sah es jedem Einzelnen von uns an.

Resigniert packte ich die Münzen genauso vorsichtig wieder an ihren alten Platz an der Säule. Es ging wohl nur mit meiner eigenen Sammlung. »Wir müssen meine Münzsammlung ausbuddeln«, gab ich den anderen zu verstehen. Das sahen alle ein. Wir traten den Rückweg zum eingestürzten Vorraum an.

Dort machten wir uns sofort an dic Arbeit. Die Männer packten die dicken Brocken, Tascha und Lan räumten den Schutt dazwischen weg. Es erstaunte mich wieder einmal, wie die Russen zupacken konnten. Besonders Boris schaffte Steine, die gut einen Zentner schwer waren. Bei einigen aber mussten wir zu dritt oder gar alle vier anfassen.

Kleinere und mittlere Bruchstücke bekamen wir so weg. Einen ordentlichen Haufen hatten wir beiseite geräumt. Doch dann kam die Ernüchterung in Form eines riesigen Felsstücks. Mannshoch war es und noch etwas breiter. Wir taten so, als wollten wir es versuchen. Auch die Frauen packten mit an. Aber das Ding gab keinen Millimeter nach.

Boris hob einen Zentnerklotz auf und stemmte ihn hoch. Wahnsinnig, wie durchtrainiert der war. Krachend donnerte er ihn auf den Koloss. Boris' Stein zerbrach, und von dem Koloss war ein bisschen abgeplatzt. Bis wir den allerdings auf diese Art zerkleinert hätten, wären wir alle verhungert.

Und der Hunger setzte schon jetzt ein, nicht nur der Hunger, auch Durst und Erschöpfung. Sollten wir hier verenden, in einer Wunderhöhle mit der besten Münzsammlung der Welt? Nur weil wir … weil wir was? Eigentlich nur deshalb, weil wir überhaupt hineingegangen waren.

Inzwischen hockten oder lagen wir alle auf dem Boden und atmeten schwer.

»Stöhn doch nicht«, sagte Tascha.

»Hab ich gestöhnt?«, fragte ich verwundert; ich hatte es nicht gemerkt, es war aus meinen tiefsten Tiefen gekommen.

»Such dir doch lieber deine Münzen zusammen.«

»Nerv doch nicht auch noch, Tascha«, fuhr ich sie an. »Du hast vielleicht gerade mitbekommen, dass wir nicht rankommen!«

Doch dann stutzte ich. »Du meinst …?«

»Ja, das meine ich!« Jetzt triumphierte sie. Sie hatte ja recht. Jede einzelne meiner gesammelten Münzen sollte hier in der Höhle vorhanden sein.

Und es begann eine zeitfressende Sucherei. Ich hatte jede einzelne Münze im Kopf. Wusste noch, in welchem Land ich sie gekauft hatte, wusste, wann und wo sie entstanden war. Ich musste die Säulen mit den Herkunftsländern finden und dann im richtigen Zeitabschnitt suchen.

War ich glücklich, als ich den koreanischen Alexander den Großen fand, dann die Münze aus St. Petersburg, die Zinnmedaille Zar Peters des Großen. Und so ging es weiter.

Die anderen konnten nicht viel helfen. Sie leuchteten mir und konnten immerhin einige der Landessäulen ausfindig machen. Tascha bekam die Ehrenaufgabe, die gefundene Münze auf die I-Ging-Linien zu legen. Lan zeigte ihr, an welche Position.

Hunger und Durst waren vergessen – die Erschöpfung war verflogen, als ich die dreißigste Münze eingesammelt hatte. Auch für *Nach der Vollendung* benötigten wir nur dreißig Münzen. Auch diese letzte Münze sollte Tascha auf die unterste I-Ging-Linie legen.

Sie legte sie vorsichtig an die richtige Stelle. Wir lauschten und sahen uns um. Würde es grummeln, wo würde es grummeln, wo sich eine Wand bewegen?

Und wieder eine enttäuschte Hoffnung. Nichts grummelte, und nichts bewegte sich zur Seite.

»Bei *Vor der Vollendung* hast du die beiden letzten Münzen neben die Striche gelegt«, erinnerte sich Lan. Das stimmte.

Ich trabte also nochmals los, begleitet von allen fünfen, und suchte die entsprechenden Säulen für die ›Wilhelm II.‹ aus Peru und die ›Hitler‹ aus Belgien. Die peruanische Münze fanden wir schnell. Doch die ›Hitler‹ war nicht zu finden. Unter den Drittes-Reich-Münzen befand sie sich nicht. Sie war ja auch nie offizielles Zahlungsmittel, sondern eine Gedenkmünze gewesen. Wo aber konnten die liegen? Mir war überhaupt keine Gedenkmünze aufgefallen auf den Säulen.

Sollte dieser vermaledeite Hitler etwa auch unser Unglück bedeuten?

Grübeln und nachdenken, wo der Verbrecher zu finden sein könnte. Olympiade in München 1972 – ich wusste, dass damals Sondermünzen geprägt worden waren, lange vor meiner Zeit. Aber von Hitler? Abwegig, dennoch schaute ich nochmals bei Deutschland, Prägejahrgang 1972. Tatsächlich, etwas abseits gab es eine Säule mit diversen Sonderprägungen, auch von den Olympischen Spielen.

Wir wussten jetzt, dass wir etwas abseits der üblichen Zahlungsmittel bei jedem Land nach einer Säule mit diesen Gedenkmünzen suchen mussten.

Tascha kam auf Argentinien. Dort hatten sich doch nach dem Zweiten Weltkrieg viele Nazis versteckt. Dort gab es noch lange Verehrer des ›Führers‹.

So war es. Bei diesem südamerikanischen Staat fand ich *meine* ›Hitler‹.

Also wieder zurück, zu sechst. Die ›Kaiser Wilhelm‹ und die ›Hitler‹ säuberlich neben die untere I-Ging-Linie gelegt. Und nun geschah es: Das erlösende Grummeln begann. Es kam von der

Wand hinter der Säule. Sechs Taschenlampen waren auf sie gerichtet.

Nur weinige Zentimeter glitt sie zur Seite, ein Spalt wurde sichtbar. Und aus diesem Spalt drang Licht!

Wir schrien los, wir rannten zu dem Spalt, doch war er viel zu schmal. Das Steintor öffnete sich äußerst träge. Wir konnten kaum erwarten, bis es den Platz freigab, durch den wir hindurchpassten.

Und weil es noch etwas dauerte, und weil wir fast platzten vor Glück, weil wir es kaum begreifen konnten: Wir waren gerettet – deshalb fielen wir uns in die Arme. Jeden drückte ich an mich, zuerst Tascha, dann Lan. Aber auch Alexander, Boris und Dimitri kamen an die Reihe. In diesem Moment kam es mir vor, als wären wir schon ewig die dicksten Freunde.

Und immer noch war der Ausgang nicht frei. Aber es grummelte noch, der Mechanismus funktionierte. Wie von selbst umfasste jeder die Schultern seiner beiden Nachbarn – und ruckzuck standen wir im Kreis. Und fingen an zu hüpfen wie übermütige Kinder. Im Kreis herum, und nochmals im Kreis. Wir johlten und wir schrien.

»Wir sind Roulettekessel!«, rief Dimitri.

Wir stutzten – wir lachten. Lachten aus vollem Hals. Konnten kaum aufhören zu lachen. Bis Boris rief: »Leute, frei ist Weg!«

Knapp schulterbreit stand der Eingang offen. Es drang ein trüber Lichtschimmer herein. Boris rannte als Erster hin und quetschte sich durch die Lücke. Lan und Tascha folgten, dann der Rest der Mannschaft.

Abendlicht. Wir blinzelten in die untergehende Sonne. Wir standen an der Kaskade, an der Stelle, an der wir in die Höhle hineingeschlüpft waren, nur von der anderen Seite her. Diese Stelle war vorher nicht zu sehen gewesen, verschlossen durch das Tor.

Alle stürzten wir an das sprudelnde Wasser und tranken uns die Bäuche voll. Dann kraxelten wir die Wand hinunter. Tascha, Lan und ich holten unsere Schlafsäcke und Isomatten aus der Höhle. Zum Glück hatten wir sie die ganze Zeit mitgeschleppt, sie waren nicht verschüttet. Die Russen hatten ihre bei der alten Raststelle gelassen.

Dorthin begaben wir uns jetzt. Den Rückweg antreten konnten wir heute nicht mehr. Das wäre zu gefährlich gewesen – trotz Taschenlampen. Unterwegs fanden wir wilde Apfelbäume. Wir rissen gierig die winzigen Äpfelchen ab. Sie schmeckten sauer, fast bitter. Aber das störte uns jetzt nicht.

Bald waren wir am Ziel. Wir rollten die Matten aus und krochen in unsere Schlafsäcke. Ein wenig erzählten wir noch. Die Russen waren hocherfreut, dass noch eineinhalb Wodkaflaschen vorhanden waren. Es hob ihre Laune, die ohnehin nicht schlecht war. Und das war schon erstaunlich. Schließlich war es ihr größtes Ziel gewesen, mit Edelmetall beladen von der Mission zurückzukehren. Und jetzt waren sie mit leeren Händen glücklich.

Mich wunderte, dass sie an ihrem Wässerchen gerade mal kurz nippten.

Allmählich fielen uns allen die Augen zu. Die Worte wurden spärlicher. Dann herrschte Stille. Ich lauschte noch ein Weilchen. Viele Gedanken zogen durch meinen Kopf. Aber irgendwann kamen sie zur Ruhe. Ich kam zur Ruhe.

In der Nacht wurde ich kurz wach, weil ich etwas Hunger hatte. In der Ferne vermeinte ich ein unbekanntes Tier zu hören. Bald dämmerte ich wieder ein.

Die Sonne blinzelte mir ins Gesicht. Halb neun, verriet mir die Armbanduhr. Die anderen atmeten gleichmäßig. Wir mussten uns nicht hetzen.

Ich schälte mich aus dem Schlafsack, füllte Wasser in den Topf und stellte ihn auf den Kocher. Es war ja alles noch hier. Das Wasser sprudelte, ich kippte das Kaffeepulver hinein. Der Duft breitete sich aus und schien die anderen sanft in den neuen Tag zu locken.

Bald saßen wir im Kreis um einen Steinblock, den wir als Tisch benutzten. Nachdem wir den Kaffee getrunken hatten, packten wir unsere Siebensachen und machten uns auf den Rückweg. Es ging einfach das Tal abwärts. Verlaufen konnten wir uns nicht. Nach Stunden, es war schon Nachmittag, erreichten wir den Land Rover. Unterwegs fanden wir immer mal ein paar wilde Früchte, die rissen wir begierig ab und stopften unsere hungrigen Mäuler. Insgesamt kam uns der Rückweg weniger beschwerlich vor. Es ging bergab, die Rucksäcke waren leerer und leichter, es war auch nicht so heiß wie beim Anstieg. Und wir waren alle noch derart angefüllt von unseren Erlebnissen, dass die körperlichen Mühen fast nicht auffielen.

Wir kletterten alle in den Rover, Dimitri setzte sich ans Steuer und fuhr los. Erst ging es wackelig das Flüsschen entlang, dann kam die Staubstraße, und Schuckelei, Klappern und Poltern ließen nach.

»Wie habt ihr es geschafft, an der Steinscheibe vorbeizukommen?« Die Frage brannte mir auf den Nägeln.

»Ihr verfluchten Idioten!«, schimpfte Alexander erst mal los. Es klang aber eher so, wie wenn man Rotzlöffel für einen Streich ausschimpft. »Habt uns gewaltig genervt.«

Er schilderte, dass sie tatsächlich erst einmal weiter dem Bachverlauf gefolgt waren, bis zu der Quelle, die winzig aus einer Felsspalte hervorsickerte. Hier war weit und breit keine Höhle zu finden. Resigniert hatten sie sich auf den Rückweg gemacht, bis der Bach nach rechts abbog. Dort entdeckte Dimitri das Rinnsal, das von links kam. Dem folgten sie und kamen an die Kaskade und die Höhle. Darin brauchten sie wirklich nur Lans Steinmännchen zu folgen. Beinahe hatten sie uns erreicht, da knallte ihnen das Steinrad fast vor die Füße.

Sie hatten sich erst einmal ein trockeneres Plätzchen suchen und etwas ausruhen wollen, weil sie von der Verfolgung ganz schön ausgelaugt und von den tropfenden Decken nass waren. In Ruhe wollten sie überlegen, was sie unternehmen sollten.

Da entdeckte Boris in einem Nebengang einen Stapel mit Holzstücken und ein paar Balken. Einige schleppten sie zu dem Stein. Sie konnten einen Balken als Hebel ansetzen und die zentnerschwere, nein tonnenschwere Scheibe mit vereinten Kräften ein paar Zentimeter zurückdrücken. Sie sicherten sie mit einem Keil und setzten den Hebel erneut an. So schafften sie es Stückchen für Stückchen, einen schmalen Durchgang zu öffnen.

Vollkommen erschöpft hatten sie sich vorwärts geschleppt und waren bis zu unserem Ruheraum gelangt. Hier tranken sie beinahe das ganze Becken aus und entschieden sich für eine kleine Pause. Es ging ihnen ähnlich wie uns. Nach kurzem Nickerchen fühlten sie sich wie neugeboren und energiegeladen. Sie nahmen die Verfolgung wieder auf.

Sie kamen in den Raum mit dem kleinen Steinblock und den I-Ging-Strichen darauf. Der Raum mit den drei Fußstapfen machte ihnen kein Kopfzerbrechen, sie schritten einfach hindurch. Und bald sahen sie uns an dem nächsten Steinblock stehen.

Alexander erkannte, wie ich mit den Münzen hantierte. Unbändige Wut packte ihn. Er schnappte mich von hinten und hätte mich am liebsten gleich erschossen. Er überlegte noch, ob er das wirklich tun sollte oder ob er mich noch brauchen würde. Dann überstürzten sich die Ereignisse. Die Wand vor uns schob sich zur Seite, der Gang hinter uns stürzte ein, und von der Decke fielen die ersten Brocken.

Das war also die Schilderung aus Alexanders Sicht. Währenddessen erreichten wir schon die Ausläufer Alaşehirs.

Etwas kam uns komisch vor. Das Straßenbild war anders als bei der Herfahrt. Weniger hektisches Treiben, weniger Verkehr insgesamt. Menschen standen in Grüppchen herum und schienen aufgeregt zu diskutieren.

Dann kam der erste Süpermarket in Sicht. Dimitri steuerte darauf zu. Wir stiegen alle aus. Die russischen Männer nahmen sich einen Einkaufswagen, Tascha, Lan und ich einen anderen. Viel war nicht los zwischen den Gängen. Einige Leute standen vor den Kassen. Auch hier Gerede und Diskussionen.

Wir nahmen uns Wasser, Saft, Obst, Brot, Käse, Wurst und Joghurt. Die Russen wollten Live-Vergleiche zwischen Wodka und Rakı anstellen und deckten sich entsprechend ein.

Dann kam die riesengroße Überraschung. Vor der Kasse kam es mir schon merkwürdig vor, das Portemonnaie aus der Tasche zu holen. Ich hatte ein Gefühl, als wüsste ich nichts mit Geld anzufangen, kam mir vor wie ein kleines Kind, das noch überhaupt kein Verhältnis dazu hat.

»Komisch, das mit der Bezahlung. Weiß nicht, wie das gehen soll – ganz komisch«, sagte Alexander. Ihm ging es offensichtlich ähnlich.

Drei türkische Frauen waren vor uns an der Reihe. Der Kassierer nahm Ware für Ware in die Hand, zog sie am Scanner vorbei, es piepte jedes Mal. Alles wie immer. Als die Lebensmittel erfasst waren, druckte er den Kassenzettel aus. Und nun passierte etwas Merkwürdiges. Die erste Frau reichte weder Geld noch Scheckkarte hinüber, sondern ihren Ausweis. Der Verkäufer legte Bon und Ausweis nebeneinander und fotografierte beides mit einer Digitalkamera. Dann gab er der Frau die Papiere zurück.

Der Vorgang wiederholte sich bei den anderen beiden Frauen und bei uns. Der Türke sprach Türkisch. Wir verstanden nichts. Er versuchte es mit ein paar Brocken Englisch. Wir verstanden immer noch nichts. Der Kassierer gab mir aber zu verstehen, dass er meinen Pass wollte. Den hatte immer noch Alexander in Verwahrung. Also übergab der ihm seinen. Den legte er nun neben unseren Bon, fotografierte ihn und sagte »Teşekkürler. Allahaısmarladık!«

Alexander und seine Mannen waren dran. Genau das Gleiche. Taschas Bruder reichte nochmals seinen Pass hin.

»Was soll denn das jetzt?«, fragte ich. Alle machten ratlose Gesichter. Aber das Rätsel würde sich schon lösen. Erst einmal schlenderten wir zum Auto, setzten uns hinein, tranken und bissen einfach abwechselnd in Brot, Wurst und Käse.

Als der erste Hunger und Durst gestillt waren, fuhren wir zum Benan. Wir verabredeten uns für neun Uhr zum Abendessen, der Einfachheit halber im Hotelrestaurant. Der Herr an der Rezeption war freundlich wie immer, machte einige Notizen und gab uns die Schlüssel.

»I have a question«, fragte ich vorsichtig auf Englisch. »We had trouble to pay at the supermarket.« Vielleicht konnte der junge Mann mir sagen, was da im Supermarkt los war.

»There's no more paying, now«, erklärte er. Als ob ich davon schlauer würde. Ich hakte nach, aber unser beider Sprachkenntnisse waren zu dürftig, als dass ich mehr hätte erfahren können.

»Watch television«, empfahl er zum Schluss. Das war wirklich eine gute Idee. Auf dem Zimmer schaltete ich den Fernseher ein. Es gab über Satellit einige deutsche Sender. Ich probierte das Erste.

»Beim Schlaganfall müssen Sie sich das so vorstellen, dass einige Verbindungen gekappt sind. Der Kranke will etwas sagen, aber der Weg zur Sprechmuskulatur ist versperrt. Es kommt nur schwer verständliches oder vollkommen unverständliches Gestammel heraus«, erklärte ein Arzt. *Was interessiert mich ein Schlaganfall. Mal sehen, wo das ZDF ist,* dachte ich mir.

»Und wie kann man das Phänomen auf das fehlende Verständnis für das Geld übertragen?«, fragte der Reporter. *Oh,* dachte ich, *doch der richtige Sender.*

»Der Vergleich hinkt, wie immer«, erklärte der Arzt. »Was ich beschrieben habe, ist die motorische Aphasie – Sprachstörung durch gestörte Motorik. Zutreffender wäre die sensorische Aphasie – eine Sprachstörung, das Gehörte zu verstehen. Jemand hat ein funktionierendes Gehör, aber das, was er hört, versteht er nicht mehr. Seine Muttersprache ist für ihn plötzlich zur Fremdsprache geworden. Er hört alles, kann aber mit den Lauten nichts anfangen. Seine Erinnerungsfelder sind zerstört.«

»Aha«, versuchte der Interviewer zu begreifen. »Ich sehe das Geld, begreife aber nicht mehr, was es zu bedeuten hat. Ich habe zwar noch die Erinnerung daran, dass ich mir früher dafür etwas kaufen konnte, jetzt kommt mir das aber vollkommen absurd vor.«

»Das ist gut ausgedrückt«, pflichtete der Arzt ihm bei. »Ich will es noch etwas präzisieren. Es gibt eine schwere zerebrale Erkrankung, die Seelenblindheit. Bei der sind durch Unfall, Entzündung oder Tumor die optischen Erinnerungsfelder auf der Hirnoberfläche zerstört. Die Augen und die Übertragung der Nervenimpulse bis zum Gehirn sind ungestört. Und trotzdem kann der Erkrankte die Gegenstände um ihn herum nicht erkennen.«

»Schrecklich, was es so alles gibt. Es ist also so, dass ich Geldscheine sehen kann, aber alles, was damit zu tun hat, ist gelöscht?«

»So ist es«, bestätigte der Fachmann. »Der Seelenblinde kann sich an die Bilder erinnern, die er in seinem Gedächtnis gespeichert hat. Genauso können wir uns alle erinnern, dass noch vor zwei Tagen das Geld eine immense Bedeutung für uns hatte.«

»Und wieso ist diese Störung bei allen Menschen auf der ganzen Welt zur gleichen Zeit aufgetreten?«

»Da tappt die Wissenschaft noch völlig im Dunkeln. Es gibt allenfalls erste theoretische Ansätze. Eine unbekannte Infektionskrankheit wäre vorstellbar. Erreger, die sich blitzschnell verbreiten und sich in bestimmten Arealen im Gehirn ansiedeln.«

»Ist denn mit weiteren Schäden für die Gesundheit zu rechnen?« Der Reporter wirkte sichtlich besorgt.

»Bisher gibt es dafür keinen Hinweis. Es ist ja auch, wie gesagt, bisher eine vage Hypothese.«

»Wir schalten jetzt um zur Tagesschau, Herr Professor Schellig. Ich danke für dieses Gespräch.«

Das vorherrschende Thema in der Tagesschau war die Geldentwertung. Viele Fachleute gaben ihre Kommentare ab, Politiker wurden interviewt. Es herrschte Ratlosigkeit, wie mit der neuen Situation umgegangen werden sollte.

Bald kristallisierte sich für mich zumindest grob heraus, was passiert war. Gestern, seit den Mittagsstunden, hatte das Geld seinen Wert verloren. Überall, weltweit. Es war nicht eine Geldentwertung wie in Krisenzeiten durch riesige Inflation. Nein, kein Mensch schien mit dem Wert von Geld noch irgendetwas anfangen zu können. Die Meinungen gingen darüber auseinander, ob es einen Zusammenhang gebe mit dem Erdbeben. Ein richtiges Erdbeben war es nicht gewesen, eher ein Zittern der Stärke zwei. Gebäudeeinstürze und dergleichen gab es wohl nirgends, Menschen kamen nach bisherigen Kenntnissen nicht zu Schaden. Aber dieses Zittern war an allen Messstationen weltweit in gleicher Stärke registriert worden. So etwas hatte es noch nie zuvor gegeben.

Es folgten der *Brennpunkt* und weitere Interviews mit diversen Fachleuten. Von allen Seiten wurde das Thema beleuchtet. Es blieb aber Ratlosigkeit.

Das Erderzittern, das war also genau der Moment gewesen, in dem wir *Vor der Vollendung* gelegt hatten. Das war der Zeitpunkt, als der Gang einstürzte und wir uns in die Münzhöhle gerettet hatten. Und wenig später waren Alexander, Dimitri und Boris auf die Münzen zugestürzt und hatten fast mitten im Lauf verharrt. Die Veränderung war in diesem Moment geschehen.

Ich schaltete mehrfach um. Die Informationen kamen wild durcheinander, wirkten zunächst wirr und verwirrend, allmählich aber schälten sich einige Zusammenhänge heraus.

Wir hatten jetzt eine Situation, in der weder Bezahlung noch Entlohnung möglich waren. Die Grundfesten des Warenaustauschs, des Warenverkehrs waren erschüttert. Niemand wusste, ob dieser Zustand vorübergehend oder dauerhaft war. Erklären konnte sich das Phänomen bisher niemand. Wissenschaftliche, religiöse, mystische und apokalyptische Gründe wurden angeführt. Gerüchte kochten, Verschwörungstheorien waren bereits in Umlauf.

Die Politiker dachten größtenteils pragmatisch. Mit dieser Situation, da sie so war, wie sie war, musste irgendwie umgegangen werden. Das Leben musste ja weitergehen. Der Mensch benötigte Lebensmittel, musste essen und trinken. Die meisten Menschen mussten diese normalerweise kaufen. Aber kaufen konnten sie sie nicht, denn zum Kauf hatte das Bezahlen gehört, und das ergab keinen Sinn mehr.

Erstaunlich schnell appellierten die Führungen der meisten Länder, die Geschäfte sollten ihre Waren einfach weiter abgeben und sich dies belegen lassen. So sollte provisorisch verfahren werden, bis einheitliche Regelungen gefunden würden.

Die Türken hatten dieses Verfahren anscheinend sehr schnell dadurch gelöst, dass sie die Fotos von der Quittung und dem Ausweis machten. So konnten sie, wenn eine Regelung gefunden wäre, ihren Anspruch einfordern.

Jeder Mensch sollte dringend und unbedingt seine Arbeit ausführen, als ob nichts geschehen wäre, so der Bundespräsident in einer Ansprache an die Nation. Die gesamte Regierung – vom Minister bis zum Staatssekretär – arbeite an einer Lösung zum Ausgleich von Warenbezug und Dienstleistungen, kräftig unterstützt von Wissenschaftlern aus vielen Bereichen, nicht nur von Betriebs- und Volkswirtschaftlern. Daneben sei jeder Bundesbürger eingeladen, Vorschläge einzureichen. Eigens dazu war bereits eine Homepage freigeschaltet worden – www.buergerideenforum.de.

Dann griff der Präsident weit zurück in die Geschichte: »Wir erinnern uns doch alle an den Geschichtsunterricht. Wir alle haben in der Schule gelernt, dass es eine Zeit gab, in der Geld noch keine Rolle gespielt hat.« Sehr volkstümlich war sie, seine Rede. »Damals hat man Ware gegen Ware, Dienstleistung gegen Dienstleistung oder Ware gegen Dienstleistung getauscht. Jeder konnte einschätzen, was das wert war, was er zu bieten hatte. Es muss eine allgemeine Übereinkunft über den Wert von Tauschgütern gegeben haben. Und wo das nicht der Fall war, hat man verhandeln müssen. Das System ist natürlich nicht unmittelbar auf die heutige Zeit übertragbar, bei den bestehenden komplizierten Warenwegen und wirtschaftlichen Verflechtungen.« Aber in ähnliche Richtung könnte ein neues Wertesystem gehen, meinte der Präsident abschließend.

Die Bauern sollten also ihre Felder weiter bestellen und ihre Tiere aufziehen, die Fabrikarbeiter an die Fließbänder gehen, die Lehrer Unterricht abhalten und so weiter, und so weiter. Es sollte kein Stillstand entstehen, und es gebe ja auch wirklich keinen Grund zu irgendeiner Panik.

›Eine schöne Rede‹, dachte ich mir. Weitere Honoratioren entwarfen Zukunftsperspektiven, viele davon waren Variationen der Präsidentenvorstellungen. Problematisch und scheinbar unlösbar war die Frage, was Bankangestellte und andere Beschäftigte im Finanzsektor zu tun hatten. Die Börsen standen still, weltweit gab es keinen Handel mehr. Die Aktiengesellschaften arbeiteten vorerst weiter. Auch hier war die Politik eifrig bemüht, Lösungen zu finden.

Holla, was hatten wir da ausgelöst? Wie gebannt verharrten Tascha und ich vor dem Bildschirm. Irgendwann klopfte es. Es war Lan. Sie eröffnete uns, dass es bereits elf Uhr war und sie langsam Hunger habe. Den spürten Tascha und ich jetzt auch. Wir diskutierten beim Abendessen. Die Russen hatten von ihren Rundfunkstationen annähernd das Gleiche erfahren. Lan hatte in Ermangelung chinesischer Sender und eines erreichbaren Internetzugangs deutsche und englische Berichte verfolgt.

Der Hotelbetrieb wirkte oberflächlich nicht verändert. Das Büffet war aufgebaut, lecker wie immer, Getränke wurden serviert. Nicht nur an unserem Tisch wurde aufgeregt gesprochen. Oft erstreckten die Gespräche sich über mehrere Tische. Und was bisher nicht üblich gewesen war: Die Bedienung diskutierte eifrig mit.

»Eigentlich ist es doch gar nicht schlecht«, meinte Lan schließlich.

»Was meinst du?«, fragte Alexander und wirkte gereizt.

»Wozu braucht man denn schon wirklich so was wie Geld?«, sinnierte sie. »Wir haben das doch gesehen. Man nimmt sich etwas im Supermarkt. Aus und basta. Man bekommt, was man braucht. Der Verkäufer bekommt auch, was er braucht. Lebensmittel aus seinem Supermarkt, Kleidung und neue Möbel aus anderen Geschäften. Der Schneider und der Schreiner machen ihre Arbeit, bekommen aber kein Geld. Wozu auch? Sie können sich ja auch holen, was sie brauchen.«

»Das Leben ist doch nix ohne Geld«, entgegnete Boris. »Wie soll ich Wodka kaufen?«

»Den brauchst du nicht mehr zu kaufen. Du holst ihn dir einfach.« Tascha war es, die das bestimmte. »Hast du doch vorhin schon gemacht!«, fügte sie hinzu.

»Dann ist das prima«, begriff Boris. »Also nur noch Wodka.«

»Am besten lässt du den ganz bleiben und lernst mal was Anständiges«, wies Tascha ihn zurecht. »Du musst ja endlich auch mal was leisten für die Gesellschaft.«

»Ich hab doch was geleistet – für meine Gesellschaft.«

»Eure Gesellschaft – die könnt ihr euch an den Hut stecken. Die funktioniert nicht mehr. Und das finde ich richtig gut.«

Betretenes Schweigen bei den russischen Männern. Taschas Satz schien nachzuwirken. Auch ich geriet ins Grübeln.

Was sollten Erpressung, Zuhälterei und Geldrafferei? Wie wollte man jemanden erpressen, wenn man mit dem Erpressten nichts anfangen konnte? Vieles im Bereich der Kriminalität würde nicht mehr funktionieren. Wieso sollte jemand stehlen, wenn er sich alles nehmen konnte? Aus dem gleichen Grund brauchte sich keine Frau mehr zu prostituieren. Der Drogenhandel würde zum Erliegen kommen. Er funktionierte doch hauptsächlich, weil Gangster Geld damit scheffeln wollten. Klar blieben die Süchtigen erst einmal abhängig. Aber fehlender Nachschub würde allmählich die Abstinenz erzwingen.

»Ich werde müde«, sagte Lan. Es war zwei Uhr morgens. Wir beredeten noch, dass wir uns um die Rückreise kümmern wollten. Es war nicht klar, wie das bewerkstelligt werden konnte. Wir trennten uns mit dem Gefühl, in einer gänzlich irrealen Welt zu verweilen. Real wollten wir aber gegen elf Uhr zum Frühstück zusammenkommen.

Die Nacht mit Tascha war wunderbar. Die Befreiung übertrug sich auf alle Ebenen. Zufrieden schlief ich ein. Aber die Nacht war auch kurz. Wirre Träume. Albträume nicht, nein, das nicht. Die Traumfetzen verschwanden sofort nach dem Wachwerden. Es blieb ein Gefühl der Verwunderung und Verblüffung.

Ich duschte kurz und schaltete wieder den Fernseher ein. Tascha schlummerte noch und schnarchte leise. Nicht unangenehm, es klang wie der Vibro-Alarm eines Handys, das auf einem Tisch liegt.

Zum Glück hatten gerade die Nachrichten begonnen. Für Deutschland hatte die Regierung nach einer Mammutsitzung in einer Art Notstandsregelung beschlossen, dass jeder Bürger genau die Tätigkeit fortführen sollte, die er zuvor auch ausgeführt hatte. Waren waren ohne Gegenleistung gegen einen Beleg abzugeben und Dienstleistungen zu erbringen, ebenfalls gegen einen Beleg – in schriftlicher oder elektronischer Form. Es wurde die Hundert-Euro-Grenze eingeführt. Waren, die früher teurer waren, durften abgegeben werden, es bestand aber kein Anspruch darauf, sie zu bekommen. Es konnte sich also niemand ein neues Auto zulegen oder so viel Schmuck abholen, wie er wollte. Ein Händler durfte aber einen Pkw abgeben, wenn er das Gefühl hatte, dass er direkt oder indirekt einen Ausgleich von dem Kunden erhalten würde.

Die Hundert-Euro-Grenze bereitete einige Mühe. Ich selbst musste richtig mein Hirn anstrengen, um mich zu erinnern, was das denn war. Es gab einen Hundert-Euro-Schein. Ein größerer Betrag war das, für ihn bekam man schon eine Menge Dinge, ein paar gediegene Schuhe, zum Beispiel. Und trotzdem fiel es mir schwer, den Zusammenhang zwischen diesem Schein und diesen Schuhen herzustellen.

Das war ein allgemeines Problem. Deshalb sollten sich vorerst Erwerber und Abgeber nach der alten Auspreisung richten, auch wenn sie jedem nichtig vorkam. Die Preise sollten ganz einfach weiter an den Waren aufgeklebt oder aufgedruckt bleiben. Waren sie zweistellig, standen sie als Mitnahmeprodukte bereit. Waren sie dreistellig, war individuelles Verhandeln nötig – bis auch hierfür eine allgemein verbindliche Regelung gefunden wurde.

Menschen, die aufgrund ihres Berufes arbeitslos wurden, sollten zum Arbeitsamt gehen. Dabei handelte es sich um die Finanzdienstleister und Versicherungsangestellte – denn auch Versicherungen waren unsinnig. Was sollten sie auszahlen, wenn der Betrag nicht zu gebrauchen war? Zudem – nach einem Autounfall bekam der Geschädigte, aber auch der Verursacher seinen Schaden behoben, zahlen musste niemand dafür. Nach einem Fahrraddiebstahl konnte ich mir ein neues Rad ohne Geld holen, wenn ich den Händler überzeugte, dass ich ihn entschädigen würde – über Umwege, über die Arbeit, die ich leistete, von der auch er profitierte. Überhaupt, wer sollte denn ein Rad entwenden, wenn er kostenlos eines bekam?

Der Sprecher verkündete, dass sich viele Regierungen erfreulicherweise zu ganz ähnlichen Regelungen durchgerungen hatten.

In Deutschland bahnte sich ein Konzept an, die Arbeit für die Allgemeinheit zu bewerten. Was eine Person einbrachte, das bekam eine Wertschätzung. Die war nicht vergleichbar mit dem bisherigen Geldwert. Während Geld eine Leistung oft abwertete, weil jeder den Preis drücken wollte, lag die Betonung jetzt auf schätzen – und schätzen kommt von Schatz. Die Menschen lernten wieder, fremde Leistungen als das zu sehen, was sie waren: als etwas Wert-Volles.

Seine Leistung sollte einem Bürger bestätigt werden. Und für diesen seinen Beitrag standen ihm angemessene Leistungen der Allgemeinheit zu – in Form von Gütern und Dienstleistungen.

Die Vergabe von Luxusgegenständen bedurfte Sonderregelungen. Der Wunsch nach einem Sportwagen oder nach Schmuck musste gut begründet werden. Man hatte nachzuweisen, dass man sich so etwas verdient hatte. Darüber sollten in kleinen Bevölkerungsgruppen alle gemeinsam entscheiden.

Das klang ja alles nicht verkehrt. Doch wie sollte ganz konkret mein eigenes Leben weitergehen? Sollte ich nach Deutschland zurückkehren und wieder bei *Zoo am Bahnhof* anfangen? Ja, ich glaube, das wollte ich. Und wozu würde Tascha sich entschließen?

In diesem Moment kam sie gähnend zu mir und kuschelte sich auf meinen Schoß. Wir schauten eine Weile weiter auf den Bildschirm, dann machten wir uns zum Frühstück fertig.

Die Besprechung fiel kurz aus. Alexander, Boris und Dimitri wollten zurück nach St. Petersburg, Lan nach Shanghai, Tascha und ich nach Magdeburg. Als Nächstes stand auf dem Programm, zum Flughafen zu fahren und uns nach Flügen zu erkundigen. Mir kam die Idee, den Portier zu fragen. Er sagte, der Flugbetrieb in der Türkei sei wieder völlig normal. Man konnte sogar über Internet buchen.

Buchen, ohne zu bezahlen … Sehr, sehr merkwürdig. Ich versuchte es. Es klappte. Flugzeiten waren angegeben und freie Plätze. Aber keine Preise. Die Fluggesellschaften speicherten die Route und die Personalien – die Entschädigung sollte später auf noch zu bestimmende Art geregelt werden.

Unsere Maschinen flogen am Nachmittag zwischen fünfzehn und achtzehn Uhr ab. Wir füllten an der Rezeption noch ein paar Formulare aus und überreichten der Dame weder Geldschein noch Scheckkarte. Dafür verabschiedeten wir uns herzlich von ihr, dann drückten wir auch den anwesenden anderen Bediensteten kräftig die Hände, bekamen gute Wünsche für die Heimreise mit auf den Weg und die Hoffnung, dass wir wiederkämen.

Auch die Taxifahrten zum Flughafen waren unproblematisch. Ein Blick in den Ausweis, Ausfüllen eines Formulars und Unterschrift, das war alles. Wir bedankten uns aufrichtig bei den Fahrern, die ja vorerst nichts von uns bekamen.

Alles wirkte freundlicher, auch beim Einchecken. Keine nervtötende Warterei wie früher, denn man unterhielt sich interessiert mit jedem Fremden in der Nähe – soweit man sich verständigen konnte.

Nachdem alle Formalitäten erledigt waren, trafen wir uns in der Café-Lounge. Wir hatten noch eine Stunde Zeit bis zu Taschas und meinem Abflug, wir waren die Ersten. Gemütliche Zweisitzer. Schön eng saß man darin, ich fühlte mich behaglich, so nah an Tascha gezwängt. Ob sich Lan genauso wohl fühlte? Sie teilte sich eine Sitzfläche, die genau so knapp bemessen war, mit Alexander. Die beiden wirkten ausgesprochen entspannt. Und Boris und Dimitri, ja, die hatten eine Flasche Wodka vor sich stehen. Es schien mir so, als tränken sie bedächtiger als sonst, schienen jeden Schluck zu genießen.

»Eines will ich noch wissen, bevor wir abfliegen«, fragte ich Alexander. »Wie habt ihr uns denn immer aufgespürt?«

»Beziehungen«, erklärte der. »Sehr gute Beziehungen. Habe einen geheimen Freund beim geheimen Dienst. Und der hat geheimen Freund beim NSA. Sofort wussten wir, wenn ihr einen neuen Flug gebucht habt.« Sein rollendes Zungen-R störte mich nicht mehr.

»Ist ja toll!« Nun musste ich mich darüber nicht mehr wundern. Selbst der amerikanische und der russische Geheimdienst steckten unter einer Decke, teilweise zumindest.

Lan flüsterte Alexander etwas ins Ohr.

»Lasst uns in genau einem Jahr hier treffen«, schlug er daraufhin vor. »Vielleicht halten wir sowieso Kontakt. Es ist ja alles momentan ziemlich spannend auf der Welt.«

Keine schlechte Idee, das fanden wir alle. Jeder stimmte zu. In einem Jahr, im gleichen Hotel.

»Dann wandern wir wieder zu der Höhle«, sagte Alexander. »Und drehen alles zurück!«

Verblüfft blickte ich in die Runde. Was sollte das denn? Auch die anderen schienen verwirrt.

Dann aber lachte Alexander los und bekam sich nicht mehr ein. Bald lachten wir alle wie ein Pulk übermütiger Schulkinder.

Die Leute drehten sich nach uns um. Wir lachten, bis wir Bauchschmerzen bekamen.

* * *

Teil VI – Einblick

Unglaublich, wie schnell das Jahr abgelaufen war. Ich saß mit Tascha im Flugzeug nach Izmir. Lan, Alexander, Dimitri und Boris hatten zugesagt, dass sie auch kommen würden. Auf dem Vierstundenflug dachte ich nach über die vielen Erlebnisse seit der Entdeckung meiner Fähigkeiten.

Tascha betrieb ihren Ikonenhandel weiter, ich arbeitete wieder bei *Zoo am Bahnhof* und machte nebenher die Abendschule. Wenn alles gut lief, und danach sah es aus, könnte ich nächstes Jahr mein Veterinärmedizinstudium antreten. Dem fieberte ich jetzt mit Begeisterung entgegen. Zu Beginn meines unerwarteten Reichtums war das mehr eine Verstandesentscheidung gewesen, jetzt war es mir eine Herzensangelegenheit.

Tascha und ich hatten so schnell wie möglich geheiratet, wir wohnten weiter bei Frau Harder, die uns zwei Wohnungen zusammenlegen ließ. Diese wundervolle alte Dame!

Gespannt war ich, wie es den anderen ergangen war. Ein paar Informationen hatten wir schon bekommen über Telefon und eMails, aber jeder schien in derartigen Umwälzungen zu stecken, dass sich niemand die Zeit nahm, Einzelheiten mitzuteilen. Ich hatte es ja auch nicht anders gehandhabt.

Das alles ging mir durch den Kopf auf dem Flug nach Izmir. Der Landeanflug erfolgte bei stürmischem Wetter. Immer noch wurde mir mulmig bei solch wackeligem Aufsetzen, auch nach Hunderten von Flügen. Wenig später trafen wir uns mit Lan, Alexander, Boris und Dimitri im Hotel Palas, wie ein Jahr zuvor. Sofort fiel mir auf, dass Lan und Alexander die gleichen Ringe trugen. So war das also. Prosit und Hallo! Und gleich darauf stießen wir nochmals an, auf Taschas und meine Vermählung.

Ganz früh am nächsten Morgen trafen wir uns zur Abfahrt ins Bozdağ-Gebirge, den früheren Tmolos. Wir verließen den Wagen an der gleichen Stelle wie vor dreihundertfünfundsechzig Tagen. Beim Marsch durchs Gebirge wussten wir genau, wohin wir gehen mussten, und waren am frühen Abend vor der askade. Wir kletterten hoch zum Wasseraustritt, krochen in Regenbekleidung hin und her. Eingang und Ausgang waren verschlossen. Ich packte meine Münzsammlung aus. Tatsächlich, ich hatte es während des Jahres geschafft, sämtliche Münzen nochmals zu erwerben. Das war nicht unbedingt einfach. Besonders an die Hitler-Münze war kaum wieder heranzukommen gewesen. Lan und ich legten verschiedene I-Ging-Symbole auf den Felsvorsprung. Es klappte nicht. Es waren ja auch nirgends sechs Linien zu finden. Aber einen Versuch, den war es wert, da waren wir uns alle einig.

Wir zogen zu unserem Rastplatz und rollten Isomatten und Schlafsäcke aus. Wir kochten Tee und schmierten uns Brote. Die Russen teilten sich einen Flachmann ihres Wässerchens. Was war denn mit denen passiert? Schmeckte ihnen das nicht mehr?

Der Aufstieg war anstrengend gewesen. Es dauert nicht lange, da schlief ich wie ein Murmeltier.

Am nächsten Morgen waren wir alle früh auf. Wir kochten Kaffee, aßen eine Kleinigkeit und wollten es noch einmal am Wasserfall probieren. Wir stiegen also wieder den Hang hoch und erklommen den kleinen Anstieg zum Wasseraustritt. Die Ausgangsöffnung stand jetzt offen. Keiner von uns wunderte sich wirklich darüber. Wir traten ein und leuchteten in den Gang hinein.

Die Taschenlampen brauchten wir eigentlich nicht, denn diffuses Licht wies uns den Weg. Mein Jucken blieb aus, ich erhielt keinen Hinweis auf die Richtung. Deshalb benötigte ich auch den Galo heute nicht. Den hatte ich zur Sicherheit eingepackt, als einzig verbliebenes Souvenir der Casinoreisen.

Trotzdem war mir der Weg traumhaft vertraut. Ich schritt voran und führte die anderen zum Münzsaal. Kurzes Zögern vor dem Eintreten, denn es wurde mir unbehaglich bei der Erinnerung, dass wir dort beinahe nicht mehr herausgekommen wären.

Die Säulen standen noch, die Münzen aber waren verschwunden. Waren Schatzräuber hier gewesen – wie Grabräuberei bei den Pharaonen? Wir sahen uns um und gingen durch die ganze Höhle bis zum ehemaligen Eingang. Der war nach wie vor vollständig verschüttet. Nirgends fanden wir auch nur ein einziges Geldstück. Erst jetzt dämmerte mir, dass ich die Münzen für *Nach der Vollendung* gar nicht zurück gelegt hatte wie es sich gehört hätte. Auch auf dem I Ging-Stein lagen sie nicht mehr.

Eigentlich hatten wir gesehen, was wir sehen wollten, und begaben uns wieder Richtung Ausgang. Wir wussten noch, wo sich die undurchdringliche Wand befunden hatte. Wir näherten uns der Stelle und konnten ungehindert weitergehen. Das Ausmaß der Höhle schien unermesslich. Wir sollten aufpassen, dass wir uns nicht verliefen. Denn die Säulen ließen sich nicht voneinander unterscheiden wie noch vor einem Jahr. Damals hatte die Wand die Gegenwart von der Zukunft abgetrennt. Diese Trennung war aufgehoben, zumindest was Münzen, Scheine und damit Geld anging. Also zogen wir es vor, wieder auf den Ausgang zuzuschreiten.

Als wir fast dort angelangt waren, wurde der Zukunftsteil der Höhle heller. Wie in einem Scheinwerferlicht tauchte fünf Meter entfernt ein Mann vor uns auf. Er kam mir seltsam vertraut vor. Ich kannte ihn durch die Beschäftigung mit einer meiner Münzen, meiner ersten Münze aus Korea nämlich. Ja, es war Alexander der Große.

Aufrecht stand er da, ein Mann von dreißig Jahren, strenges Gesicht, schwarze Haare. Ein kostbarer Leinenpanzer mit einem Medusenhaupt auf der Brust bedeckte seinen Oberkörper.

»Ich bin Alexander von Makedonien. ›Den Großen‹ nannte man mich. Ich benutzte mein Geld für meine Kriege. Mit meinen Feldzügen brachte ich 654.321 Menschen den Tod.«

Wie in einem Theater verdunkelte sich die Gestalt, so als würde der Scheinwerfer heruntergedimmt. Nach wenigen Sekunden flackerte er wieder auf. Eine neue Figur schälte sich aus der Dunkelheit heraus.

Stumm sahen wir einander an, uns allen standen die Fragezeichen ins Gesicht geschnitten. Die mystische Situation gebot uns zu schweigen.

Die russische Zinnmedaille war meine zweite Errungenschaft gewesen. Ein Mann von etwa fünfzig Jahren erschien, halblange, dunkle, wellige, Haare, Schnäuzer. Schwarze Uniformjacke mit auffällig roten Manschetten, ein hellblaues Band zog sich über seinen Brustkorb.

»Ich bin Zar Peter der Große. Einundzwanzig Jahre lang kämpfte ich im großen Nordischen Krieg. 284.578 Menschen brachte ich den Tod.«

»Ich bin Diodotos der Erste«, stellte sich die nächste Gestalt vor. Seine Münze stammte aus Aruba, wo mich der Dieb am Strand überfallen und Dimitri ihn fast gelyncht hätte. »Ich war Statthalter im Perserreich und erhob mich gegen meinen Herrscher Antiochos den Zweiten. Danach gründete ich das Griechisch-Baktrische Königreich, das ich bis Indien ausweitete. Ich konnte die Parther in Schach halten. All meine Feldzüge kosteten 176.398 Menschen das Leben.«

So ging es weiter. Eine Figur nach der anderen tauchte auf, in der Reihenfolge der erworbenen Münzen. Große und kleine Kriegshelden. Die Opferzahlen schwankten, doch alle wurden genau beziffert. Genau bis auf den einzelnen Mann, die einzelne Frau und das einzelne Kind. Erschreckend war das. Taschenrechner und mittippen, das wäre es, schoss mir zwischenzeitlich durch den Kopf. Aber trotz der genauen Zahlen: Diese zweiunddreißig Männer, die waren nur ein winziger Teil all der Kriegsherren, die die menschliche Geschichte mit ihren Taten oder Untaten ›bereichert‹ hatten. Streit um Macht, Land, Gold und Geld – immer wieder Geld. Geld, mit dem neue Kriege finanziert worden waren.

Gleichzeitig mit dem Erscheinen der Herrscher und Heerführer kam meine Erinnerung an das Land, in dem ich die jeweilige Münze erworben hatte. Eher selten kam das Geldstück aus dem bereisten Land, aber manchmal war es so. So auch bei Japan, unserer achten Station. Wer weiß, ob wir dort überlebt hätten, wenn auch die Sumo-Kämpfer bewaffnet gewesen wären.

Kaiser Hirohito erschien, ein achtzigjähriger Mann in schwarzem Anzug und grauer Krawatte. »Mein Name ist Hirohito. Ich war der Shōwa-Tennō Japans. Ich führte große Kriege und lehrte die Amerikaner in Pearl Harbor das Fürchten. Durch meine Kriegshandlungen starben 899.532 Menschen, und wei 314.675, als die Amerikaner in Hiroshima und Nagasaki Atombomben abwarfen. Beim Nanking-Massaker wurden 213.956 Kinder, Frauen und Männer ermordet.« Frei von allen sichtbaren Regungen sprach der Kaiser das aus. Und verschwand im Dunkel.

Mauretanien, die wunderschöne Fahrt durch die Wüste. Eine prächtige Gestalt erschien. Pelzbesetzter, wallender Umhang, lange, lockige, schwarze Haare. »König Ludwig XIV.«, stellte er sich vor. »Meine Kriege brachten Frankreich die militärische Vormachtstellung in Europa. Sie kosteten 467.290 Menschen das Leben.« Er sprach es ohne spürbare Regung aus und überließ die dunkle Bühne dem nächsten Herrscher.

Unsere fünfzehnte Station, Frankreich, erinnerte mich an Pascals Permanenzen. Die Münze aber stammte von Gaius Julius Caesar. In römischer Kampfuniform stand er jetzt vor uns und gab ohne Gemütsbewegung bekannt, dass die Niedermetzelung der Usipeter und Tenkterer 428.912 Todesopfer forderte. Insgesamt gab er 1.413.428 Menschenleben an, die unter seiner Führung und mit seinem Geld den Tod fanden.

Bei England dachte ich an meinen denkwürdigen Besuch beim Friseur, nachdem mir ein Händler eine Fälschung der Münze Abbas' I. aus Persien andrehen wollte. Der Schah, der nun erschien, trug einen Schnäuzer, der sich wild zur Seite auffächerte und einen großen Teil der Wangen verdeckte. Ein prächtiger Turban und ein tropfenförmiger Ohrring betonten seine orientalische Erscheinung.

»Ich tötete meinen Vater, um an die Macht zu kommen«, begann er, »und ich tötete meinen Sohn, damit mir nicht das Gleiche wiederfahren konnte. Mein Reich dehnte ich aus vom Indus im Osten bis zum Tigris im Westen. Bei den Eroberungen töteten meine Soldaten 427.648 Menschen. 37.602 von ihnen kamen selbst dabei um.«

Diese Skrupellosigkeit verschlug mir fast den Atem – doch eigentlich war ich von all den Despoten ähnlich erschüttert.

Die vorletzte Münze, der vorletzte Kriegsherr. Es war die Münze aus Peru – es war Kaiser Wilhelm II. Zirka achtzig Jahre war er alt, so wie er vor uns stand, er trug eine schlichte, dunkelblaue Uniformjacke und hatte einen nach oben gezwirbelten Schnauzbart.

»Mein Name ist Friedrich Wilhelm Viktor Albert von Preußen. Ich stürzte Europa und Übersee in den Ersten Weltkrieg. Ich bin verantwortlich für den Tod von 17.863.129 Menschen.«

Ich wusste, wer nun kommen würde. Die letzte Münze war an der Reihe, die aus Belgien.

Mir stockte der Atem, als er wirklich erschien. Der Impuls übermannte mich, zu ihm hinzuhechten und dieses Schwein zu erwürgen. Mir war klar, dass das nicht ging.

»Ich bin Adolf Hitler«, sagte die Erscheinung mit der bekannten schnarrenden Stimme. »Ich nannte mich *Der Führer*. Ich in verantwortlich für die Vernichtung von, wie ich es nannte, unwertem Leben und den Zweiten Weltkrieg. Damit brachte ich 75.722.104 Menschen den Tod.«

Er sprach das vollkommen ungerührt aus und verschwand in der Dämmerung. Undurchdringliches Schwarz breitete sich vor unseren Augen aus. Das diffuse Licht war erloschen.

Keiner von uns sprach ein Wort, niemand knipste eine Taschenlampe an. Wir waren tief beeindruckt. In mir wirbelten die Gefühle durcheinander – unbändige Wut und dabei das Bewusstsein der Ohnmacht. Allmählich, ganz allmählich beruhigte ich mich.

Eine neue Gestalt trat auf. Mir kam es vor, als hätte sie uns Zeit gelassen, Gefühle und Gedanken zumindest ein wenig zu ordnen.

Ein Mann stand vor uns, ein Mann mit unbestimmbarem Alter. Ruhig und gelassen wirkte er mit seinen feinen Gesichtszügen. Er hatte beinahe etwas Feminines – trotz des langen, weißen Bartes. Gehüllt war er in ein Gewand wie aus der Antike – und doch wirkte es eigenartig modern mit seinem ineinanderfließenden Blau, Dunkelrot und Violett. Worauf der Mann saß, das konnte ich nicht erkennen, es mochte ein Stein oder ein Hocker sein. Der Stoff verdeckte den Gegenstand.

»Mein Name ist Interpres«, begann die Erscheinung zu reden. »Ich vermittle zwischen dem *Prinzip* und euch. Wir müssen das nicht tun, wir dürfen es aber. Ihr seid es uns wert.«

Sofort war mir klar, dass wir darauf stolz sein konnten.

»Oft greifen wir nicht ein. Nur, wenn es sein muss. Es musste sein nach viertausend Jahren. Damals gaben wir euch das Geld. Es sollte Gutes bewirken. Doch es passt nicht zu euren Gehirnen.«

Interpres erklärte uns, dass feinste Wellen – Wellen, die die Menschen nicht kennen – alles im All verbänden, die Materie und den Geist des *Prinzips*. Viele Vorstellungen von Göttern der Menschen seien ausgelöst durch Variationen dieser Wellen. Ein Körnchen Wahrheit sei in allen Religionen. Ein Körnchen, mehr nicht. Die wahre Natur der Welt werde dem menschlichen Hirn verborgen bleiben.

»Das *Prinzip* ist schöpferisch«, fuhr er fort. »Es will Weiterentwicklung. Der Mensch ist bisher das höchstentwickelte Geschöpf. So hoch entwickelt, weil es sich eigenständig weiterentwickeln kann, wenn eine Richtung vorgegeben ist. Das Geld sollte eine solche Richtung vorgeben. Es sollte zu gerechter Bewertung von Leistung führen und Verbindungen unter den Menschen verbessern. Reisen und Austausch sollten angeregt werden.«

Da aber der Mensch in der Lage sei, Bereiche abzuspalten, auszugliedern und in seinem eigenen Sinn zu verwenden, sei dies zunehmend auch mit dem Geld geschehen. Hab- und Raffgier seien in die Welt gekommen, übermäßige Machtentfaltung, Mord und Totschlag aus Habgier im Kleinen und verheerende Kriege im Großen.

»Diese Höhle hier im Tmolos war der Ausgangs- und Sammelpunkt der Geldströmungen. Von hier aus wurde der Wert der Zahlungsmittel mit dem Bewusstsein der Menschen verknüpft. Und hier materialisierte sich auch jede einzelne Münze, die je gepresst, und jeder Geldschein, der je gedruckt wurde«, erläuterte Interpres.

›Wie konnte das denn geschehen?‹, fragte ich mich.

Als hätte er meine Gedanken lesen können, fuhr Interpres fort: »Eure Wissenschaftler denken noch immer, ein Teilchen, das sie das Higgs-Teilchen nennen, das habe es nur beim Urknall gegeben – was immer sie sich unter Urknall vorstellen. Wir nutzen das Teilchen weiter. Mit ihm können wir Materie Masse geben. Mit ihm können wir jeden beliebigen materiellen Gegenstand an jeden beliebigen Ort im Universum kopieren.«

Weiter führte Interpres aus, dass von der Höhle im Tmolos aus das monetäre Bewusstsein auch wieder getilgt werden musste. Das *Prinzip* sei mächtig, aber nicht allmächtig, zumindest nicht allein. Es benötige gelegentlich die Hilfe seiner Schöpfungen. Und die seien in diesem Fall wir gewesen.

Es war erforderlich geworden, Menschen mit einem besonderen Verhältnis zu Geld zu finden. Sie bekamen besondere Eigenschaften verliehen. So Lan und ich das Jucken, Alexander, Boris, Dimitri und Sergej besondere kriminelle Energien. Fast wollte ich fragen, was mit Sergej sei, aber ich hatte das Gefühl, dass Interpres keine Fragen duldete. Und diesmal riet er anscheinend nicht die Frage, die durch meine Gedanken zog. Oder sie war ihm einfach zu unwichtig.

Es mussten außerdem ganz bestimmte Rituale eingehalten werden, um die Regulation zu ändern. Nicht jeder konnte und durfte einfach das tun, was ihm in den Sinn kam. Aufgaben mussten erfüllt werden. Wie Passworte zu Internetkonten mussten diese nacheinander eingesetzt werden.

Galo, Perle, Ring und Münzsammlung waren solche Schlüssel. Auch Pascals Permanenzen gehörten dazu. Die Wende war von langer Hand geplant. Die Russen mussten mich von Stadt zu Stadt scheuchen, damit ich die richtigen Gegenstände und Münzen fand. Lans I-Ging-Symbole waren weitere Schlüssel. Dazu benötigen wir die antiken Münzen aus aller Welt.

Der Eingangstunnel würde einstürzen bei dieser Aktion. Es traten Anzeichen auf, dass Lan, Tascha und ich den Weg nicht rechtzeitig schaffen könnten. Auch das *Prinzip* hätte kaum Möglichkeiten gehabt, den Einsturz aufzuhalten. Also hetzten sie uns die Russen nochmals auf den Hals, damit die uns Beine machten.

»Es hat alles so geklappt, wie das Prinzip es sich vorgestellt hat. Ihr wart klug genug, alle Impulse umzusetzen, die wir euch gegeben haben. Das *Prinzip* dankt euch dafür. Wir haben die Hoffnung, dass unser nächster Eingriff lange auf sich warten lassen muss. Vielleicht wird er nie mehr nötig werden.

Ihr aber werdet Wege finden, mit dem *Prinzip* in Kontakt zu bleiben, wenn ihr weiter wachsam bleibt.«

Eine längere Pause folgte. Mir brummte der Kopf, aber ich fühlte mich wohl.

»Nun geht, legt euch schlafen und kommt niemals mehr an diesen Ort zurück!«

Das waren die abschließenden Worte Interpres'. Das war der abschließende Befehl. Der Lichtschein verlöschte langsam, Interpres war verschwunden.

Wir gingen aus der Höhle hinaus, fanden unseren Weg zum Ausgang. Am Wasserfall glitt das Steintor hinter uns zu. Danach war nichts mehr davon zu erkennen, nicht die kleinste Fuge. Schweigend stiegen wir hinab zum Rastplatz. Wir waren erfüllt von dem Erlebten. Etwas Wasser, etwas Brot nahmen wir zu uns und spürten bleierne Müdigkeit. Das Gefühl für die Zeit hatten wir verloren. Wir krochen in die Schlafsäcke, wenige Worte nur fielen noch, sehr schnell herrschte tiefe Ruhe.

Mir schoben sich Bilder von der Entstehung des Lebens vor das innere Auge: Ei- und Samenzelle, Befruchtung, Morula, Blastozyste und die Gastrula als wichtigstes Ereignis in der Entwicklung, dann das Reifen des Fötus aus dem Embryo und schließlich die Geburt.

Abermillionenfach hatten die Kriegsherren aus Selbstherrlichkeit und Machtanspruch heraus Lebenswege gewaltsam beendet und damit das Wunder und die Folgen der Gastrulation zerstört.

Am nächsten Morgen kam es mir so vor, als liefe das Dämmern rückwärts ab, so als käme ich aus einer tiefen Ohnmacht heraus allmählich wieder zu mir. Vorsichtig blinzelte ich, probierte meine Augen aus. Hell genug war es schon. Ich gewahrte die anderen, die noch eingezwängt in ihren Schlafsäcken lagen. Alle regten sich vorsichtig. Simultan krochen wir heraus. Jeder blickte versonnen vor sich hin. Lan und Tascha begannen schweigend, Kaffee aufzusetzen, wir Männer kamen hinzu, und bald saßen wir im Kreis um den Kocher.

Die Bilder des Vortags schoben sich wie ein Film in mein Bewusstsein.

»Komisch«, unterbrach Dimitri schließlich das Schweigen. »Komisch, dass Posrednik hat gesprochen Russisch«, wunderte er sich.

»Wer hat Russisch gesprochen?«, wollte ich wissen.

»Posrednik, der Vermittler«, übersetzte Alexander. »Weil ganz einfach die meisten von uns Russisch sprechen«, war seine Erklärung.

»Der hat doch kein Russisch gesprochen, der sprach reinstes Deutsch«, erwiderte ich.

»Nein, Chinesisch«, warf jetzt Lan ein.

»Ups«, sagte ich. »Ich habe ihn aber eindeutig Deutsch sprechen gehört.«

»Ich Russisch«, bestätigte Tascha.

»Offenbar hat er zu jedem von uns in seiner Muttersprache geredet«, fasste Lan unsere Verwirrung zusammen. »Vielleicht hat er ja nicht gesprochen, sondern uns nur seine Gedanken übermittelt. Es gibt anscheinend viel mehr Verbindungen in der Welt, als uns je bewusst war.«

Das mochte stimmen. Mir kam der ganze gestrige Tag im Nachhinein sehr unwirklich vor.

»Das war doch kein Vermittler, es war eine Vermittlerin. Eindeutig eine Frau«, erklärte Tascha. Lan bestätigte das. Die Männer waren sich einig, dass es ein Mann gewesen war, der zu uns gesprochen hatte.

»Es kam mir gleich alles so komisch vor, als ich euch in den Münzsaal brachte«, sagte Alexander.

»Wie bitte?«, antwortete ich verblüfft. »Ich habe euch doch da reingeführt«, protestierte ich.

»Nein, ich war es«, riefen Dimitri und Boris fast gleichzeitig.

Lan und Tascha sahen sich an und begannen zu lächeln.

»Was haltet ihr davon, wenn ich euch verrate, dass diesmal ich es war, die voranging?«, ließ sich Lan vernehmen und wirkte verschmitzt.

»Ich will nicht darauf pochen«, ergänzte Tascha. »Für mich war ich die Erste!«

»Waren wir überhaupt da drin?«, begann ich zu zweifeln.

»Vielleicht war alles nur ein Traum?«

»Es sind zwei Tage um«, entgegnete Alexander und zeigte auf seine Armbanduhr. »Ein Traum dauert doch nicht so lange.«

Wir beschlossen, uns noch einmal die Höhle anzusehen oder wenigstens den Eingang. »Wir sollen uns nicht mehr dort sehen lassen«, wandte Boris ein. Ich wusste gar nicht, dass der so vorsichtig sein konnte.

»Wir können ja erst mal hingehen und dann weitersehen«, schlug Alexander vor.

Das taten wir dann auch. Wir packten unsere Sachen zusammen und stiegen hoch bis zur Kaskade. Die aber hatte aufgehört zu sprudeln. Es schoss kein Wasser mehr heraus. Das Bachbett war ausgetrocknet. Ich kickte einige Steine darin zur Seite. Nicht der geringste Hinweis auf Feuchtigkeit, wie nach zwei Monaten Trockenheit. Und gestern war das feuchte Nass hier noch heruntergeplätschert.

Keiner sagte etwas. Keiner unternahm die Anstrengung, nochmals zu der Höhle hinaufzuklettern. Wie ferngesteuert traten wir unseren Rückweg an. Gesprochen wurde fast nichts.

Wir blieben noch einen Tag in Alaşehir, gingen spazieren, besuchten die römischen Ruinen und durften die Moschee besichtigen. Über die Höhle und die Offenbarung darin sprachen wir nicht mehr. Ich hatte begriffen, dass wir ein kleines Teilchen waren in einem riesigen Gefüge. Und ich hatte das Gefühl, die anderen hatten die gleiche Ahnung. Und wie aus heiterem Himmel kam mir eine Erkenntnis. Dieser Interpres, diese beeindruckende Gestalt, der war mir schon einmal begegnet. Ich musste schlucken bei dem Gedanken – aber er war der koreanische Münzhändler, der mir damals die Tetradrachme verkauft hatte.

* * *

Am nächsten Tag traten wir die Rückreise in die Heimat an. Für mich war meine Heimat Magdeburg. Auch für Tascha war diese Stadt ihre Heimat, ihre neue Heimat. Boris, Dimitri und Alexander reisten ebenfalls in ihre alte Heimat, für Lan war St. Petersburg die neue.

Doch saßen wir nicht fest in unseren Orten. Wir sammelten Bewertungen.

Nach ein paar Jahren war ich Tierarzt, vorerst noch angestellt in der Tierklinik. Am unangenehmsten war mir, wie ich schon viel, viel früher befürchtet hatte, das Einschläfern meiner Schützlinge. Ich drückte mich davor, sooft es möglich war.

Und wenn ich nicht darum herumkam, beruhigte ich mich mit dem Gedanken, dass es immer und ausschließlich nur deshalb geschah, um dem Tier Qualen zu ersparen. Inzwischen hielt ich Ausschau nach einer Praxis, die ich übernehmen konnte. Dabei dachte ich immer wieder einmal daran, doch noch Physik zu studieren. Denn irgendwie mussten doch die Vorgänge in der Höhle im Tmolos naturwissenschaftlich zu erklären sein.

Taschas Ikonenhandel florierte. Wir brauchten nie sehr lange, bis wir ein **N** erreicht hatten. Damit konnten wir nach Russland oder China fliegen – oder der internationale Trupp kam zu uns nach Magdeburg. Die gute Frau Harder war inzwischen verstorben, sie hatte uns ihr Häuschen vermacht. Mein alter Zellgenosse Fritze blieb nach seiner Entlassung fest bei uns wohnen – was hatte ich für ein Glück.

Alex hatte etwas gemacht aus seinem neuen Leben. Er hatte es schon immer verstanden, sich auf internationalem Parkett zu bewegen, das war mir damals schon bei den Casinobesuchen aufgefallen. Mit dieser Fähigkeit sammelte er Bonus- und Luxuspunkte bei der Firma Kombat Armouring Group in St. Petersburg, die nach der Wende intensive Kontakte zu Volkswagen pflegte. Vorher hatte sie nur gepanzerte Luxus-Vans für die Reichsten der Reichen und für Behörden gebaut. Nach der Wende legte sie eine florierende Palette von Pkws auf. Lan wurde Leiterin der Auslandsabteilung und war in dieser Eigenschaft immer wieder einmal in Wolfsburg. Sie ließ es sich natürlich nicht nehmen, jeweils einen Abstecher nach Magdeburg zu machen. So war sie ihrem angestrebten beruflichen Herzenswunsch doch sehr nahegekommen. Sie lebte zwar nicht in Deutschland, hatte aber enge Kontakte und arbeitete mit ihrem Ehemann zusammen. Das war ein riesiger Vorteil für sie.

Bei einem ihrer Besuche saß ich mit Lan in unserer Küche. Wir tranken einen Kaffee. Lan war eine sympathische Frau. Als ich sie betrachtete, wunderte ich mich über die Episode, in der ich in sie verschossen gewesen war.

»Sag mal, Lan«, fragte ich sie einfach, »was war das damals mit uns?«

Sie wusste sofort, was ich meinte. »Das war das Dao«, sagte sie einfach.

Das Dao, wieder das Dao. Doch mir dämmerte etwas. »Du meinst, das war ein Baustein in dem ganzen Geschehen?«

»Was wäre denn gewesen, wenn wir uns nicht geküsst hätten?« Was wäre gewesen? Tascha hätte uns nicht erwischt, ihr Bruder hätte sie nicht aufgegriffen, es wäre nicht zur Zusammenarbeit mit den Russen gekommen. Wer kann sagen, wie die Geschichte ausgegangen wäre?

Nun wollte ich es aber wissen. »Meine liebe Lan, wenn alles das Dao bestimmt …«

»Das Dao bestimmt doch nichts«, fiel sie mir ins Wort.

»Gut, also wenn das Dao die Kraft ist, die hinter allen Geschehnissen steckt, wie konnte es denn kommen, dass du Feuer gefangen hast für mich? Wo ich doch gar nicht für dich bestimmt war?«

»Wenn ich nicht Feuer gefangen hätte, dann hätten wir uns nicht geküsst. Ich kann mich noch gut an die Situation erinnern. Die Tage davor, Wochen davor, hattest du mir schon gefallen, sehr sogar. Deine Eigenschaft, dich so leicht durch nichts aus der Ruhe bringen zu lassen, die hatte schon fast chinesische Züge.«

»Och, das kam doch nur durch Milva«, wiegelte ich ab. Hierzu musste ich Lan eine etwas längere Erklärung abgeben.

Danach erzählte sie, wie sehr ihr meine Begeisterung für die Tiere gefallen hatte.

»Ich war sehr beeindruckt, wie du mir die Entwicklung der Lebewesen geschildert hast. Befruchtung, Morula, Blastozyste, die Gastrulation, die drei Keimblätter. Du siehst, ich habe mir das gut gemerkt und weiß das alles noch heute. An dem Abend aber hat mir besonders gut gefallen, wie sehr du dich für Laotse interessierst hast und dass du mehr und mehr von mir fasziniert warst. Mir war nicht entgangen, dass du nur noch auf meinen Mund gestarrt hast statt zuzuhören. Und da quollen auch bei mir die Gefühle über, da dachte ich nicht mehr nach.«

Lan lachte. »Aber jetzt wissen wir ja, dass das alles vollkommen richtig war.«

Auch Sergej tauchte wieder auf. Er war begnadigt worden – oder besser gesagt, die Anschuldigungen gegen ihn waren fallengelassen worden. Was war mit ihm gewesen – welchen Platz hatte er in dem System gehabt? Ich fragte das *Prinzip*. ›Ihr werdet Wege finden, mit dem *Prinzip* in Kontakt zu bleiben‹, hatte mir – den anderen auch? – Interpres verkündet. Ich hatte meinen Weg gefunden, es war eine Art Meditation oder ein Gebet. Sergejs Aufgabe war es einfach, die Aufmerksamkeit der russischen Behörden von uns abzulenken – falls ich das *Prinzip* richtig verstanden hatte.

Und was war Sergej für ein netter Mensch geworden! Auch er hatte eine neue berufliche Bestimmung gefunden. Er war zum strikten Antialkoholiker und zum Leiter einer Drogenberatungsstelle geworden. Auch wenn der Nachwuchs stockte, Süchtige gab es noch, doch wichen sie oft auf Ersatzmittel aus – Medikamente oder Alkohol. Aber die Zahl der Abhängigen ging weltweit zurück.

Meine Aufzeichnungen sind geschrieben. Es hat eine Weile gedauert, ich hatte keine Eile damit. In wenigen Tagen darf die Welt sie staunend zur Kenntnis nehmen.

* * *

Beim Schreiben ist mir eine merkwürdige Sache passiert. »Wer ist denn Hilter?«, hatte mich Tascha beim Durchlesen des Manuskripts gefragt. Tatsächlich hatte ich geschrieben:

... Weit kam ich nicht. Es war, als ob ***Hilter*** *mich zurückzöge. Warum auch nicht? Warum nicht die ›****Hilter****‹ kaufen diese absonderliche Münze? Ich fragte den Händler nach dem Preis und war erstaunt über die zwanzig Euro, die er lediglich dafür verlangte. ...*

›Hilter‹ hatte ich geschrieben, tatsächlich. ›Hitler‹ floss nur schwer aus meiner Feder!*

Heute Abend aber gehe ich mit meiner Tascha zur Entspannung in die Spielbank. Das tun wir öfters. Dort kann ich mich auf mein Jucken verlassen. Es macht Freude, die anderen Gäste mit meiner Glücksserie zu verblüffen. Das ist der einzige Gewinn. Ins Casino geht man zum Vergnügen – zu nichts anderem mehr. Jetons werden kostenlos verteilt, und man gibt am Schluss alle wieder ab, so man sie nicht beim Spiel verloren hat.

Das Jucken zeigt mir nicht mehr die Richtung an. In diesem Punkt bin ich wieder vollkommen normal. Genau wie Lan, die keine Gefahren mehr voraussieht. Das habe ich beim Treffen vor einem Vierteljahr von ihr erfahren.

Von dieser Begegnung hängt ein Gruppenfoto in unserem Flur. Tascha hat es auf Postergröße aufziehen lassen. Es sind sieben Leute darauf. Beim nächsten Mal werden es wohl acht sein, denn bei Lan hat eine Gastrulation stattgefunden. Und noch etwas hatte sich bei ihr geändert, ich hatte es, als wir uns getroffen hatten, gar nicht bemerkt. Erst hier, auf dem Bild, ist mir aufgefallen, dass sie keine Handschuhe mehr trug.

Immer, wenn ich nach Hause komme, schaue ich mir diese Menschen an. Sympathisch sind sie mir alle. Die Schönste jedoch ist Tascha, meine Prinzessin. Eine Frau mit gutem Geschmack – denn eindeutig ist zu sehen: Der Mann an ihrer Seite, das ist ein Prinz, ein überglücklicher.

* Dem aufmerksamen Leser wird nicht entgangen sein, dass dieser Fehler auf Seite 215 im Lektorat behoben wurde. – Der Verlag

Auch Prinzen sind normale Menschen. Außerhalb der Casinos juckt bei mir nichts mehr. Kein Kratzen und kein Schaben, keine Tamponade mehr mit Papier. Keine Grimassen unter der Dusche. Ich denke, das darf ich getrost als normal bezeichnen. Und für mich, wenn ich ehrlich sein soll, ist das das schönste Ergebnis all unserer Abenteuer.

E N D E

Bildnachweis

Die Bilder der Seiten 3 und 5 (Schema *Tableau* und *Roulettescheibe*) sind Wikipedia, der freien Enzyklopädie, entnommen, ebenso die Teilansichten Seiten 51, 110, 128 u. ff., 132, 135, 143 und 208.

Roulettescheibe
https://commons.wikimedia.org/wiki/File:European_roulet-te_wheel.svg
Lizenz: Creative Commons, Autor: Betzaar

Tableau
https://commons.wikimedia.org/wiki/File:Roulette_frz.png
Lizenz: Public domain

Von **Will Hofmann** liegen im Wiebers Verlag vor:

Abenteuermond, Abenteuermars, Abenteuermerkur
Das Licht
Million Dollar Boy
Oktan
Götter
Der Verdoppler
Glückwunsch zum Geburtstag, Zombie
Smarter Breitwegerich
Der kleine Samariter
Wildbienen schlüpfen im Konservenglas (Bildband)
Abriss und Aufbau (Bildband)

Mehr über unsere Autoren und Produkte:
www.wiebers-verlag.de